Sonographie der Säuglingshüfte und therapeutische Konsequenzen

Sonographie der Säuglingshüfte und therapeutische Konsequenzen

Ein Kompendium

Reinhard Graf

unter Mitarbeit von
Christian Tschauner, Peter Farkas
und Kurt Lercher

5., überarbeitete und erweiterte Auflage
152 Abbildungen in 234 Einzeldarstellungen

2000
Georg Thieme Verlag
Stuttgart · New York

Zeichnungen: Rolf Köder, Stuttgart

Umschlaggrafik: Renate Stockinger, Stuttgart

Die Deutsche Bibliothek – CIP-Einheitsaufnahme
Graf, Reinhard:
Sonographie der Säuglingshüfte und therapeutische Konsequenzen : ein Kompendium ; Tabellen / Reinhard Graf. Unter Mitarb. von Christian Tschauner ... - 5., überarb. Aufl. - Stuttgart ; New York : Thieme, 2000

1. Auflage 1985
2. Auflage 1986
3. Auflage 1989
4. Auflage 1993

Die Auflagen 1–4 erschienen im
Ferdinand Enke Verlag, Stuttgart

Rüdigerstraße 14
D 70469 Stuttgart
Unsere Homepage: http://www.thieme.de

Printed in Germany
Satz: Fotosatz Herbert Buck, D-84036 Kumhausen, gesetzt auf Macintosh (QuarkXPress)
Druck: Druckhaus Götz, D-71636 Ludwigsburg

ISBN 3-13-117525-7 1 2 3 4 5 6

Vorwort zur 5. Auflage

Wer glaubt, seine Methode gefunden zu haben, mag in sich gehen und gründlich nachforschen, ob nicht ein Teil des Gehirns eingeschlafen ist.

Henry Ford

Nichts könnte die Notwendigkeit einer 5. Auflage mehr unterstreichen als das von Henry Ford geprägte Zitat. Seit der Letztauflage im Jahre 1993 hat sich auch die Hüftsonographie weiterentwickelt, die Periode bis zur heute vorliegenden Neuauflage war geprägt vom Ringen nach Präzisionssteigerung. Bedingt durch eine breite Anwendung und vor allem durch die Einführung des allgemeinen hüftsonographischen Screenings der Neugeborenen in Österreich, in Deutschland und nun auch in der Schweiz wird es zunehmend notwendig, klare Qualitätsstandards vorzugeben. Die methodischen Grundsätze können immer kürzer und prägnanter gefasst werden und sind dadurch auch besser lehr- und lernbar.

Die vorliegende Auflage unterscheidet sich grundsätzlich in der Gliederung von ihren Vorgängern. Durch die Neugliederung und bessere Übersichtlichkeit soll es dem bereits mit der Methode Vertrauten als Nachschlagewerk dienen, dem Anfänger aber nicht nur die methodischen Grundsätze vermitteln, sondern ihm auch allgemeines Basiswissen über die Problematik von Hüftreifungsstörungen vermitteln. Die Kapitelgliederungen und zum Teil Wiederholungen sowie die Querverweise sollen dem Leser seinem Wissensstand entsprechend, einen direkten Einstieg in jedes einzelne Kapitel je nach Interessenlage ermöglichen.

Auch die Neuerungen auf dem apparativen Sektor sowie neue sonoanatomische Erkenntnisse der letzten Zeit wurden neu aufgenommen.

Da die Hüftsonographie nur Mittel zum Zweck sein kann, nämlich eine möglichst optimale Frühesttherapie einleiten zu können, und das Interesse daran stark steigend ist, wurde der sonographiegesteuerten Behandlung besonderes Augenmerk gewidmet.

Schließlich hoffe ich, dass das vorliegende Buch auch für Kursleiter und Ausbilder hilfreich ist und einen Leitfaden zur standardisierten vereinheitlichten Ausbildung bei Trainingkursen darstellt.

Stolzalpe, im Sommer 1999 *Reinhard Graf*

Vorwort zur 1. Auflage

Die angeborene Hüftluxation ist sowohl für Orthopäden als auch für Pädiater und Radiologen gleichermaßen interessant. Aus diesem Grund ist die Literatur zu diesem Thema sehr umfangreich und nahezu unübersehbar geworden.

Wenn das vorliegende Kompendium die Literaturliste noch zusätzlich verlängert, so deswegen, weil die Beurteilung der kindlichen Hüfte, vor allem vor dem dritten Lebensmonat, mit den bisherigen Mitteln keine absolut sicheren Ergebnisse gebracht hat.

Mit der sonographischen Hüftgelenksuntersuchung aber wird es in Zukunft möglich sein, nicht ossifizierte Gelenksanteile der Säuglingshüfte noch besser als bisher zu beurteilen und vor allen Dingen zu überwachen. Sowohl die fehlende Strahlenbelastung als auch die fehlende Invasivität der Methode ist ein weiterer wesentlicher Vorteil.

Durch die Veröffentlichungen und persönlichen Mitteilung von Kramps und Lenschow 1978 angeregt, begannen wir die Säuglingshüfte systematisch zu untersuchen. Dies war nur möglich, weil uns das Institut für Elektro- und Biomedizinische Technik der Technischen Universität Graz, der Fonds zur Förderung der wissenschaftlichen Forschung Wien und die Industrie gefördert und beachtlich unterstützt haben.

Der technologische Fortschritt der letzten 7 Jahre brachte es mit sich, dass heute die Säuglingshüfte auch mit handelsüblichen Geräten untersucht werden kann. Die Entwicklung ist im Fluss. Dadurch, dass die Sonographie eine genauere Beurteilung nicht ossärer Anteile des Bewegungsapparates gestattet, wird sie bald auch bei anderen Problemstellungen in der Orthopädie an Bedeutung gewinnen.

Das vorliegende Kompendium, welches nur das Gebiet der Säuglingshüfte behandelt, beinhaltet den derzeitigen Wissensstand. Allen Interessierten wird die Möglichkeit geboten, sowohl die Gerätetechnik, die derzeit für die Untersuchung zur Verfügung steht, kennenzulernen als auch andererseits die Vielfalt der Möglichkeiten der Sonographie und deren Fehlerquellen bei der Säuglingshüfte zu studieren.

Abschließend ist es mir aber ein besonderes Bedürfnis darauf hinzuweisen, dass es nicht immer gelingt, gute Ideen, die in der Luft liegen, auch therapeutisch nutzbar zu machen.

Durch die Arbeiten von Reinhard Graf und seiner Mitarbeiter ist es aber gelungen, die unsicheren Kriterien bei der Beurteilung der angeborenen Hüftgelenksluxation, bzw. der Hüftdysplasie des Säuglings durch ein exaktes, reproduzierbares und kaum belastendes, nicht invasives Verfahren zu ersetzen.

Wir freuen uns über diesen beachtlichen Erfolg und können nur hoffen, dass die Sonographie nicht nur bei der Beurteilung der Säuglingshüfte, sondern in Zukunft auch in weiteren Gebieten der Orthopädie einen festen Platz erwirbt. Die Voraussetzungen dazu aber ist, dass diese Methode von allen, die sie anwenden wollen, exakt erlernt wird, wozu dieses Kompendium sicher einen wesentlichen Beitrag leisten kann.

Stolzalpe, Jänner 1985

Univ. Prof. Dr. *H. Buchner*
Ärztl. Leiter des LSKH Stolzalpe
1963–1988

Anschriften

Dr. med. Peter Farkas
Landeskrankenhaus Stolzalpe
Orthopädische Klinik

A-8852 Stolzalpe

Univ.-Prof. Dr. med. Reinhard Graf
Ärztlicher Direktor des Landeskrankenhauses Stolzalpe
Orthopädische Klinik

A-8852 Stolzalpe

Kurt Lercher, RTA
Landeskrankenhaus Stolzalpe
Orthopädische Klinik

A-8852 Stolzalpe

Priv.-Doz. Dr. med. Christian Tschauner
Landeskrankenhaus Stolzalpe
Orthopädische Klinik

A-8852 Stolzalpe

Inhaltsverzeichnis

4 Taktisches Vorgehen in der sonographischen Praxis, Standardebene und Brauchbarkeitsprüfung 57

5 Lagerung und Abtasttechnik 77

6 Messtechnik und Messfehler 93

7 Typisierung sonographischer Hüftgelenkbefunde 101

1 Von der kongenitalen Hüftluxation zur Hüftreifungsstörung

1.1 Historisches

Die Geschichte der Diagnose und der Therapie der so genannten kongenitalen Hüftluxation liest sich spannend wie ein Kriminalroman – (in Müller u. Engelbert 1998).

Bereits in der griechischen Mythologie wurde von Homer eine Vielzahl von missgebildeten und verkrüppelten Gestalten beschrieben, unter anderem auch Hephaistos, der durch seinen hinkenden Gang die Götter zu Spott und Hohn herausforderte. Hippokrates selbst war sehr wohl mit dem Erscheinungsbild der Hüftluxation vertraut, beschrieb er doch verschiedene Varianten der Verrenkung und auch den hinkenden Watschelgang. Da die traumatische Hüftgelenkverrenkung sehr wohl bereits bekannt war, wurde auf die Ätiologie des angeborenen Hüftgelenkleidens geschlossen. Demnach entstand sie durch eine im Mutterleib stattgefundenen Dislokation, wobei die Muskel- und Knochenatrophie als Folge der mangelnden Belastung des luxierten Gelenkes ausgelegt wurden. Interessant dabei ist, dass Hippokrates in seiner Schrift über die Gelenke sich vom damaligen Zeitgeist, nämlich missgestaltete und schwache Neugeborene zu töten, distanzierte und die Ärzte ermahnte, Kinder mit Hüftgelenkverrenkungen besonders früh und mit besonderer Obsorge zu behandeln. Aus dem 1. Jahrhundert vor Christi belegen Beschreibungen, dass die Extension zur Behandlung der Hüftgelenkverrenkung durchaus bekannt war und auch angewandt wurde. In allen Jahrhunderten und nahezu allen Kulturkreisen befassten sich Ärzte bis in die Neuzeit herauf mit dem Problem der kongenitalen Hüftluxation. Irrungen und Wirrungen konnten nicht ausbleiben. Persische und arabische Ärzte behandelten die Hüftluxation entsprechend ihrer Tradition mit Brenneisen in der Vorstellung, damit die Ursache der Luxation, nämlich die Flüssigkeitsansammlung im Gelenk, beseitigen zu können.

1.2 Häufigkeit und Behandlungsbeginn

Die Luxationshüfte ist die häufigste angeborene Deformität des Halte- und Bewegungsorgans. Sie tritt in Mitteleuropa bei 1–5 % der Neugeborenen auf (Batory 1982, Mau u. Michaelis 1983, Gekeler 1988, Katthagen et al. 1986 u. 1988). Das oberste Ziel unseres Handeln ist die Frühdiagnose, wenn möglich die Frühestdiagnose, um so mit einer Frühbehandlung eine weitgehend anatomische Heilung zu erreichen. Nach den Untersuchungen von v. Rosen (1969) und Barlow (1962) kann die konsequente Früherfassung der Hüftreifungstörung unmittelbar nach der Geburt eine nahezu vollständige anatomische Heilung ermöglichen, wenn die adäquate Behandlung sofort eingeleitet wird. Nach Becker (1979) und Schultheiss (1965) wird bereits bei Behandlungsbeginn nach dem 1. Lebensquartal nur noch bei etwa 2/3 der Fälle eine vollständige Heilung erreicht.

1.3 Überblick bisheriger Diagnoseverfahren

Die Notwendigkeit der klinischen Sofortuntersuchung bleibt nach wie vor unbestritten, obwohl sich die Wertigkeit der klinischen Untersuchung im Zeitalter der Hüftsonographie grundlegend gewandelt hat. Auch bereits vor der Einführung der Hüftsonographie wurde die Sicherheit der klinischen Diagnostik, die von vielen subjektiven Faktoren abhängig ist, angezweifelt (Ackermann u. Kupper 1984, von Rosen 1977, Weickert 1975). Die sog. „stummen Fälle" der Hüftdysplasie erschweren die rechtzeitige Diagnostik erheblich (Breninek 1979, Weil 1978, Tönnis 1987).

1.3.1 Klinische Diagnostik

Die Bewegungseinschränkungen

Eine Kontraktur der Adduktorenmuskulatur, die zu einer Abduktionseinschränkung führt, soll häufig mit einer Hüftreifungsstörung kombiniert sein. Bedenkt man, dass die Bewegungseinschränkungen im Vergleich der kranken zur gesunden Seite nur 10° betragen soll (Tönnis u. Brunken 1968), kommt der orthograden Beckenlage bei der klinischen Untersuchung eine entscheidende Bedeutung zu. Die Wertigkeit dieses Zeichens wurde mit Recht von vielen Autoren hinterfragt (Ackermann 1984, Holler 1980). Beidseitige Abduktionseinschränkungen sind oft schwer zu erkennen, andererseits kann eine Abduktionseinschränkung bei beidseitiger Hüftluxation überhaupt fehlen. Einer Abduktionseinschränkung, insbesonders einer einseitigen, kommt wohl erst nach der Neugeborenenperiode eine gewisse Bedeutung zu und sollte dann auf jeden Fall abgeklärt werden.

Die Faltendifferenz

Es wurde auch versucht, das Relief der Hautfalten für eine Frühdiagnostik einer Hüftluxation heranzuziehen. Mit Recht wurde dieses Zeichen von renommierten Autoren (Ackermann u. Hoferichter 1979, Ackermann u. Kupper 1984, Barlow 1962, Tönnis 1984) schon früher als nicht signifikant und nicht wichtig erachtet. So berichten Ryder et al. (1962), dass bei völlig normalen Hüftgelenken in 30–36 % Faltendifferenzen vorhanden sind; Untersuchungen von Komprda (1984) fanden gar in 56 % eine Faltendifferenz bei völlig normalen Kindern. Es ist daher auch eine Hautfaltenreliefdifferenz als Frühdiagnostik nicht zu gebrauchen und sollte daher heute im diagnostischen Repertoire nicht mehr zitiert werden.

Die manuelle Untersuchung des Hüftgelenkes

Roser (1864) beschrieb die lockere Gelenkkapsel und dass bei Adduktion und Druck der Hüftkopf aus der Pfanne gedrängt werden kann. Ortolani war es, der 1937 die Details seines Abduktions-, Adduktionstests beschrieb, wobei seine Untersuchungstechnik zum Standardrepertoire der Frühdiagnostik wurde. Als wichtigstes diagnostisches Kriterium gilt seitdem zur Beurteilung instabiler Gelenkverhältnisse das so genannte Schnappzeichen nach Roser-Ortolani.

Das Roser-Ortolani-Zeichen

Schmitt (1981) ist der Meinung, dass die stärkste Aussagekraft dieser Untersuchung während der ersten Lebenstage vorläge. Ausgelöst werde es sowohl bei Vorliegen dysplastischer Gelenkverhältnisse und lockerer Gelenkkapsel als auch bei Subluxationen bzw. kompletter Luxation der Hüfte, wobei durch das Einbzw. Ausrenken das Schnappgeräusch ausgelöst werden könne.

Oft sei das während der ersten 24 Stunden auslösbare Schnappgeräusch danach nicht mehr auslösbar, sodass später stabile Gelenkverhältnisse vorzuliegen scheinen.

Tönnis (1984) beschreibt das Roser-Ortolani-Zeichen folgendermaßen:

Das Roser-Ortolani-Zeichen ist ein schnappendes Geräusch, das bei instabilen Hüften innerhalb der ersten Lebenstage und Wochen auftritt, wenn der Hüftkopf unter Druck und Adduktion über den azetabulären Rand hinausgeschoben werden kann und bei Abduktion mit einem hör- und fühlbaren Schnappen wieder in das Zentrum des Azetabulums eintritt.

Das Barlow-Zeichen

Das von Barlow 1962 beschriebene Untersuchungsverfahren und andere Techniken basieren auf der Dislokation des Kopfes und auf einem Wiedereinrenken mit variablen Schnapp- und Repositionsgeräuschen.

Dry hip click

Bei passiven Bewegungen des Hüftgelenkes kann ohne sicheres Luxationsphänomen ein feines Klicken verspürt werden. Sommer (zit. nach Tönnis 1984) nennt dieses Zeichen das „Dry hip click"-Phänomen. Es tritt 6–7-mal häufiger als ein echtes Roser-Ortolani-Zeichen auf. Nach Ackermann u. Kupper (1984) kommt diesem Zeichen kein pathologischer Wert zu. Ein komprimierter Überblick über die verschiedensten manuellen Untersuchungstechniken findet sich bei Ackermann (1984) und Tönnis (1984).

Resümee

Eine alleinige klinische Untersuchung ist zum sicheren Erkennen von Hüftreifungsstörungen ungeeignet.

1.3.2 Röntgendiagnostik

Die Interpretation von Röntgenaufnahmen in der Neugeborenenpriode ist schwierig und im Hinblick auf die begrenzte Aussagefähigkeit eines Bildes, das nur eine Betrachtung der ossifizierten Anteile des Hüftgelenkes zulässt (Heipertz u. Maronna 1982) nicht unumstritten (Tönnis 1984, Witt u. Woltersdorf 1986, Werzinger 1989). Dies hat in der Regel zur Folge, dass die Indikation zur Röntgenuntersuchung erst nach dem 3. bis 4. Lebensmonat gestellt wird.

Die Beckenübersichtsaufnahmen haben mit folgenden Problemen zu kämpfen:

1. Strahlenbelastung,
2. mangelnde Aussagekraft unter dem dritten Lebensmonat,
3. die messtechnische Auswertung kann durch lagerungsbedingte Fehler (Drehung, Kippung) und die Stellung der Beinchen erheblich an Qualität verlieren.

Ein Röntgenbild nach der Sonographie als nächster Diagnoseschritt ist aber immer dann indiziert, wenn mit dem Hüftsonogramm keine eindeutige Diagnose möglich ist (s. auch Kap. 3.3.2: Limitierung der Methode) Ein Röntgenbild würden wir ebenfalls nach Abschluss einer austherapierten dezentrierten Hüfte zum Ausschluss einer Kopfnekrose empfehlen.

Die Arthrographie

Die Arthrographie mit ihrer Möglichkeit, nicht ossifizierte Anteile und Weichteile des Hüftgelenkes darzustellen, kommt den Möglichkeiten der Hüftsonographie sehr nahe. Sie erleichtert dem sonographisch ungeübten Untersucher, die anatomischen Gegebenheiten des Hüftgelenkes durch Vergleiche leichter zu interpretieren (Abb. 1.**1**). Die Indikation zur Hüftarthrographie ist durch die Möglichkeiten der Hüftsonographie extrem eingeschränkt. Den Nachteilen der Arthrographie wie Invasivität und Strahlenbelastung stehen die Vorteile der Hüftsonographie, die auch Veränderungen des knorpeligen Binnenmusters erkennen kann, eindeutig gegenüber. Die arthrographische Diagnostik hat aber wesentlich zum Verständnis der Pathomechanik des Luxationsvorganges beigetragen (Faber 1938, Schwetlick 1976, Niethard u. Gärtner 1982, Peic 1981, Büschelberger 1982, Tönnis 1987).

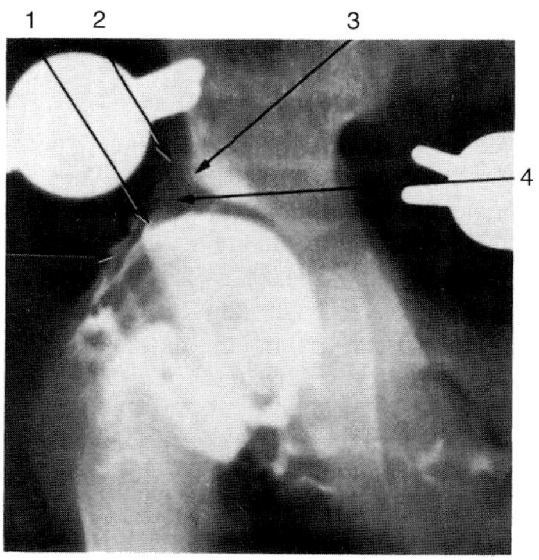

Abb. 1.**1** Arthrographie rechte Hüfte (Leichenpräparat).
1 Labrum acetabulare
2 Perichondrium
3 knöcherner Erker
4 knorpelig präformiertes Pfannendach (= „Knorpelerker")
5 Gelenkkapsel

1.3.3 Computertomographie und NMR

Knorpelige Anteile des Azetabulums lassen sich auch mit Computertomographie und NMR erfassen.

Als Nachteil beim Untersuchungsvorgang ist die absolut notwendige ruhige Lagerung zu erwähnen. Es ist daher bei kleinen Kindern oft erforderlich, sie medikamentös zu dämpfen. Durch eine neue Gerätegeneration sind bei enorm verkürzter Aufnahmezeit mittlerweile selbst Aufnahmen von Gelenkbewegungen möglich. Die Computertomographie des Säuglingshüftgelenkes ist keine Routinetechnik (Tönnis 1984) und sollte daher nur bei besonderen Fragestellungen und wenn andere Routinetechniken bereits ausgeschöpft sind, angewandt werden. Sie kommt routinemäßig zur Erfassung von Hüftluxation oder Hüftdysplasie in Form eines Screenings überhaupt nicht infrage.

Sinngemäß trifft dies auch für die Kernspintomographie zu (Abb. 1.**2**). Sie liefert hervorragende Bilder und stellt, je nach Gerät und Schichtdicke, die feinen anatomischen Strukturen der Säuglingshüfte hervorragend dar. Als Routine- und vor allem Vorfelddiagnostik kommt sie nicht infrage. Sehr wohl hat sie ihren festen Platz bei der Beurteilung der Stellung des Hüftkopfes in der Pfanne zur Beurteilung einer korrekten Reposition in besonders schwierigen Fällen. (Die Abb. 1.**2** wurden dankenswerterweise von U. Exner, Balgrist zur Verfügung gestellt.).

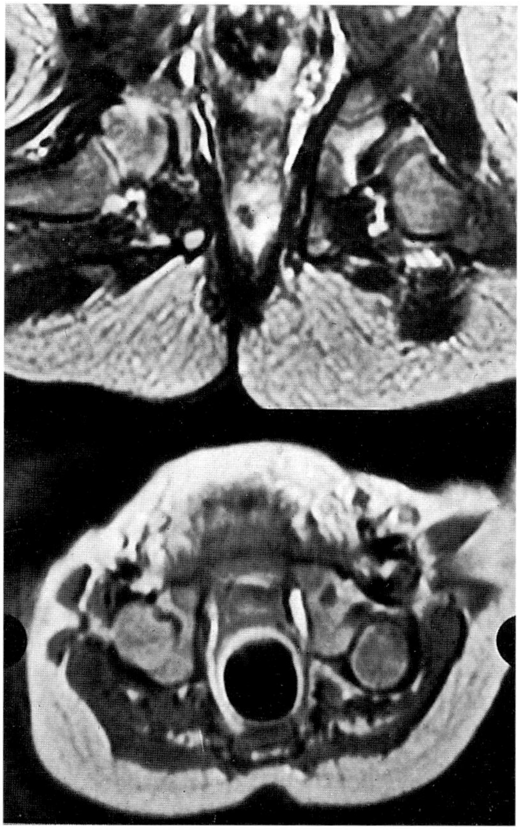

a

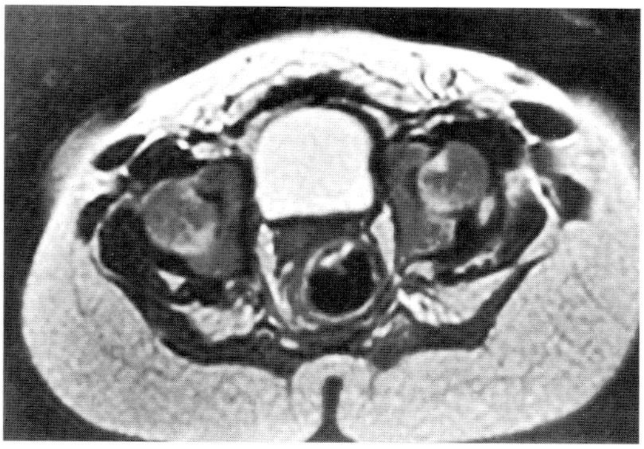

b

Abb. 1.2
a NMR mit luxiertem Hüftgelenk links.
b NMR nach offener Einrichtung, 3 Monate später.

Real-time-NMR-Verfahren kombinieren die Vorteile der Kernspintomographie mit der Möglichkeit Bewegungsabläufe direkt zu beobachten. Sie sind derzeit in Entwicklung und sehr vielversprechend.

1.4 Ultraschall und Entwicklung der Hüftsonographie

Historisches

Von Nachttieren sollte man annehmen, dass sie große und gute Augen besitzen, aber bei den Fledermäusen ist genau das Gegenteil der Fall. Sie haben auffallend kleine Augen, dafür aber umso größere Ohren. Das brachte schon vor fast 200 Jahren den italienischen Forscher Ballanzani auf die Idee, einige Versuche über das Orientierungsvermögen der Fledermäuse zu machen: er spannte quer durch einen Raum dünne Fäden, die mit Glöckchen versehen waren, verdunkelte den Raum und ließ einige Fledermäuse darin umherfliegen. Trotz der vollkommenen Dunkelheit stieß keine der Fledermäuse an die gespannten Drähte. Hatte man ihnen aber auch noch die Ohren zugeklebt, so berührten sie die Fäden häufig und stießen sogar gegen die Wand. Durch Ballanzanis Untersuchungen wurde der Grundstein für die Erkenntnis gelegt, dass sich die Fledermaus im Dunkeln durch die von ihr ausgesandten und für das menschliche Ohr nicht hörbaren Ultraschallwellen nach dem Reflexionsverfahren orientiert.

Die friedliche Nutzung des Ultraschalls wird seit langem bei der Ortung von Fischschwärmen und Untiefen in der Meereskunde verwendet.

Durch die Entdeckung des so genannten piezoelektrischen Effektes 1880 durch die Gebrüder J. und P. Curie wurden erstmals Ultraschallwellen erzeugt. Das erste brauchbare Echolotverfahren wurde von A. von Sternbert entwickelt, der durch die Titanic-Katastrophe 1912 dem Ultraschall die weitere maritime Anwendung eröffnete.

Zu militärischen Zwecken wurde dieses Ortungsverfahren im Ersten Weltkrieg vom französischen Physiker P. Langevin zur Ortung von Unterseebooten weiterentwickelt.

In technischen Bereichen ist die Anwendung des Ultraschalls zur zerstörungsfreien Materialprüfung und Ortung von Materialfehlern seit langem bekannt.

In der Medizin fand die Ultraschalldiagnostik durch den Neurologen K.Th. Dussig erstmals in der Neurologie Eingang. Zusammen mit seinem Bruder, einem Radiotechniker, wurden erste Versuche zwischen 1938 und 1942 unternommen, um pathologische Veränderungen im Schädelinneren darzustellen. Diese Versuche brachten aber noch nicht den Durchbruch der Ultraschalltechnologie in der Medizin. Es wurde nun etwas still um die weitere Ultraschallentwicklung, bis 1954 durch die Einführung einer neuen Generation von Ultraschallgeräten mit Wasservorlaufstrecke durch J.G. Holmes ein neues Startzeichen gesetzt wurde. Die Untersuchungen der Kardiologen J. Edler und C.H. Hertz am Herzen ließen die Fachwelt aufhorchen und führten zur Begründung der Echokardiographie. Die anschließende stürmische Entwicklung gipfelte in einem von J. Donald und T.E. Braun entwickelten Scanner ohne Wasservorlaufstrecke. Somit war der Zugang zu nahezu sämtlichen Organen im Abdomen, aber auch zum Herzen und zur Schilddrüse mit zweidimensionaler Darstellung gegeben. Der weiteren engen Zusammenarbeit zwischen Medizinern und Medizin-Technikern war es zu verdanken, dass laufend technologische Verbesserungen durchgeführt wurden. So wurde durch J. Wild und J.M. Reid die Darstellung von Feinstrukturen in der weiblichen Brust durchgeführt. Heute ist es aber nicht nur möglich, ultraschallgezielte Feinnadelpunktionen durchzuführen, sondern es ist auch die Anwendung im intraoperativen Bereich bereits üblich.

Angeregt durch persönliche Mitteilung und Veröffentlichungen von Kramps und Lenschow 1978 begannen wir nach möglichen Anwendungsgebieten des Ultraschalls am Halte- und Bewegungsorgan systematisch zu suchen. Die damals im Vergleich zum heutigen Standard noch sehr einfachen Ultraschallgeräte ermöglichten naturgemäß nur begrenzte Einsatzmöglichkeiten. War die Darstellung von Muskeln und Sehnen noch verhältnismäßig einfach, so schien die Anwendbarkeit am Knochen selbst, bedingt durch die Totalreflexion der Schallwelle an der Oberfläche, wenig erfolgversprechend. Erst mit dem Einsatz der ersten hochauflösenden Compound-Scanner mit 5 und 7 MHz-Schallköpfen (diese waren damals eher die Ausnahme als die Regel), gelang erstmals die Darstellung eines Meniskus in vivo. Ermutigt durch diese Ergebnisse wurden auch Säuglingshüften einer Ultraschalluntersuchung unterzogen:

Das Ergebnis war mehr als entmutigend, da ein unwahrscheinlich reiches Wechselspiel von echoarmen und echoreichen Arealen sich darbot, die in keiner Weise mit unseren damaligen anatomischen Kenntnissen zur Deckung gebracht werden konnten. Durch die nun geweckte Neugierde wurden erstmals Leichenhüften präpariert, einzelne Strukturen zusätzlich mit reflexgebenden Markern (Kolophonium, Metallteilen) versehen, um sie anschließend im Sonogramm identifizieren zu können. Durch permanenten Vergleich der Leichenpräparate, Röntgenbilder, Arthrogramme, Hüftgelenkflachschnitte, Diaphaniebilder mit den Sonogrammen gelang die Identifizierung der anatomischen Strukturen im Sonogramm zunehmend besser. Vergleichsserien von Sonogrammen luxierter und nicht luxierter Hüftgelenke zeigten verschiedene, aber konstante Echomuster. Zum damaligen Zeitpunkt noch auf Röntgenaufnahmen fixiert, konzentrierte man sich ganz auf sonographische Knochenkonturen und deren Formveränderungen je nach Stellung des Hüftkopfes. Mit dieser Technik gelang zumindest die Unterscheidung „luxiert“ zu „nicht luxiert“ (Graf 1980). Ein Meilenstein war es, als das von einem Freund ausgeborgte Ultraschallgerät und die bis zu diesem Zeitpunkt aus eigener Tasche gezahlten Materialien und hobbymäßig betriebenen Forschungen durch einen offiziellen Forschungsauftrag des Österreichischen Fonds zur Förderung der wissenschaftlichen Forschung abgelöst wurde.

Mit verbesserter Ultraschalltechnologie rückten die Veränderungen und Deformierungen der nichtossären Strukturen der Säuglingshüfte zunehmend in den Blickpunkt des Interesses. Die Vorstellung, eine so genannte **kongenitale Hüftluxation** bereits gleich nach der Geburt ohne Röntgenbild erkennen zu können, war unglaublich und wurde wegen der nach heutigem Standard vergleichsweise schlechten Bildqualität zu Recht von vielen Kollegen angezweifelt. Die Klassifizierung der verschiedenen Ausprägungsformen der knorpelig angelegten Pfannenanteile bei gesunden und kranken Hüftgelenken führte zur Erkenntnis, dass es eine große Variationsbreite innerhalb der Begriffe *gesund* und *krank* gibt. So musste der Begriff *luxiert* in mehrere Untertypen eingeteilt werden. Genauso wie der Begriff **physiologisch unreif** für so manchen frappierenden Therapieerfolg verantwortlich war. Interessanterweise war es ein niedergelassener Orthopäde, nämlich Herr Dr. Röhr aus Bamberg, der aufgrund der Erstpublikation (Graf 1980) sich vor Ort in der damals noch recht primitiven Untersuchungstechnik einweisen ließ. Erst durch K. Rossak und seinen damaligen Schüler P. Schuler (St. Vincenz Krankenhaus Karlsruhe) fand die Hüftsonographie erstmals Interesse und Einzug in den klinischen Bereich. K. Rossak gebührt das Verdienst, als unermüdlicher Mentor die Sonographie in Deutschland vorangetrieben zu haben, während P. Schuler die wissenschaftlichen Erkenntnisse auf ihre Richtigkeit kritisch überprüfte und die ersten Ausbildungskurse für interessierte Ärzte in Deutschland organisierte.

Mit der Einführung der Real-time-Scanner, Lagerungsschalen und einer verbesserten standardisierten Abtasttechnik konnte der Untersuchungsvorgang selbst deutlich vereinfacht werden. Nun war Tür und Tor für eine große Anwendung gegeben. Dies machte aber wieder die Einführung eines standardisierten Ausbildungsprogrammes zur Qualitätssicherung notwendig.

Die Methode selbst hat sich, wie auch die schrittweise Typenerweiterung zeigt, weiterentwickelt. Die Präzisionsansprüche sind laufend gestiegen und führten zu Weiterentwicklungen und Neuerungen. So wurde durch das verbesserte Auflösungsvermögen das Summationsecho des proximalen Perichondriums weiter aufgegliedert (Graf u. Fronhöfer 1997), den Kippfehlern wurde weit mehr Augenmerk als bisher zugewandt (Graf 1997) und zu deren Vermeidung eine Schallkopfführungsapparatur entwickelt.

Die Hüftsonographie als Screeningverfahren wurde in Österreich 1992, in Deutschland 1996 und in der Schweiz als allgemeines Untersuchungsverfahren aller Neugeborenenhüften 1997 eingeführt.

2 Hüftsonographische Technik und Ausrüstung

2.1 Grundbegriffe

Ultraschall

Es ist üblich und sinnvoll, für den Wellenvorgang Ultraschall physikalische Begriffe aus der Optik zu übernehmen. Die Analogie ist insofern erlaubt, da sich der Ultraschall im menschlichen Körper ähnlich wie Licht in der Wellenoptik geradlinig ausbreitet. Außerdem treffen wir ebenfalls – wie in der Optik – auf Beugungs- und Interferenzerscheinungen. Der Schall pflanzt sich im Medium als periodische Schwankung der Dichte durch longitudinale Wellen fort. In festen Stoffen sind auch transversale Wellen möglich.

Frequenz

Die Schwingungszahl pro Sekunde wird in Hertz angegeben (Hz). Bis 16 Hz sind die Frequenzen für das menschliche Ohr nicht hörbar und werden daher als Infraschall bezeichnet. Das menschliche Ohr nimmt Frequenzen von 16 Hz bis 20 kHz wahr. Schwingungen oberhalb der menschlichen Hörschwelle werden als Ultraschall bezeichnet. Die für die medizinische Diagnostik verwendeten Frequenzen liegen zwischen 1 und 9 Megahertz (MHz). Für Spezialgebiete sind auch 12 MHz in Anwendung.

Schallgeschwindigkeit

Die Schallgeschwindigkeit beträgt in Luft 0,3 km pro Sekunde. Bei akustisch dichter Materie steigt sie. So beträgt sie im Wasser 1500 m/s, in Eisen 6000 m/s. In Knochen schwanken die Leitgeschwindigkeiten zwischen 2700 m/s und 4100 m/s (Nyborg 1977).

Die mit handelsüblichen Impuls-Echo-Verfahren eingestrahlten Schallwellen sind im menschlichen Gewebe gerichtete Longitudinalwellen mit einer mittleren nahezu konstanten Schallgeschwindigkeit von 1540 m/s. Mit zunehmender Frequenz wird die Wellenlänge kürzer. Bei diagnostischer Verwendung des Ultraschalls (1 MHz bis 12 MHz) ergeben sich Wellenlängen von 1,5 mm–0,128 mm. Temperaturunterschiede im Bereich von 20–37 °C beeinflussen die Ultraschallausbreitungsgeschwindigkeit im menschlichen Gewebe nicht.

Schallreflexion

Ein ausgesandter Schallimpuls wird im Körper an Grenzflächen von Geweben mit unterschiedlicher akustischer Eigenschaft reflektiert. Die Intensität der Reflexion ist abhängig vom Grad des akustischen Gewebeunterschiedes und vom Einfallswinkel. Die beiden wichtigsten akustischen Eigenschaften des Gewebes sind Dichte und Elastizität. Aus ihnen errechnet sich die Schallgeschwindigkeit und der Schallwiderstand: die so genannte akustische Impedanz.

Akustische Impedanz

An Grenzflächen zwischen Geweben mit gleichen Impedanzwerten findet keine Schallreflexion statt. Bei hohen Impedanzunterschieden (z. B. Bindegewebe – Luft, Muskulatur – Knochen) wird fast die gesamte Schallenergie reflektiert. Da mit Ausnahme von Luft und Knochen die akustischen Impedanzwerte der einzelnen Körpergewebe dicht beieinander liegen, werden nur Energiemengen von weniger als 1 % des Schallimpulses reflektiert.

2.1.1 Physikalische Grundlagen

Entstehung von Ultraschallwellen

Durch die mechanische Deformierung bestimmter Quarzkristalle entsteht eine proportional große Oberflächenspannung. Es kann daher umgekehrt durch eine von außen zugeführte Spannung eine dimensionale Veränderung des Kristalls und eine Schwingung desselben herbeigeführt werden (piezoelektrischer Effekt).

Das Kernstück jedes Ultraschallgerätes ist somit der Schallwandler mit seinen piezoelektrischen Kristall. Der Schallkopf hat nun zwei Funktionen: Einerseits dient er als Sender mit einer Intensität von 5–50 mW/cm^2, anderseits als Empfänger, der akustische Intensitäten von 10–10 Watt pro cm^2 noch registrieren kann.

Werden vom Schallwandler Ultraschallwellen ausgesandt, so verlaufen diese zuerst parallel, dann ähnlich den Wellen eines Lichtstrahls divergierend. Es entstehen so zwei Bereiche:

Nahfeld/Fernfeld

Das *Nahfeld*, in dem die Ultraschallwellen parallel bzw. noch konvergierend verlaufen, und das *Fernfeld*, in welchem sie divergieren (Abb. 2.**1**).

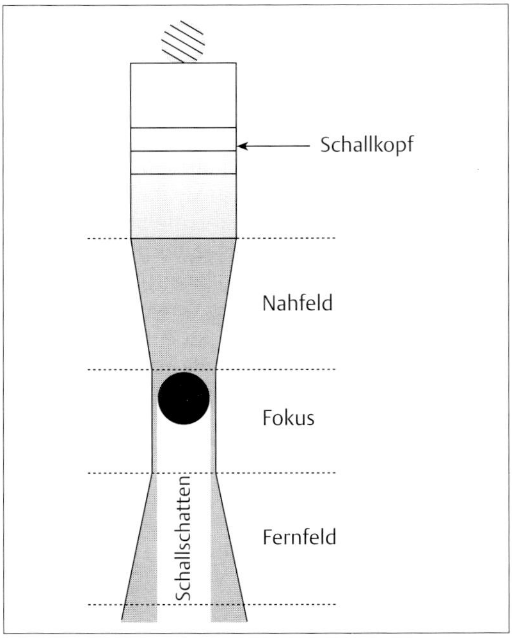

Abb. 2.**1** Schallkopf mit Nah- und Fernfeld, ein Objekt im Fokusbereich.

Auflösung

Zwischen Nah- und Fernfeld befindet sich der Fokusbereich, in dem das Auflösungsvermögen am größten ist. Die **Auflösung** ist als Mindestabstand zweier Bildpunkte die im Sonogramm gerade noch unterschieden werden können, definiert. Der Vollständigkeit halber soll auf den Unterschieden zwischen der axialen Auflösung (Ebene in Richtung des Schallstrahles) und der lateralen Auflösung (Ebene senkrecht zum Schallstrahl) hingewiesen werden.

Die Brechung

Die Ultraschallwellen werden am Übergang von einem Medium zum anderen bei unterschiedlicher Dichte derselben gebrochen. Nur bei senkrechtem Einfall des Schallstrahles ist keine Brechung zu erwarten. In homogenen Geweben breiten sich Ultraschallwellen geradlinig aus.

Die Beugung

Trifft der Ultraschall auf ein Hindernis, so werden die Ultraschallwellen am Hindernis gebeugt. Da dieses Beugephänomen von der Frequenz abhängt, ist bei steigender Frequenz (= kürzere Wellenlänge) die Beugung geringer.

Die Streuung

Da die Ultraschallwelle in den seltensten Fällen senkrecht auf eine Grenzfläche trifft und im biologischen Gewebe aufgrund der Oberflächenrauigkeit meist keine glatten Oberflächen vorhanden sind, kommt es meistens zu einer starken Streuung. Mit steigender Frequenz nimmt die Stärke der Streuung zu.

Ultraschallabsorption

Die Ultraschallwelle, die den Körper durchdringt, erfährt eine so genannte „optische Verdünnung", vorwiegend durch Absorptionen und Streuung. Aus diesem Grunde ist die Schallreflexion aus tieferen Gewebsschichten schwächer. Tiefenausgleichsregler am Gerät kompensieren die schwachen Tiefenechos. Aus den erwähnten physikalischen Gesetzmäßigkeiten ergeben sich in summa zwei wichtige Fakten:

niedere Frequenz – gute Eindringtiefe – schlechte Auflösung.
hohe Frequenz – geringe Eindringtiefe – gute Auflösung.

Es ist bei der Wahl der Ultraschallfrequenzen je nach dem zu untersuchenden Organ ein Kompromiss zwischen diesen zwei Polen zu schließen.

Auflösungsvermögen

Dabei geht es um die Frage, welchen Abstand zwei gleichartige Objekte haben müssen, um im Bild noch als zwei unterscheidbare Bildpunkte zu erscheinen. Das Auflösungsvermögen nimmt mit kleinerer Wellenlänge bzw. steigender Frequenz zu und ist lateral ungünstiger als axial.

Axiale Auflösung

Die axiale Auflösung ist die Auflösung in Schallausbreitungsrichtung und wird von der Impulsdauer bestimmt.

Laterale Auflösung

Die laterale Auflösung wird von der Breite des Ultraschallimpulses bestimmt (Abb. 2.**2**).

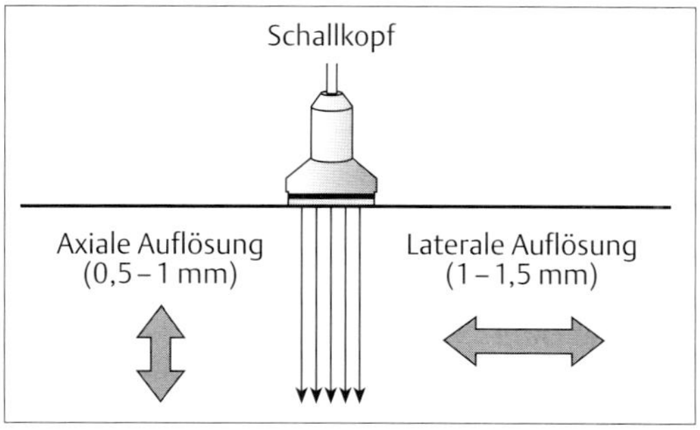

Abb. 2.**2** Darstellung der axialen und lateralen Auflösung.

2.1.2 Artefakte und hüftgelenkspezifische Phänomene

Artefakte (Kunstprodukte) sind Bildstrukturen, die nicht den anatomischen Gegebenheiten entsprechen. Ihre Erkennung ist von großer Bedeutung, um Fehlbeurteilungen zu vermeiden.

Schallschattenartefakte

Werden die Schallwellen an Grenzflächen reflektiert oder absorbiert, so tritt dieses Phänome auf. Die reflektierte Schallwelle erzeugt ein sehr starkes Echo an der Grenzfläche. Dahinter ist dann („im Schatten“) keine diagnostische Aussage mehr möglich.
Hüftgelenk: Schallschatten immer hinter knöchernen Strukturen.

Wiederholungsechos (Vielfachechos, Mehrfachreflexion, Reverberation, Palisade)

Liegen Grenzflächen mit hohem Impedanzsprung hintereinander, so kommt es zu parallelen Artefaktlinien. Diese Artefaktlinien sind zueinander und zur Schallkopfoberfläche parallel.
Hüftgelenk: Medialer Anteil der Knorpel-Knochen-Grenze.
Wiederholungsechos können auch durch schlechte Ankopplung des Transducers und durch zwei parallel laufende Grenzflächen entstehen.

Bogenartefakt

Stark reflektierende Strukturen bringen auch die schwachen Ausläufer des Schallfeldes zur Abbildung.
Hüftgelenk: Halbmondphänomen des Hüftkopfkernes. Dabei wird der Hüftkopfkern nicht als kräftiger runder Reflex abgebildet, sondern zeigt bogenförmige, seitlich auslaufende Echos („Nebenkeulen“).

Schichtdickeartefakt

An stark reflektierenden Grenzschichten können die Schallstrahlen nach dem Reflexionsgesetz reflektiert werden und anschließend auf ein Objekt treffen. Dieses Objekt wird als Spiegelbild („Trugbild“) hinter der Grenzschicht abgebildet.
Hüftgelenk: Tritt äußerst selten auf.

2.1.3 Biologische Wirkungen und Sicherheitsfragen

Obwohl bisher keine negativen Auswirkungen bei der diagnostischen Anwendung der Sonographie bekannt sind, wird immer wieder die Frage nach negativen biologischen Wirkungen und den Schädigungsmöglichkeiten aufgeworfen.

Gibt es nun bei der diagnostischen Anwendung des Ultraschalls Schädigungsmöglichkeiten? Wenn nicht bei einmaliger Untersuchung, so vielleicht bei hoher Untersuchungsfrequenz? Spielt die Beschallungsdauer eine Rolle? Gibt es Summationseffekte?

Besonders bei der Sonographie der Hüfte ist durch die relative Gonadennähe die Frage der Schädigungsmöglichkeiten durch Sonographie zu stellen.

Zum Verständnis der biologischen Wirkungen des Ultraschalls ist die Kenntnis der physikalisch-chemischen Primärwirkungen notwendig.

Primärwirkung
a) Wärmeentwicklung

Der Erwärmungsgrad ist abhängig von der Beschallungsdauer, von der Schallintensität, dem Absorptionskoeffizienten und der Leitfähigkeit des Gewebes einerseits, andererseits von der Kapazität der Wärmeableitung durch das Blut. Die therapeutische Nutzung des Ultraschalls mit hoher Intensität wird mit Ultraschallbestrahlungsgeräten seit langem durchgeführt. Bei diagnostischen Intensitäten spielt aber die Wärmeentwicklung des Ultraschalls keine Rolle (Rott 1984).

b) Mikrostreaming und Kavitation

Das Phänomen der **Kavitation** tritt nur bei therapeutischen, nicht bei diagnostischen Intensitäten auf. Es wird durch Ultraschall in Flüssigkeiten und Geweben die Bildung von Gasblasen induziert. Kollabieren diese während der Druckphase, entstehen hohe Druckwerte und Temperaturen, die sekundär zu Zell- oder Gewebszerreißungen führen können. Diese oszillierenden Blasen schwingen in der Regel asymmetrisch. Die daraus resultierenden Flüssigkeits- und Plasmabewegungen werden als **Mikrostreaming** bezeichnet. Es entstehen dabei Scherkräfte, bei denen Membran- und Zellschäden theoretisch nicht ausgeschlossen werden können.

c) Chemische Wirkungen

Depolymerisationseffekte bei Makromolekülen wurden in der Literatur beschrieben (Rott 1984). Auch an verschiedenen Proteinen, u. a. auch an isolierten Desoxyribonukleinsäuren, wurden diese Effekte experimentell nachgewiesen. An der zellulären DNA ist für diesen Effekt die Molekülegröße zu gering, sodass die mechanische Energie einer Wellenlänge für die Depolymerisation nicht wirksam werden kann.

Alle diese Primärwirkungen sind abhängig von der Ultraschallintensität und der Frequenz. Die heute benutzten Diagnosegeräte liegen mit Leistungen von 5–50 mW/cm^2 weit unter jeder experimentell erzeugten Schädigungsmöglicheit. Es unterscheidet sich die diagnostische Ultraschallanwendung dadurch wesentlich von den ionisierenden Strahlen, bei denen die Primärwirkungen unabhängig von Dosis und Intensität sind.

Biologische Wirkungen

Wood u. Loomis (1927) konnten Fische und Frösche durch mit hoher Energie eingestrahltem Ultraschall nach einer Minute Schallzeit töten. Experimentelle Untersuchungen ergaben, dass bei hoher Intensität, Frequenz und Dauer der Beschallung thermische Wirkungen bis zur Nekrose und Hämorrhagien sowie Gewebszerreißungen durch Kavitation zu erzeugen waren.

Diagnostische Ultraschallintensitäten können derartige Läsionen nicht herbeiführen.

a) Teratogenität

Lediglich im Tierversuch konnte eine Teratogenität bei der Maus erzielt werden. Dieser teratogene Effekt wurde als rein thermisch bedingt angesehen.

Umfangreiche Nachuntersuchungen und Literaturangaben konnten bei ultraschallexponierten Feten keinerlei Häufung von Aborten oder Missbildungen aufdecken (Rott 1984).

b) Mutagenität

Die Untersuchungen auf Mutagenität des Ultraschalls sind zahlreich. Sie wurden an Bakterien und Pflanzen, tierischen und menschlichen Zellkulturen durchgeführt (Abdullah et al. 1971, Wegner et al. 1980). Bei Pflanzen und Insekten wurden wiederholt nach Beschallung mit Frequenzen unter 0,8 MHz und therapeutischen Intensitäten vermehrte Chromosomenaberrationen gefunden. Dieser Umstand wird darauf zurückgeführt, dass die beschallten Organismen mit luftgefüllten Hohlräumen durchsetzt waren und die Schädigung durch Mikrostreaming entstand. An Menschen konnte bisher keine Mutagenität festgestellt werden. Auch die Frage der Komutagenität, d. h., ob Ultraschall ein mutagenes Agens verstärken kann, konnte bisher noch nicht eindeutig geklärt werden. Ein sicherer Hinweis für Komutagenität konnte bis dato nicht gefunden werden.

Feststellung über biologische Ultraschallwirkungen bei Säugern In-vivo-AIUM (American Institute for Ultrasound in Medicine) Statement

Im Frequenzbereich von wenigen Megahertz hat es bis jetzt keine gesicherten, eindeutigen biologischen Wirkungen gegeben, wenn Säugetiergewebe Intensitäten (1) unter 100 mW/cm² ausgesetzt war. Solche Wirkungen konnten auch bei höheren Intensitäten dann nicht gefunden werden, wenn bei Beschallungszeiten (2) von weniger als 500 Sek. und mehr als einer Sek. das Produkt aus Intensität (1) und Beschallungszeit (2) kleiner als 50 Joule/cm² war.

1. Räumlicher Spitzenwert, zeitlicher Mittelwert, gemessen im freien Feld in Wasser.
2. Gesamtzeit; sie umfasst die An- und Auszeit beim Impulsschall.

Resümee

Der Ultraschall wird seit nahezu 30 Jahren zu diagnostischen Zwecken eingesetzt, ohne dass bisher eine sichere Schädigung durch diese Untersuchungsmethode nachgewiesen werden konnte. Es kann daher nach heutigem Wissensstand angenommen werden, dass das diagnostische Ultraschallverfahren mit den derzeit verwendeten Intensitäten harm- und risikolos ist.

Die derzeit im Handel befindlichen Ultraschallgeräte arbeiten weit unter den von der AIUM festgelegten Intensitätswerten. Keinesfalls darf aber die diagnostische Ultraschallanwendung mit der therapeutischen Anwendung verwechselt werden, die mit weit höheren Intensitäten auf der Basis der Wärmeentwicklung arbeitet.

2.2 Apparative Voraussetzungen

2.2.1 Sektor-, Linear Scanner, Curved array

Die ursprünglich verwendeten Compoundscanner wurden durch die hochauflösenden **Real-time-Scanner** – seien es **Sektor-** oder **Linearscanner** – abgelöst.

Da sowohl Sektor- als auch Linearscanner je nach Anwendungsgebiet Vor- und Nachteile haben, richtet sich die Auswahl der entsprechenden Schallköpfe nach dem Anwendungsgebiet. Bringt die Meniskussonographie ausschließlich nur mit Sektorscanner befriedigende Aussagen, so sind am Schultergelenk *Sektor-* und **Lineartransducer,** aber auch der **Curved array** im Einsatz. Die Erfahrung hat aber gezeigt, dass auch am Schultergelenk der Lineartransducer gegenüber den anderen Scannern Vorteile bringt. Die Möglichkeit der Real-time-Geräte Bewegungsvorgänge darzustellen, ist besonders bei der so genannten dynamischen, bzw. Stressuntersuchung von unschätzbarem Wert. Bei knapp unter der Oberfläche liegenden zu untersuchenden Strukturen wie z. B. bei der Achillessehne muss fallweise eine bessere Ankoppelung durch Wasservorlaufstrecken bzw. Gelpolster durchgeführt werden.

Nicht genug kann betont werden, dass die Frage, welcher Scanner verwendet werden soll, prinzipiell vom zu untersuchenden Organ abhängt:

Der so genannte „Curved array“ versucht die Vor- und Nachteile von Sektor- und Linearscannern durch den Kompromiss-Schallwandler auszugleichen. Es sollte am Hüftgelenk zur Diagnose einer Hüftreifungsstörung nicht verwendet werden.

Sectorscan – versus – Linearscan bei der sonographischen Hüftdysplasiediagnostik

Bei der Diskussion der Probleme muss grundsätzlich zwischen methodischen Problemen und Handlingsproblemen differenziert werden. Zu einer Zeit als die Darstellung eines luxierten Hüftkopfes mittels Ultraschall nahezu revolutionär war und keine weitere Quantifizierung, sondern nur morphologische Bildkriterien für die Diagnostik herangezogen wurden, waren entscheidende Unterschiede zwischen **Linear-** und **Sektorscannern** nicht festzustellen. Erst mit dem Wunsch der zunehmenden Präzision und den steigenden Ansprüchen an die Quantifizierung und morphometrischen Aussagen am Hüftgelenk wurden charakteristische Unterschiede der beiden Scantechniken offenbar. Dies führte dazu, dass intraoperative In-vivo-Schallgeschwindigkeitsuntersuchungen am Säuglingshüftgelenk durchgeführt wurden, die dazu beitrugen die Empfehlung für den **Lineartransducer** am Säuglingshüftgelenk auszusprechen (Graf u. Soldner 1989). Um möglichst geringe Winkelverzeichnungen durch Beugungen und Brechungen entsprechend dem **Snellius-Brechungsgesetz** zu erzielen, müssen in das Gewebe möglichst parallel einfallende Schallstrahlen gefordert werden. Trifft dies nicht zu, kommt es durch schräge Einfallwinkel und durch verschiedene Schalllaufgeschwindigkeiten in der Muskulatur und dem hyalinen Hüftkopf zu einem veränderten Brechungskoeffizienten, der ursächlich für die erhöhte Winkelverzeichnung bei nicht parallel einfallenden Schallstrahlen verantwortlich ist.

Eine kritische Gegenüberstellung der Vor- und Nachteile von Linear- und Sektorsannern in der Hüftsonographie wurde von K. Schneider (in Graf 1993) durchgeführt. Er kommt zu dem Schluss:

> Aufgrund der einfacheren Handhabung (Schnittebenenfindung), der besseren Auflösung, der übersichtlicheren Darstellung des Hüftgelenks mit allen periartikulären Strukturen und dem Fehlen bildverändernder Artefakte ist der Linearschallkopf dem Sektor-, bzw. Konvexschallkopf in der Hüftsonographie vorzuziehen (Abb. 2.**3**, 2.**4**, 2.**5**).

Aufgrund neuester Untersuchungen und Berechnungen durch Physiker (Müller 1998) muss expressis verbis festgehalten werden, dass bei nicht parallel einfallenden Schallstrahlen erhebliche Verzeichnungsmöglichkeiten mit konsekutiv falschen Winkelwerten auftreten. Diese theoretischen Berechnungen am Computermodell bestätigen die klinische Erfahrung, dass erhebliche Verzeichnungsmöglichkeiten am Hüftsonogramm resultieren, wenn der Schallkopf verkippt mit konsekutiver schräger Schalleinstrahlung am Hüftgelenk aufgesetzt wird (siehe auch Kapitel über Kippfehler 5.5.2).

Resümee

Entsprechend den wissenschaftlichen, experimentell intraoperativ in vivo gefundenen Messergebnissen muss entsprechend dem heutigen Präzisionsstandard hinsichtlich der Messtechnik am Säuglingshüftgelenk ein möglichst parallel einfallender Schallstrahl gefordert werden. Für morphometrische Ansprüche gibt der **Linearscanner** die Bildgeometrie am Säuglingshüftgelenk besser wieder als der Sektorscanner. Standardisierte Abtasttech-

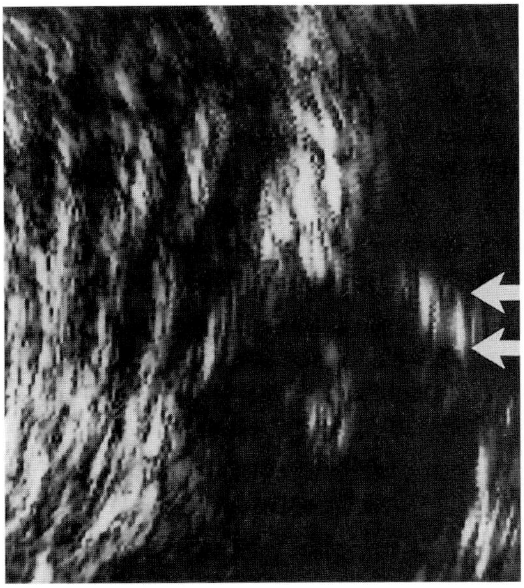

Abb. 2.**3** 5 Monate alter Säugling. 5,0-MHz-Sektorschallkopf. Der Unterrand des Os ilium ist etwas verbreitert (Pfeile), sonst aber gut erkennbar. Perichondrium, Labrum acetabulare sind nur zu ahnen. Die Gelenkkapsel liegt im Nahbereich.

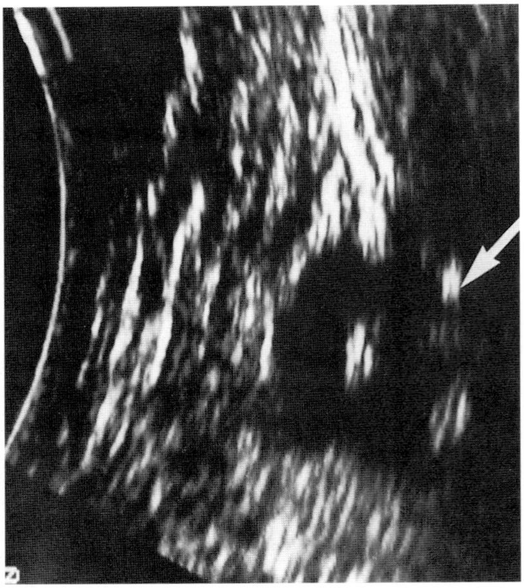

Abb. 2.**4** Dieselbe Patientin wie in Abb. 2.**3**; 5,0-MHz-Konvexschallkopf. Os ilium gut dargestellt (Pfei). Labrum acetabulare und Gelenkkapsel sind nicht ausreichend dargestellt. Der Übergang Perichondrium – Periost ist nicht klar erkennbar.

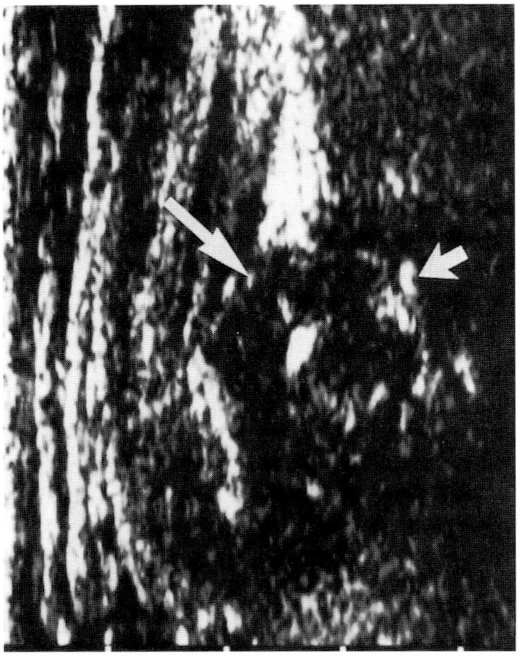

Abb. 2.**5** Dieselbe Patientin wie in Abb. 2.**3** und Abb. 2.**4**; 6,0-MHz-Linearschallkopf. Os ilium (kurzer Pfeil). Labrum acetabulare (langer Pfeil) sind ausreichend gut dargestellt. Der Übergang Perichondrium – Periost ist gut erkennbar.

niken, die die Bildentstehung unabhängig vom Geschick des Untersuchers machen, sind aufgrund der leichteren Handhabung mit dem Linearscanner besser lehr- und lernbar.

2.2.2 Geräteeinstellung und Frequenzen

Die wichtigsten Regelgrößen zur Bildeinstellung sind:

a) der Schallintensitätsregler,
b) der Tiefenausgleich,
c) der Kontrastregler,
d) Prä- und Postprocessing.

a) Der Schallintensitätsregler

Er bestimmt die Energie, mit der das Gewebe beschallt wird. Für die Untersuchung tiefer gelegener Gewebsanteile ist mehr Schallenergie notwendig.

b) Der Tiefenausgleich

Es ist verständlich, dass die Schallreflexe mit zunehmender Tiefe an Intensität abnehmen, d. h., die Bildimpulse aus der Tiefe sind schwächer. Um ein gleichmäßig helles Bild zu erhalten, ist es daher notwendig, die aus der Tiefe kommenden Schallreflexe mehr zu verstärken als die mittleren und die oberflächlichen (Abb. 2.**6 a–c**).

c) Die Kontrastregelung

Diese geschieht durch das Filtern schwacher Echos. Die Organkonturen können verbessert dargestellt und die Abgrenzung derselben gegenüber Nachbarorganen kann dadurch wesentlich verbessert werden. Bei der Sonographie der Säuglingshüfte bevorzugte man früher die so genannte „Kontrastdarstellung", d. h. ein eher konstrastreiches, hartes Bild. Demgegenüber steht die „Weichteildarstellung" mit vielen Grauwertstufen, wie sie z. B. im Abdomen oder bei der Schultersonographie üblich ist. Mit modernen, hochauflösenden Geräten sind auch Mikrostrukturen wie etwa die Blutsinusoide im knorpelig angelegtem Hüftkopf sichtbar. Um auch diese Feinstrukturen darzustellen, empfiehlt sich heute doch eher die „Weichteildarstellung" zu wählen. „Hyaliner Hüftkopf – echoarm" (nicht echofrei!) kann als Faustregel für die Kontrasteinstellung gelten.

d) Prä- und Postprocessing

Die soeben beschriebenen Funktionen werden während bzw. vor dem Bildaufbau geregelt und werden als **Präprocessing** zusammengefasst. Technologisch besser ausgestattete Ultraschallgeräte mit digitalen Bildverarbeitungen können das bereits am Bildschirm fertige Bild in Helligkeit und Kontrast noch zusätzlich verändern **(Postprocessing)**.

Das Bild kann für den Betrachter in verschiedenen Einstellungen fallweise im Detail verdeutlicht werden. Eine prinzipielle zusätzliche Mehrinformation kann nicht gewonnen werden. Daraus folgt, dass ein schlechtes Präprocessing niemals durch ein noch so aufwendig gestaltetes elektronisches (und kostensteigerndes) Postprocessing kompensiert werden kann.

Für die Geräteabstimmung bei sonographischen Untersuchungen der Säuglingshüfte sollte der „Nahfokus" benützt werden.

Intensitätsregler, Tiefenausgleich und Kontrastregler werden so abgestimmt, dass der hyaline Hüftkopf echoarm ist.

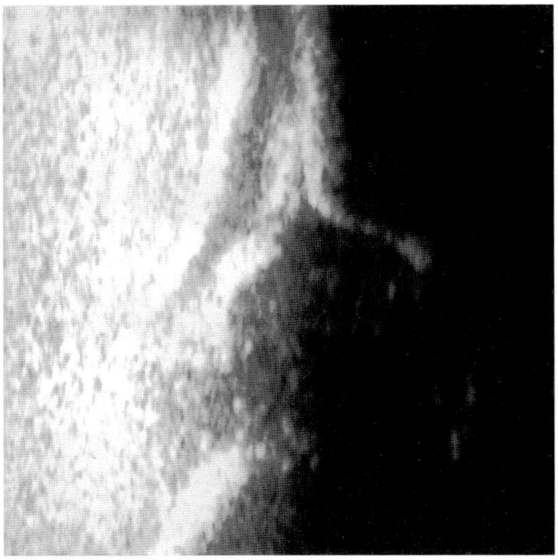
a

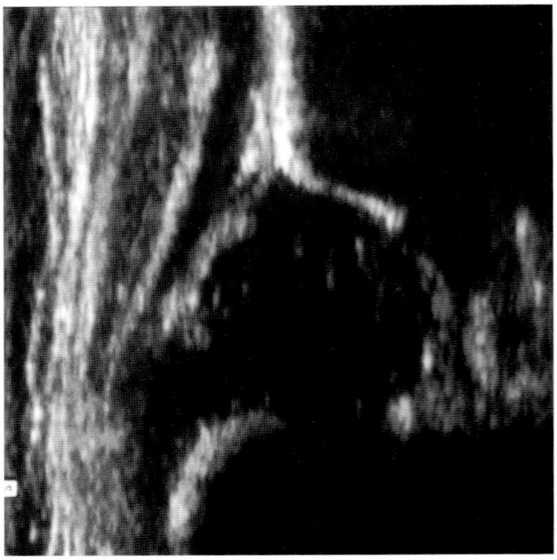
b

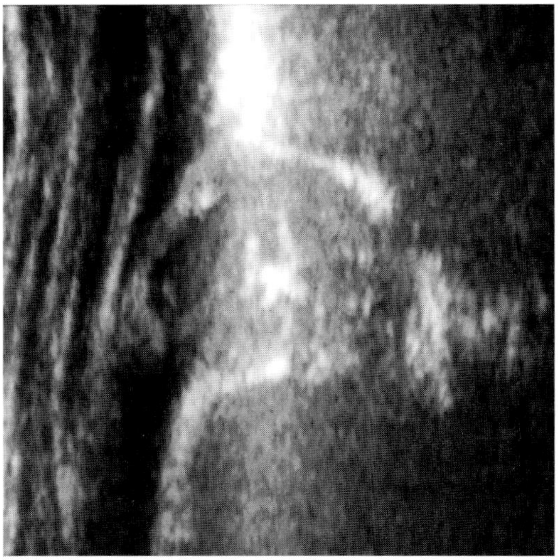
c

Abb. 2.**6** **a** Die Anfangsechos wurden zu stark verstärkt.

Abb. 2.**6** **b** Gut abgestimmtes Sonogramm, die Intensität könnte eine Spur stärker eingestellt sein.

Abb. 2.**6** **c** Die Tiefenechos wurden zu stark eingestellt, das Sonogramm ist überstrahlt.

Die Einstellungsfehler sind in Abb. 2.**6 a–c** dargestellt. In Abb. 2.**6 a** sind die Anfangsechos zu stark verstärkt. Das Bild wirkt auf der linken Bildseite überstrahlt. In Abb 2.**6 b** ist das Bild von links nach rechts gleichmäßig hell. Die Intensität könnte eine Spur stärker sein. In Abb. 2.**6 c** sind die Tiefenechos stark verstärkt, die Anfangsechos wurden zu stark unterdrückt.

Frequenzen

Frequenz und Eindringtiefe verhalten sich zueinander umgekehrt proportional:

Mit höherer Frequenz steigt das Auflösungsvermögen bei verringerter Eindringtiefe und umgekehrt. Hüftgelenke von Neugeborenen mit ihren zarten anatomischen Strukturen in geringer Tiefe werden daher zweckmäßig mit 7- bzw. 7,5-MHz-Schallköpfen untersucht. Größere Kinder, bei denen die Eindringtiefe des

7-MHz-Schallkopfes nicht mehr ausreicht, um die bildwichtigen Kriterien, vor allem den Unterrand des Os ilium in der Tiefe der Fossa acetabuli darzustellen, müssen mit einem 5-MHz-Schallwandler untersucht werden. Höhere Frequenzen, wie z. B. 10 MHz, bringen am Säuglingshüftgelenk nach derzeitigem Kenntnisstand keine entscheidenden Vorteile gegenüber dem 7-MHz-Schallkopf, Frequenzen unter 5 MHz dürfen aufgrund der geringen Auflösung heute nicht mehr am Säuglingshüftgelenk verwendet werden. Schallköpfe, die mehrere Schallkopffrequenzen in einem Transducer vereinigen, sind nützlich, bringen aber gegenüber den Einzelfrequenzschallköpfen unserer Erfahrung nach keinen entscheidenden Vorteil.

Fokusbereich

Im Fokusbereich des Schallwandlers ist die Auflösung am größten. Der Fokusbereich kann tiefenabhängig variiert werden. Je nach Größe des zu untersuchenden Kindes ist es möglich, den Fokusbereich elektronisch zu verschieben. Neugeborene, bei denen das Hüftgelenk nur in geringer Tiefe liegt, benötigen kurze, ältere Kinder mit in weiter in der Tiefe liegenden Strukturen mittlere bzw. lange Fokussierungen. Durch Wahl des richtigen Fokusbereichs kann die Auflösung z.T. erheblich verbessert werden. Die langjährige Erfahrung bei der Ausbildung von Kollegen unterschiedlichster Fachrichtungen, Ausbildungsstandes und manuellen Geschickes hat gezeigt, dass ein gutes Ultraschallgerät zwar die Voraussetzung, aber noch nicht die Garantie für ein perfektes Hüftsonogramm ist. Das Hüftgelenk sollte möglichst unter standardisierten Bedingungen untersucht werden. Aus diesem Grund müssen Insuffizienzen, die durch die natürlichen Strampelbewegungen des Kindes, aber auch Insuffizienzen, die durch den Untersucher selbst entstehen, möglichst minimiert werden. Dies führte einerseits zur Entwicklung eines ganz speziellen Handlings während der Untersuchung (siehe auch Kapitel Abtasttechnik 5.4) sowie zur Entwicklung einer Lagerungsschale, eines Untersuchungstisches, und um Kippfehler zu vermeiden, in jüngster Zeit zur Entwicklung einer Schallkopfführungsapparatur. Voraussetzung für eine standardisierte Abtasttechnik ist eine standardisierte Lagerung.

Lagerungsschale

Dies gelingt am besten mit einer speziell entwickelten Lagerungsschale, die bei richtiger Verwendung dem Säugling ein bequemes Bettchen bietet und spontane Abwehr- und Strampelbewegungen möglichst vermeiden hilft. Sie ist nach dem Hängemattenprinzip konstruiert: Man liegt darin recht bequem, kann aber schwer aufstehen.

Die Lagerungsschale sollte auf einem Untersuchungstisch montiert werden, sodass die Randwülste sich ungefähr in Ellbogenhöhe des Untersuchers befinden.

Schallkopfführung

Die neu konstruierte Schallkopfführungsapparatur (Pat. angem.) ist ein Präzisionsinstrument, das die Führung des Schallkopfes im Millimeterbereich erlaubt. Es werden nur jene Bewegungen zugelassen, die für die Untersuchung des Gelenkes notwendig sind. Unbeabsichtigte Kippung in Schallkopflängs-, oder -querrichtung, die zu Bildverzeichnungen führen können, sind durch spezielle

Sperren nicht möglich. Der Abtastvorgang reduziert sich dadurch auf wenige, streng standardisierte Einstellgriffe. Die Führungsapparatur kann auch nachträglich bei Lagerungsschalen montiert werden.

Untersuchungsgel

Das Untersuchungsgel sollte wenn möglich direkt in einer Halterung beim Untersuchungstischchen deponiert werden, um zeitraubendes Suchen nach dem Gel zu vermeiden. Das Gel kann bei Zimmertemperatur aufbewahrt werden, ein Anwärmen des Gels ist bei korrekter Abtasttechnik meist nicht notwendig, bei Erwärmung kann sich das Gel verdünnen und verschlechtert meist die schallleitenden Eigenschaften. Allerdings kann bei Verwendung eines Fläschchenwärmers die optimale Temperatur sehr gut eingestellt werden.

Gerätewahl

Der technologische Fortschritt hat es mit sich gebracht, dass hervorragende Ultraschallgeräte für die Sonographie des Säuglingshüftgelenkes zur Verfügung stehen.

Die Erfahrung hat gezeigt, dass hinsichtlich der Geräte auch gewisse Empfehlungen abgegeben werden können:

So sollten nur Geräte verwendet werden, die Anschlussmöglichkeiten für 5- bzw. 7,5-MHz-Schallköpfe besitzen. Das rasche Wechseln von einem Schallkopf zum anderen kann aufgrund der verschiedenen Eindringtiefen und Auflösungsvermögen während der Untersuchung notwendig sein. Ein ausreichendes Prä- und Postprocessing kann die Bildqualität wesentlich steigern. Freezetasten am Schallkopf bzw. Fußschalter sind unumgänglich. Alleinige Freezetasten am Ultraschallgerät selbst sind nicht ausreichend. Die Zoomeinrichtung sollte leistungsfähig sein, wobei (heute) der Vergrößerungsabstand von 1:1,7 am Bildmonitor der unterste, akzeptable Level ist (siehe auch Kap. Dokumentation 2.3.1). Winkelmesseinrichtungen zur Quantifizierung der Hüftsonogramme sind nützlich, aber nicht notwendig. Ein über den Videoausgang zugeschalteter Zusatzmonitor kann nützlich sein und hebt den Bedienungskomfort, da er frei in Richtung des Untersuchers positioniert werden kann. Der meist bei der Verwendung des Zusatzmonitors verbundene Vergrößerungseffekt des Sonogramms erleichtert die Diagnostik bei schwachen primären Zoomeinrichtungen. Durch Aufkippen des Monitors kann das Hüftsonogramm aus der liegenden in die übliche stehende „Rechtsprojektion" („anatomische" Projektion) gebracht werden (s. Kap. 2.3.1).

Mittlerweile bietet eine Reihe von Herstellern Ultraschallgeräte an, bei denen per Knopfdruck das für die Abdominalsonographie übliche liegende Bild in ein **„stehendes"** Sonogramm geschwenkt werden kann.

2.2.3 Adjuvante technische Ausrüstung

Um die Hüftsonographie möglichst zu erleichtern und einen raschen Untersuchungsablauf, der notwendig ist, um das Kind nicht zu beunruhigen, zu gewährleisten, empfiehlt es sich einige Hilfsmittel bereitzustellen (siehe auch Kap. 5.2 Abtasttechnik): Neben der Halterung für Schallkopf und Ultraschallgel hat sich die Verwendung eines Untersuchungstisches gut bewährt. Nahezu unabdingbar ist eine Lagerungsschale. Eine Schallkopfführungsapparatur trägt wesentlich zur raschen reibungslosen und vor allem verkippungsfreien Abtasttechnik bei.

Lagerungsschale

Prinzipiell wird empfohlen die Untersuchung im Stehen durchzuführen. Dazu ist es notwendig, die Lagerungsschale auf einem Untersuchungstisch, eventuell zusammen mit der Schallkopfführungsapparatur, zu montieren. Die Höhe des Untersuchungstisches sollte so gewählt werden, dass bei darauf montierter Lagerungsschale die Unterarme bequem rechtwinkelig im Ellbogen angewinkelt auf den Randwülsten der Lagerungsschale abgestützt werden können. Die Lagerungsschale hat sich in 15 Jahren sehr gut bewährt. Über die Randwülste wird eine Stoffwindel gebreitet, die je nach Größe des Kindes beliebig vertieft werden kann, sodass zusammen mit den beweglichen Randwülsten eine hängemattenartige Konstruktion entsteht. Dadurch kann die Lagerungsschale auch für verschiedene Kindesgrößen verwendet werden. Papiertücher oder Papierunterlagen, die die Stoffwindel ersetzen, sind weniger gut geeignet, da der Hängematteneffekt verloren geht. Neu konstruierte, speziell beschichtete Schaumstoffschalen funktionieren ebenfalls nach dem Hängemattenprinzip mit elastischer „Einklemmung“. Sie ermöglichen auch die Verwendung von Papierunterlagen und entsprechen den Hygienevorschriften. Aufblasbare Lagerungsschalen stehen ebenfalls in Verwendung.

Schallkopfführung

Die Schallkopfführungsapparatur (Abb. 2.**7**) ermöglicht durch Sperrung von für die Hüftsonographie nicht notwendigen Abtastbewegungen ein rasches und verzeichnungsfreies Untersuchen. Vor allem die Kippeffekte, die zu Bildverzerrungen führen kön-

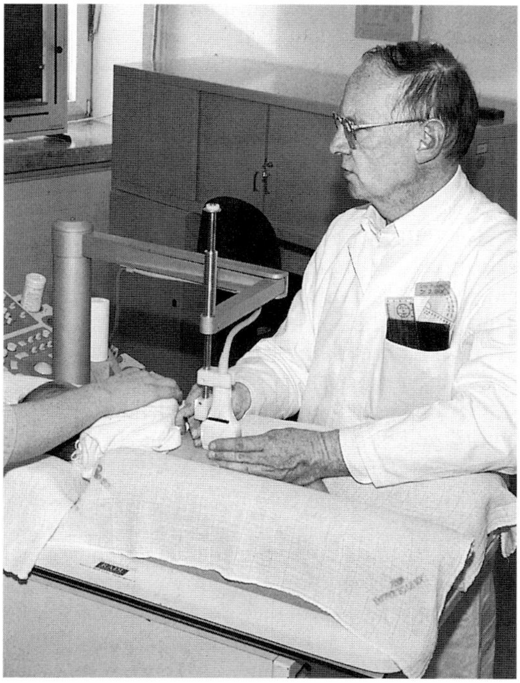

Abb. 2.**7** Schallkopfführungsapparatur zur verkippungsfreien Untersuchung.

nen, werden dadurch verhindert. Um einen ergonomischen Untersuchungsablauf zu gewährleisten, sollte das Gel möglichst griffbereit sein. Dies vor allem deswegen, weil nach der Umlagerung bei der Untersuchung des zweiten Hüftgelenkes der Griff nach dem Gel einfach und rasch erfolgen sollte. Es hat sich daher die Montage einer Halterung für das Gelfläschchen direkt beim Untersuchungstisch bewährt.

2.3 Hüftsonographische Dokumentation

Prinzipiell muß ein deskriptiver Befund und ein Hüftsonogramm mit entsprechenden Dokumentationskriterien vorliegen. Die Wichtigkeit und die Bedeutung der morphologischen deskriptiven Befundung werden im Kapitel 8.2 erläutert. Hinsichtlich der Anforderungen an das Hüftsonogramm selbst müssen formale und methodische Bildkriterien unterschieden werden.

Zu unterscheiden sind unbedingt einzuhaltende Richtlinien hinsichtlich des Abbildungsmaßstabes, der Bildprojektion und der Anzahl der Sonogramme pro zu dokumentierendes Hüftgelenk.

2.3.1 Formale Bildkriterien

Abbildungsmaßstab

Gelten für den Abbildungsmaßstab am Ultraschallgerät feste Vorschriften, so sind diese auch für die Dokumentation zu übernehmen. Das fertig dokumentierte Bild darf daher den Abbildungsmaßstab 1:1,7 nicht unterschreiten. Dieser Mindestabbildungsmaßstab ist notwendig, um wichtige Bilddetails nicht zu sehr zu verkleinern. Die Bildgröße soll auch das Ausmessen der Sonogramme von Hand aus ermöglichen.

Rechtsprojektion „anatomische Projektion"

Alle Hüftsonogramme, gleichgültig ob es sich um rechte oder linke Hüften handelt, werden so projiziert, dass sie einem rechten a.-p. Röntgenbild ähnlich sind (anatomische Projektion). Diese Vorgangsweise hat sich insofern bewährt, als hausinterne Kontrollen gezeigt haben, dass bei der Interpretation der Hüftsonogramme direkt vom Monitor die rechtsprojizierten Bilder eine um ein Drittel geringere Fehlerquote als linksprojizierte aufwiesen (Abb. 2.**8 a–d** und Abb. 2.**9 a/b**). Die Ursache der leichteren Erfassung und Interpretation der rechtsprojizierten, „stehenden" Hüftgelenkssonogramme ist neurophysiologischer Natur und wurde von E.P. Fischer (1985) anschaulich beschrieben. Das Phänomen basiert auf der Seitendominanz einer Gehirnhälfte. Bei der Aufzeichnung der Augenbewegungen bei der spontanen Musterung eines Menschen durch einen Betrachter konnte Engelen 1997 eindrücklich nachweisen, dass sich die Blicke fast ausschließlich auf die rechte Körperhälfte konzentrieren.

Durch die immer gleichartige Rechtspojektion aller Hüftsonogramme gewinnt der Untersucher immer den gleichen Bildeindruck, geringfügige Änderungen der Überdachungsverhältnisse und Stellungsänderungen des Hüftkopfes werden dadurch wesentlich leichter erkannt.

Sonographische Projektion

Die in der Sonographie bei allen anderen Organen übliche „sonographische" Projektion, d. h. kranial wird am Monitor links abgebildet, hat aus oben zitierten Gründen bei der Hüftsonographie Nachteile. Im Sinne einer Fehlerminimierung sollte die „sonographische" Bildprojektion bei der Darstellung des Säuglingshüftgelenkes nicht verwendet werden. Aufgrund der Schnittbildtechnik

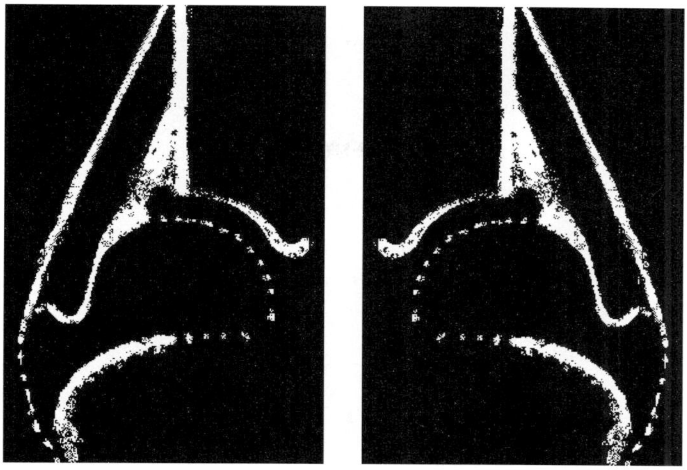

Abb. 2.**8 a–d**
a Anatomische Projektion („rechts stehende Projektion"), Projektion ähnlich einem rechten Hüftgelenk in einem a.-p. Röntgenbild. Projektionen wie in Abb. **b, c** und **d** sollten vermieden werden, **d** entspricht der „sonographischen" Projektion.

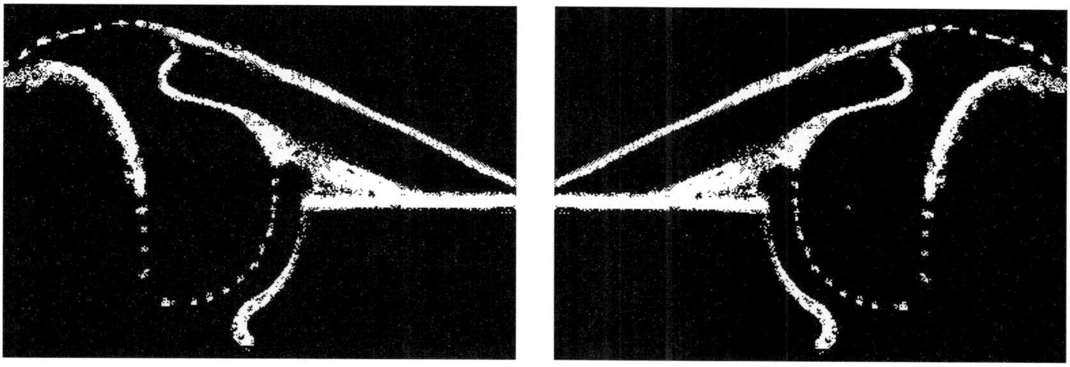

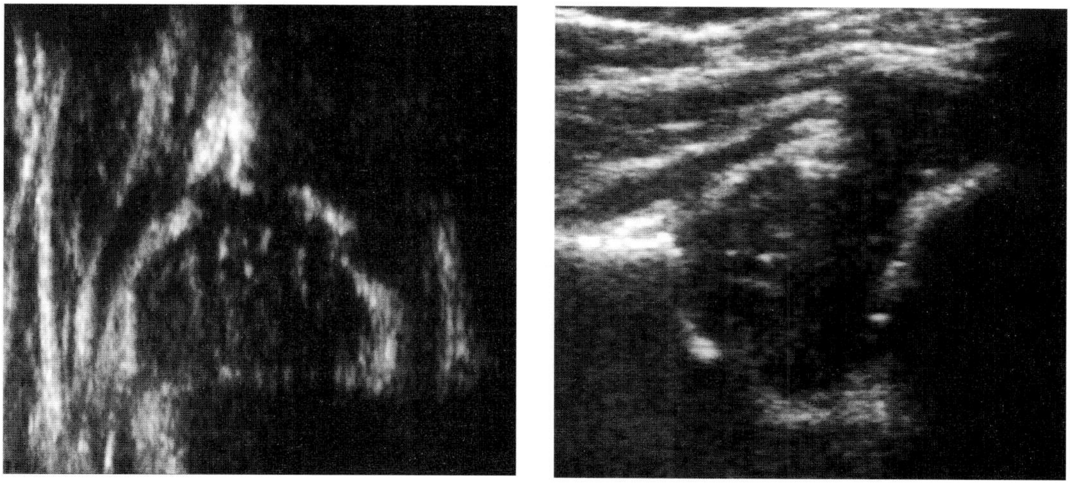

Abb. 2.**9**
a Originalsonogramm in empfohlener anatomischer Projektion.
b Originalsonogramm in sonographischer Projektion.

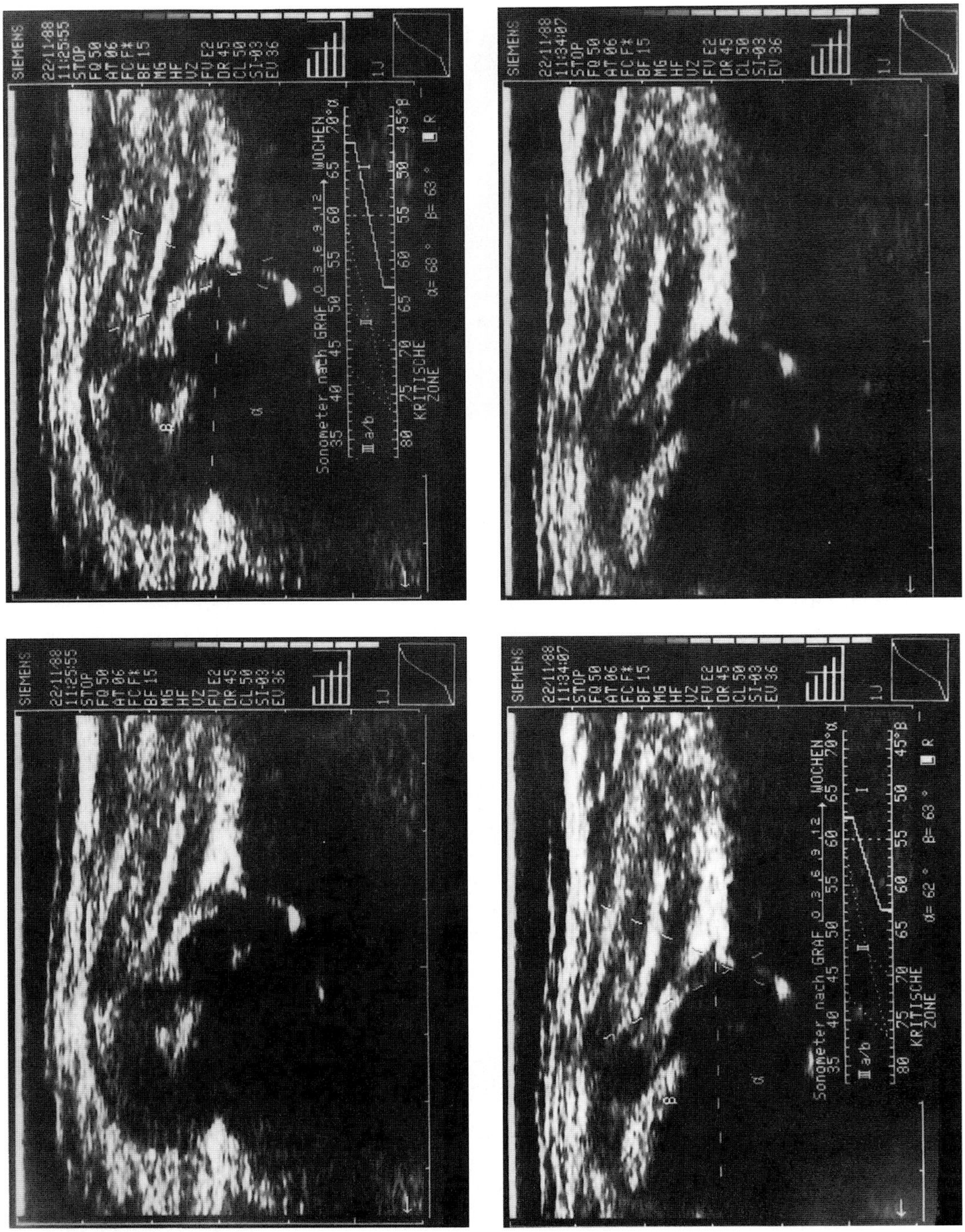

a b c d

Abb. 2.**10 a–d** Beispiel einer Bilddokumentation mit Multiformatkamera, Foliengröße 18 x 24 cm. Aus methodischen Gründen müssen je 2 Bilder im Standardbereich pro Hüftgelenk dokumentiert werden. Name, Altersangabe. Je 1 Bild bleibt messlinienfrei, um nicht wichtige Details zu überdecken. 1 Bild jeder Hüfte, in diesem Fall mit elektronisch gemessenem Winkel Alpha und Beta und eingezeichneten Messlinien wird dokumentiert.

ist es aus Sicherheitsgründen unbedingt erforderlich zwei Schnitte jeder Hüfte zu dokumentieren. Die Dokumentation eines Hüftgelenkes mit nur einem Schnittbild ist absolut ungenügend und kann zu Verwechslungen und Fehldiagnosen durch mangelnde topographische Zuordnung des Schnittes am Pfannendach führen. Es ist üblich und sinnvoll beide sonographischen Schnitte möglichst in der Standardebene zu dokumentieren. Die Reflexionsverhältnisse sind nicht jedesmal gleich. Durch leicht geänderte Reflexionswinkel können innerhalb repräsentativer Schnitte einzelne Details, z. B. das Labrum acetabulare, noch besser dargestellt werden. Wird die Winkelmessung elektronisch mit dem Ultraschallgerät durchgeführt, kann der erste sonographische Schnitt mit Messlinien dokumentiert werden. Das zweite Sonogramm desselben Hüftglenkes bleibt messlinienfrei, um wichtige Bezugspunkte nicht durch Messlinien abzudecken (Abb. 2.**10 a-d**).

2.3.2 Methodische Bildkriterien

Um ein Hüftsonogramm überhaupt beurteilen zu können, ist es unabdingbar notwendig, dass der **Unterrand des Os ilium** in der Fossa acetabuli, die korrekte **Schnittebene** und das **Labrum acetabulare** am Sonogramm dargestellt ist (siehe auch Kap. 4.2, Standardebene) (Abb. 2.**11**). Fehlt einer dieser 3 essenziellen Parameter, so kann prinzipiell das Hüftsonogramm nicht zur Beurteilung herangezogen werden, da zur Definition einer Ebene mindestens 3 Punkte erforderlich sind. Lediglich bei dezentrierten Gelenken darf trotz Fehlen des Unterrandes des Os ilium als einzige Ausnahme von der Regel das Hüftsonogramm zur Beurteilung herangezogen werden (siehe auch Kap. 4.2.3, Ausnahmen und Abweichungen).

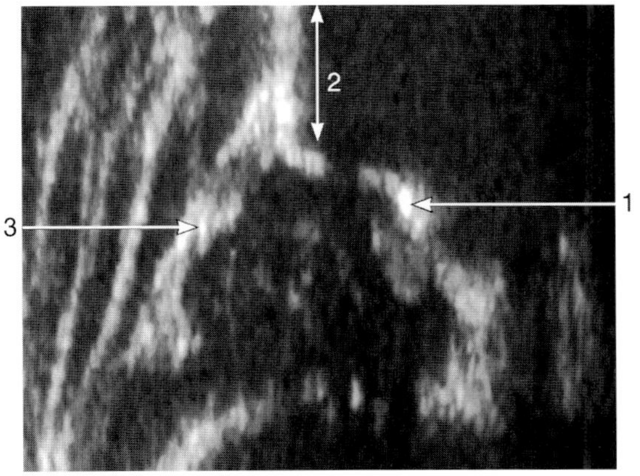

Abb. 2.**11** Korrektes Sonogramm mit den 3 Landmarks:
1. Unterrand des Os ilium
2. gestrecktes Darmbeinecho
3. Labrum acetabulare

2.3.3 Dokumentationseinrichtungen

Bei der Vielzahl im Handel angebotenen, auch preislich höchst verschiedenen Dokumentationseinrichtungen ist darauf zu achten, dass bei der Verwendung zur Hüftsonographiedokumentation auch am fertig dokumentierten Bild der Abbildungsmaßstab keineswegs unter 1:1,7 absinkt. Es ist wichtig, auf diesen Punkt hinzuweisen, da die meisten Dokumentationsmaschinen das ursprüngliche Monitorbild zusätzlich noch verkleinern. Wesentliche Kriterien bei der Auswahl des Dokumentationssystems sind aber auch die Archivierbarkeit der Sonogramme, die sofortige Verfügbarkeit bei Verlaufskontrollen sowie die Haltbarkeit des Dokumentationsmaterials.

3 Entwicklung, Anatomie, pathologische Anatomie und Sonoanatomie

3.1 Entwicklung

Bereits am Ende der 4. Embryonalwoche ist die aussprossende Beinanlage als kapillarisierter Mesenchymkern zu erkennen. Zwischen der 6. und 7. Woche sind die ersten Knorpelanlagen vorhanden, am Hüftgelenk sind die 3 knorpeligen Hüftbeinanlagen zu einem einheitlichen Knorpel (**„Hemipelvis"**) vereinigt und bilden das flache Azetabulum. Zwischen dem Azetabulum und der knorpeligen Femuranlage ist die Stelle des zukünftigen Gelenkspaltes noch mit interzonalem Bindegewebe ausgefüllt. In diesem Stadium ist das Labrum acetabulare als Verdichtung des interzonalen Bindegewebes bereits erkennbar (Anderhuber 1997). In der 7. Woche entsteht die frühe Gelenkhöhle, das Lig. capitis femoris, sowie die Gelenkkapsel. Am Ende der 8. Woche ist die frühe Entwicklung des Hüftgelenkes bereits abgeschlossen (Abb. 3.**1**). Der Femurschaft ossifiziert bereits in der 7. Embryonalwoche, wobei eine knöcherne Röhre und eine zentrale Markhöhle entstehen. Bereits am Ende der 12. Schwangerschaftswoche ist die Schaftverknöcherung abgeschlossen. Das Becken entsteht durch Verknöcherung von 3 Anlagen mit jeweils einem Kern. Der erste

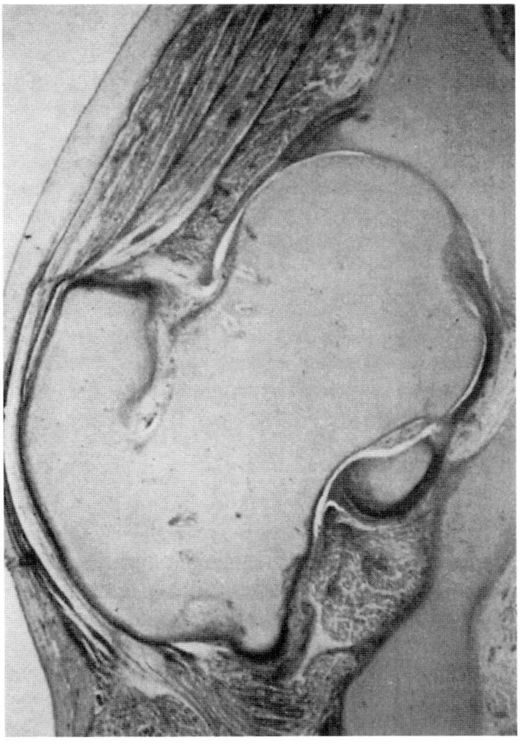

Abb. 3.**1** Flachschnitt durch ein embryonales Hüftgelenk.

Knochenkern entsteht im Körper des Os ilium in der 10. Woche, gefolgt vom Kern des Os ischii in der 16. Woche und dem Os-pubis-Kern in der 20. Woche, wobei die knöchernen Anteile durch die Y-Fuge miteinander verbunden sind (Anderhuber 1997).

3.2 Einstrahlrichtung und Weichteilmantel

Zur Dysplasie- und Luxationsdiagnostik empfiehlt sich beim heutigen Standard der Methode nur mehr die so genannte „koronare" Schnittführung, d. h. bei in Frontalebene eingestrahltem Ultraschall. Es entstehen Sonogramme, die einem anatomischen Frontalschnitt durch das Hüftgelenk ähnlich sind (Abb. 3.**2** u. 3.**3**). In Abb. 3.**4** durchdringt der Ultraschall von lateral (links) nach medial (rechts) zuerst die Haut, die Subkutis, die Fascia lata, die Glutealmuskulatur und die dazwischen liegenden Septen. Die intermuskulären Septen sind stärker echogen als die dazwischen liegende Muskulatur.

Einstrahlebenen von dorsal oder durch die Adduktorenplatte bei abduzierten Beinchen (Lorenz-Stellung) (Suzuki et al. 1991)

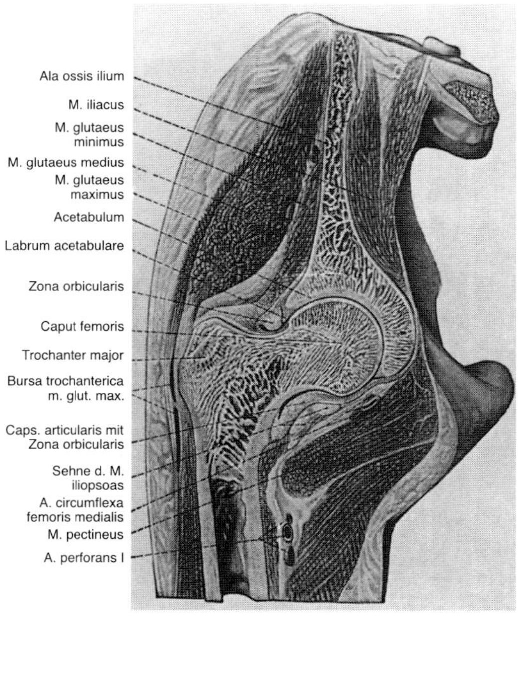

Abb. 3.**2** Frontalausschnitt durch ein rechtes Hüftgelenk (aus *A. Waldeyer:* Anatomie des Menschen, Teil I, 7. Aufl., de Gruyter, Berlin 1972).

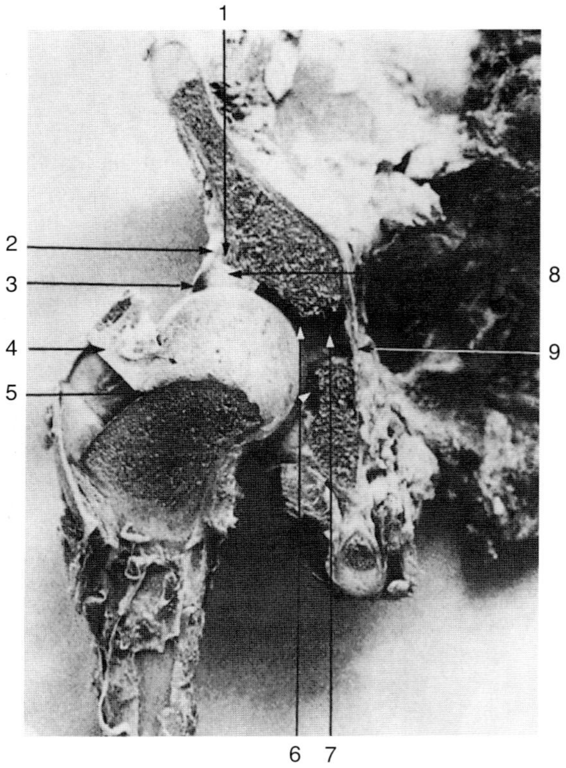

Abb. 3.**3** Schnittpräparat eines kindlichen Hüftgelenkes, entsprechend Abb. 3.**4**.

1 knöchernes Pfannenerker
2 Perichondrium bzw. Periost des Darmbeins
3 Labrum acetabulare
4 Trochanter major
5 Knorpel-Knochen-Grenze am koxalen Femurende
6 freipräparierte Fossa acetabuli
7 freipräparierte Y-Fuge
8 knorpeliges präformiertes Pfannendach
9 Periost an der Beckeninnenwand

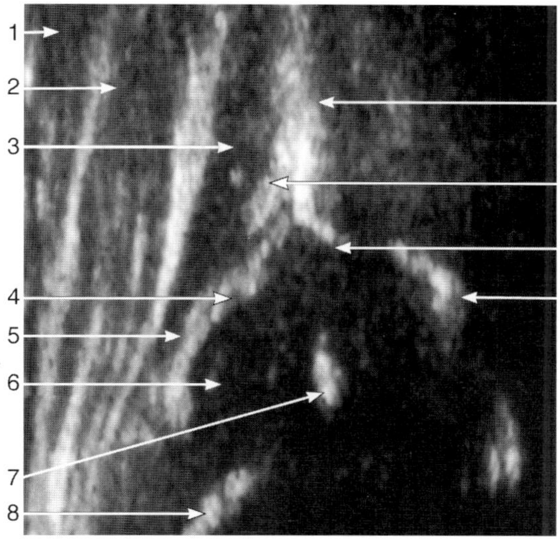

Abb. 3.**4** Sonogramm eines 3 Monate alten Kindes.
1 M. glutaeus maximus
2 M. glutaeus medius
3 M. glutaeus minimus
4 Labrum acetabulare
5 Gelenkkapsel
6 Hüftkopf
7 Hüftkopfkern
8 Knorpel-Knochen-Grenze am Schenkelhals
9 Unterrand des Os ilium
10 knöcherner Erker
11 proximales Perichondrium (Rektussehne)
12 Darmbeinsilhouette

sind wohl möglich, haben sich aber in der Routine nicht bewährt und bringen keinen zusätzlichen Informationsgewinn (Clarke et al. 1985). Die Einstrahlebene von dorsal ermöglicht nur völlig luxierte Hüftköpfe darzustellen, ermöglicht aber keinerlei Aussagen über eventuelle Deformierungen der Hüftpfanne (Graf u. Tschauner 1996). Bei Untersuchungstechniken in Lorenz-Stellung (anteroposteriorer Strahlengang) wird von der Schnittebene nur der vordere Pfannendachrand und der hintere Pfannendachrand dargestellt. Die pathologischen Veränderungen finden sich aber am kranialen bzw. kranial-posterioren Anteil des Pfannendachs und entgehen daher der Beurteilung. Die ventrodorsale Einstrahlrichtung auf das koxale Femurende in Lorenz-Stellung ermöglicht eine sonographische AT-Winkelmessung (Dorn u. Hattwich 1986). Die Überprüfung der korrekten Hüftkopfposition nach Reposition bei luxierten Hüftgelenken mit dieser Einstrahlebene ist zwar möglich, die technischen Schwierigkeiten bei der Untersuchung sind aber erheblich, eine Quantifizierung schwierig.

3.3 Schenkelhals und Hüftkopf

Anatomie

Die anatomischen Verhältnisse am Säuglingshüftgelenk sind dadurch ausgezeichnet, dass ein überwiegender Anteil knorpeligpräformiert ist (Abb. 3.**5**). Ein Ossifikationszentrum findet sich am Epiphysenkern und ein zweites geht von einem Kern im Bereich des Trochanter major aus. Der Kopfepiphysenkern erscheint im 2. bis 8. Lebensmonat, der des Trochanter major zwischen dem 2. und 7. Lebensjahr. Der Zeitpunkt des Auftretens des Kopfepiphysenkernes wird in der Literatur aber verschieden angegeben:

Putti (1929) spricht bereits von einem verzögerten Auftreten, wenn der Hüftkopfkern erst im 3. oder 4. Lebensmonat sichtbar wird. Hilgenreiner (1925) gibt als Durchschnittswert den 4. Monat an. Nach Tönnis (1984) ist an ein krankhaftes Geschehen zu denken, wenn in der zweiten Hälfte des 1. Lebensjahres noch keine Epiphysenkerne nachweisbar sind.

Solange am koxalen Femurende noch keine Epiphysenkerne im Hüftkopf bzw. im Trochanter major zu sehen sind, wird die Grenze zwischen dem knorpeligen und dem knöchernen Anteil als **Knorpel-Knochen-Grenze** bezeichnet.

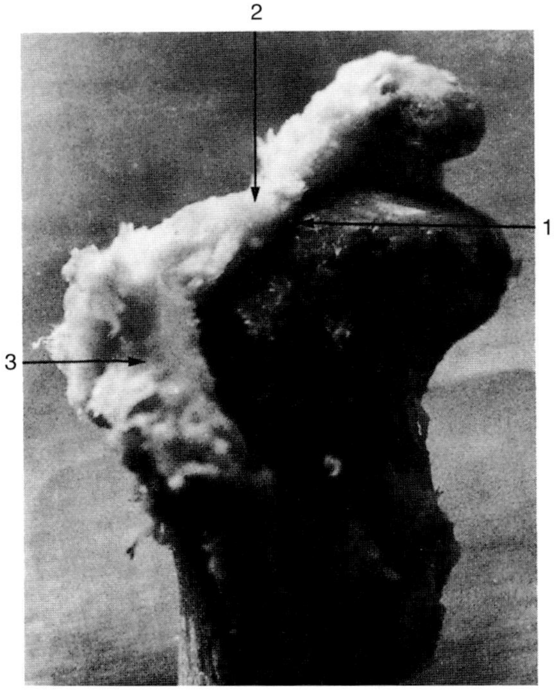

Abb. 3.**5** Koxales Fermurende re. mit freipräpariertem Hüftkopfkern. Die Knorpel-Knochen-Grenze (1) freipräpariert, die hyalinen Anteile des Schenkelhalses (2) und die Trochanterbasis (3) deutlich sichtbar.

3.3.1 Das koxale Femurende im Sonogramm

Nach dem Weichteilmantel trifft die Schallwelle auf das koxale Femurende: durch die Sehneneinstrahlung in die Fossa trochanterica sowie in den Trochanter major, wird der hyalin-knorpelig präformierte Trochanter major, der als Schallloch imponiert, peripherwärts abgegrenzt und erscheint im Sonogramm aufgeraut (Abb. 3.**6**). Die durch Totalreflexion stark echogene Knorpel-Knochen-Grenze teilt den Schenkelhals in den peripheren, haubenförmig aufsitzenden echoarmen, hyalin-knorpelig präformierten Anteil und in den knöchernen Anteil, der als Schallschatten imponiert.

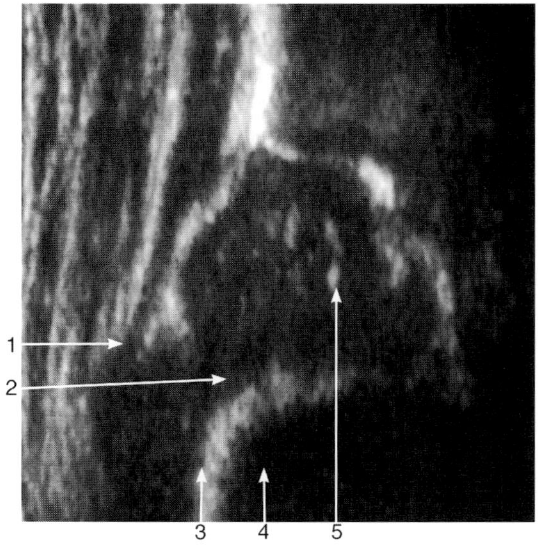

Abb. 3.**6** Das koxale Femurende im Sonogramm:
1 Trochanterbasis
2 hyalin-knorpelig präformierter Anteil des Schenkelhalses
3 Knorpel-Knochen-Grenze
4 Schallschatten hinter der Knorpel-Knochen-Grenze des Schenkelhalses
5 Hüftkopf

Notwendigkeit der Darstellung

Die Knorpel-Knochen-Grenze ist besonders in schwierigen Fällen ein wichtiges Orientierungshilfsmittel zur Identifizierung des Schenkelhalses und des Hüftkopfes und kann dem Untersucher die Interpretation bei stark dislozierten Hüften wesentlich erleichtern.

Da sich an der Knorpel-Knochen-Grenze auch aufnahmebedingte Kippfehler, die im Extremfall zu Fehldiagnosen führen können, erkennen lassen, wird ihre sonographische Darstellung bei heutigem Wissensstand dringend empfohlen (siehe auch Kap. 5.5.2). Durch die verschieden starken Wachstumspotenzen des medialen und lateralen Schenkels der Knorpel-Knochen-Grenze ändert sich auch die Verlaufsrichtung derselben in Abhängigkeit vom Alter (Abb 3.**7**). Dieser altersabhängige Verlauf der Knorpel-Knochen-Grenze hat sonographische Bedeutung:

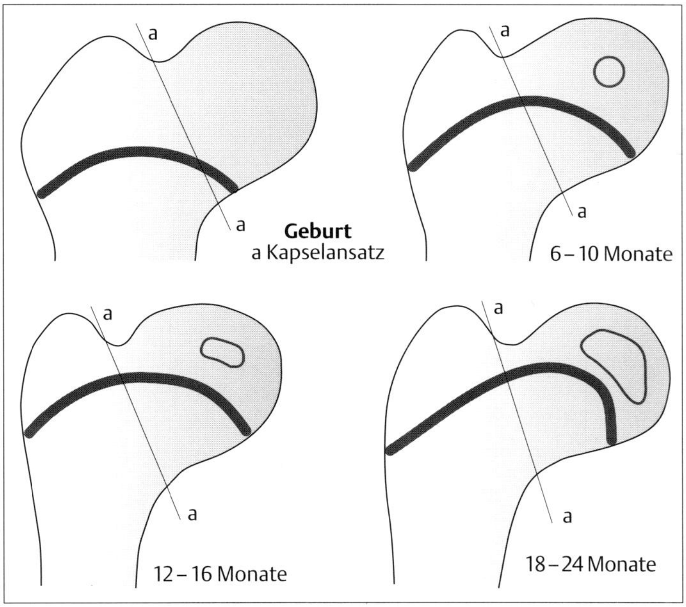

Abb. 3.**7** Verschiedene Verlaufsrichtungen der Knorpel-Knochen-Grenze in Abhängigkeit vom Alter (nach *Batory* 1982).

Altersabhängiger Verlauf der Knorpel-Knochen-Grenze

a) Bei Neugeborenen ist die Knorpel-Knochen-Grenze noch bogenförmig aufsteigend und kann bis in die Tiefe des Azetabulums verfolgt werden (Abb. 3.**8**, 3.**9**).
b) Winkelt sich die Knorpel-Knochen-Grenze im Bereich des medialen Anteiles zwischen Kopf und Schenkelhals bei größeren Säuglingen immer mehr ab (wie in Abb. 3.**10**), so gerät jener Anteil der Knorpel-Knochen-Grenze, der Schenkelhals und Hüftkopf trennt, durch die davor liegenden knöchernen Anteile des Schenkelhalses immer mehr in den Schallschatten und kann oft nur mehr rudimentär als palisadenartige, parallel angeordnete Echostreifen erkannt werden („Schallpalisade" – Abb. 3.**11 b**, 3.**12**).
c) Bei noch älteren Säuglingen knicken der laterale und der mediale Schenkel der Knorpel-Knochen-Grenze noch mehr ab, sodass der mediale Schenkel nicht mehr nur rudimentär, sondern

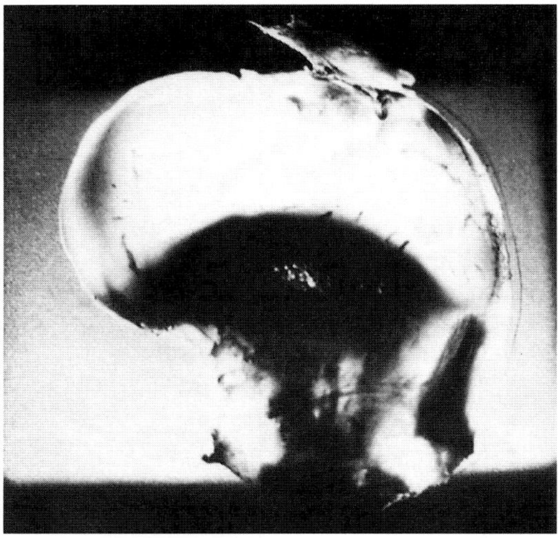

Abb. 3.**8** Diaphanie-Bild des koxalen Femurendes. Die bogenförmig verlaufende Knorpel-Knochen-Grenze infolge ihrer Inhomogenität deutlich unscharf begrenzt.

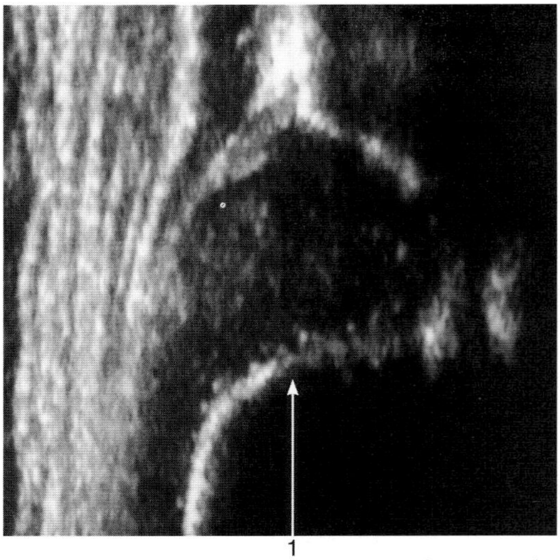

Abb. 3.**9** Hüftsonogramm eines Neugeborenen, die Knorpel-Knochen-Grenze (1) ist bis in die Tiefe der Fossa acetabuli bogenförmig verlaufend gut sichtbar.

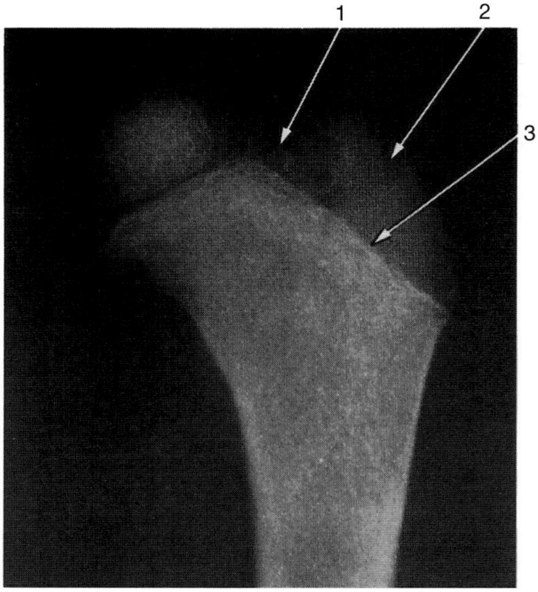

Abb. 3.**10** Röntgen des koxalen Femurendes.
1 hyalin-knorpelig präformierter Schenkelhals mit Umschlagfalte
2 Trochanter major
3 abgewinkelte Knorpel-Knochen-Grenze.

vollständig in den Schallschatten des davor liegenden knöchernen Anteils des Schenkelhalses gerät (Abb. 3.**10**, 3.**13**). In diesen Fällen kann der mediale Anteil der Knorpel-Knochen-Grenze überhaupt nicht mehr zur Darstellung gebracht werden. Selbstverständlich ist das Phänomen der Darstellbarkeit des medialen Anteiles der Knorpel-Knochen-Grenze lagerungsabhängig. Je nach Ab- oder Adduktion wird man mehr oder weniger vom medialen Schenkel der Knorpel-Knochen-Grenze sehen können. Eine Zusammenfassung der Echogebungen der Knorpel-Knochen-Grenze ist in Abb. 3.**11 a–c** zu sehen.

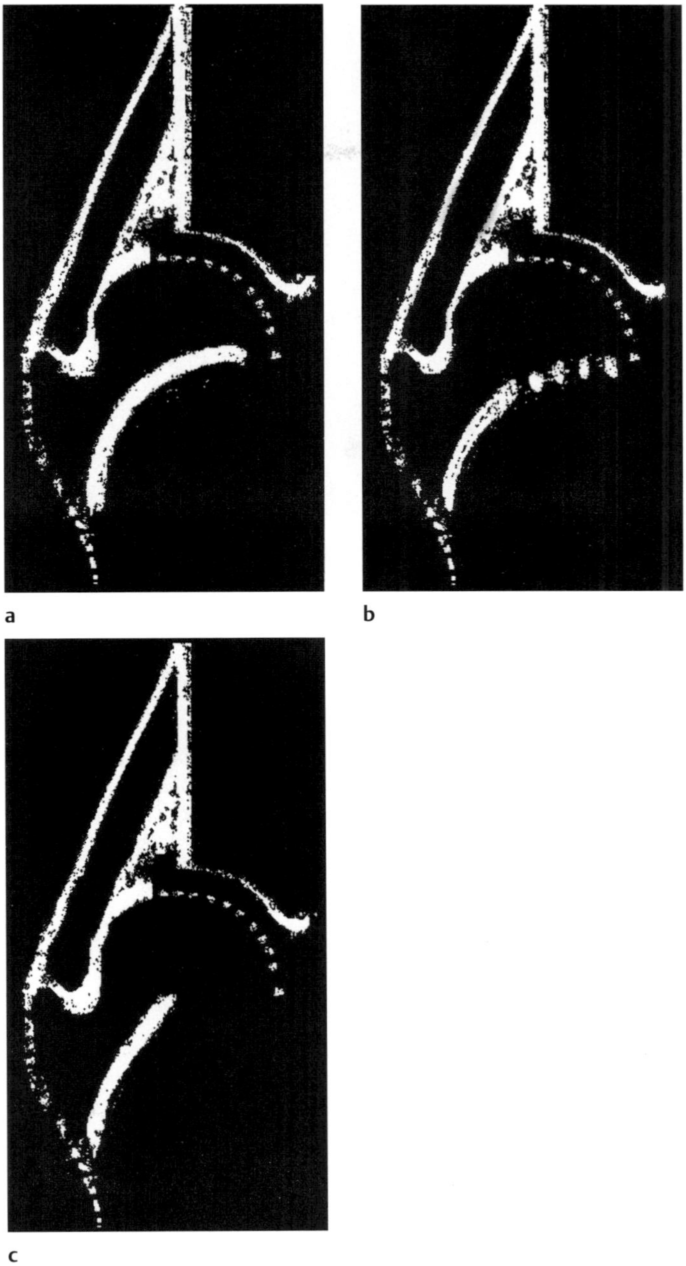

Abb. 3.**11 a–c** Zusammenfassende Darstellung, die möglichen Verlaufsformen der Knorpel-Knochen-Grenze.
a Bogenförmig,
b mit Schallpalisaden,
c nur der laterale Anteil der Knorpel-Knochen-Grenze ist sichtbar.

Zu unterscheiden und streng zu trennen sind am koxalen Femurende zwei Zonen ohne Echobildung:

Echogenität

1. Die hyalin-knorpeligen Anteile, die sonographisch keine oder nur wenig Echogenität besitzen. Sie werden als „Schalllöcher" bezeichnet. Getrennt werden die Schalllöcher durch die Knorpel-Knochen-Grenze von
2. den knöchernen Anteilen des koxalen Femurendes (Schallschattenbildung!).

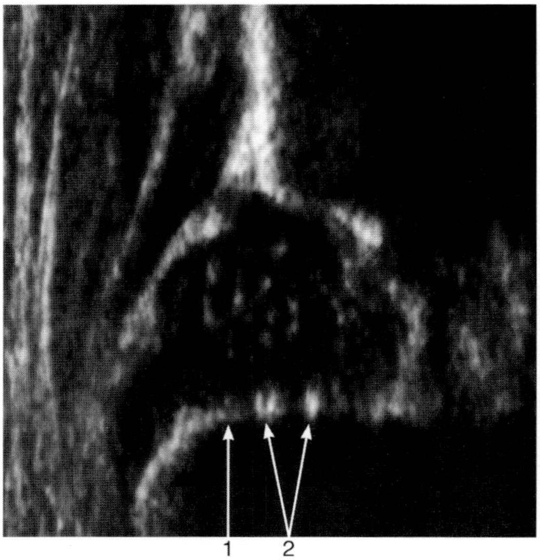

Abb. 3.**12** Knorpel-Knochen-Grenze mit Schallpalisaden.
1 Knorpel-Knochen-Grenze
2 Schallpalisaden

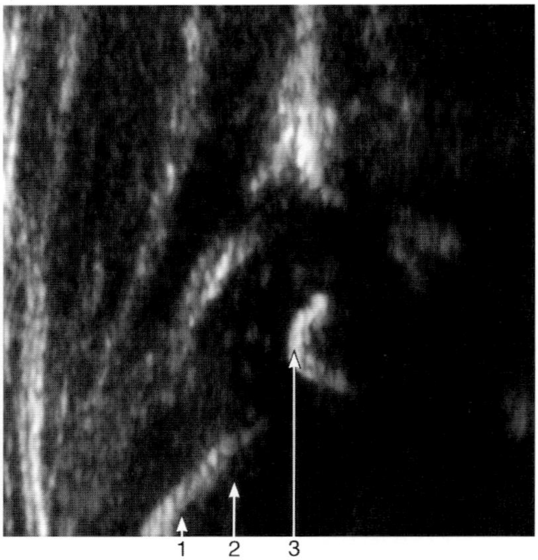

Abb. 3.**13** Nur der laterale Anteil der Knorpel-Knochen-Grenze ist sichtbar.
1 Knorpel-Knochen-Grenze
2 Schallschatten
3 Hüftkopfkern

3.3.2 Der Hüftkopf und der Hüftkopfkern

Bei hochauflösenden und gut abgestimmten Ultraschallgeräten können fallweise im hyalinen Anteil des Hüftkopfes kleine wurmartige oder beistrichartige Reflexe (Abb. 3.**14**) auftreten. Sie entsprechen Gefäßechos im hyalinen Hüftkopfanteil (Abb. 3.**15**), die auch makroskopisch bereits in Flachschnitten erkennbar sind

Abb. 3.**14** Wurmartige Echos („Bubbles") entsprechen den Gefäßsinusoiden im hyalinen Hüftkopfanteil.
1 Echoarme Randstruktur des hyalinen Hüftkopfes (Zona anularis)
2 Sinusoide (Zona centralis)

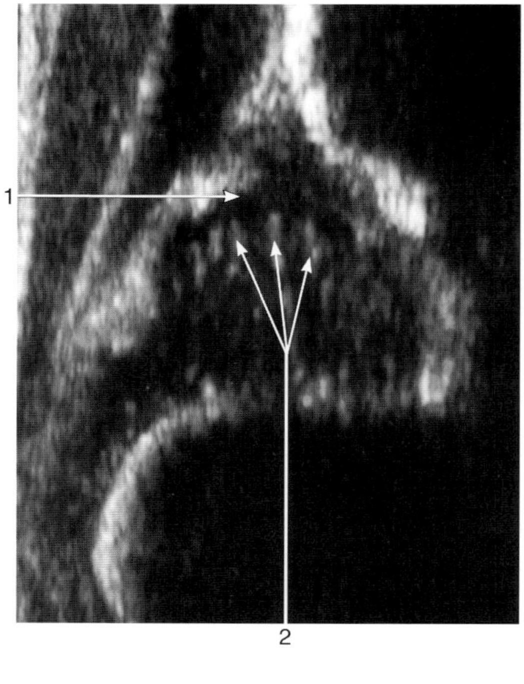

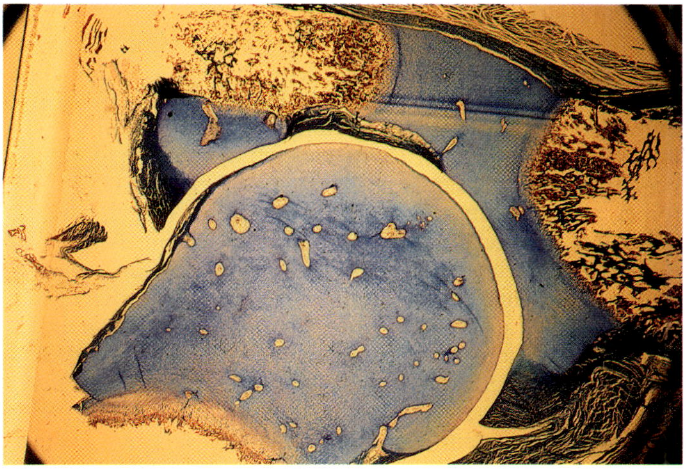

Abb. 3.**15** Histologischer Flachschnitt zur Demonstration der Gefäßsinusoide in der Zona centralis. Die Hüftkopfoberfläche ohne erkennbare Sinusoide (Zona anularis).

(Abb. 3.**16**). Eine der wesentlichsten und für die Hüftsonographie bedeutendsten Punkte ist die Erkenntnis, dass der Hüftkopf nicht einer Kugel entspricht, sondern eine paraboloide Form aufweist. Schnitte durch den Hüftkopf sind daher keine Kreise, sondern je nach Schnittebene mehr oder weniger Ovale. Dies ist für die Frage der Reproduzierbarkeit von Sono-Schnitten durch das Hüftgelenk von entscheidender Bedeutung, verändert sich doch das Schnittbild in Abhängigkeit von der topographischen Lage der Schnittebenen.

Zona centralis
Zona anularis

Die Oberfläche des Hüftkopfes ist weitgehend gefäßfrei und im Sonogramm eine reifenförmige echoarme Zone (Abb. 3.**14**). Wir haben die gefäßfreie Zone als Zona anularis, die gefäßreiche Zentralzone als Zona centralis bezeichnet. Die Zona anularis darf nicht mit einem (echoarmen) Hüftgelenkerguss verwechselt werden.

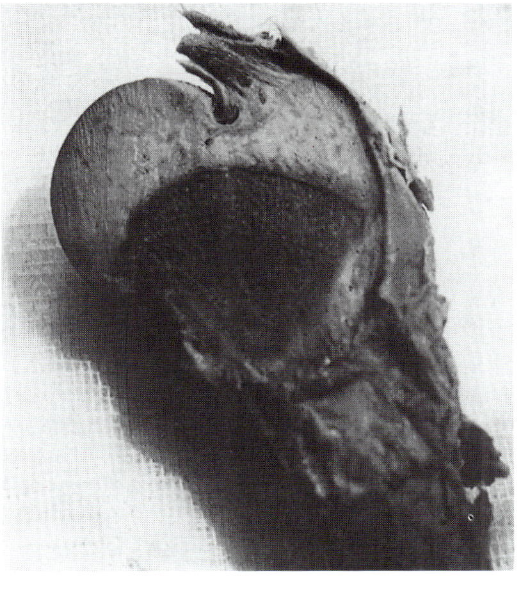

Abb. 3.**16** Flachschnitt durch das koxale Femurende. Die bogenförmige Knorpel-Knochen-Grenze und der Trochanter major mit Sehneneinstrahlung deutlich sichtbar. Die angeschnittenen Blutgefäße im hyalinen Knorpel sind deutlich zu sehen.

Ein Hüftkopfkernecho kann bei der Geburt bereits vorhanden sein. Das Durchschnittsalter bei normal reifen Säuglingen zum Zeitpunkt des Auftretens des Kernechos beträgt 7,5 Monate.

Durchläuft der Schallstrahl den hyalinen Hüftkopf, so trifft er, wenn vorhanden, auf einen Hüftkopfkern. Der Hüftkopfkern liegt keinesfalls automatisch im Zentrum des Hüftkopfes. Im Sonogramm ist das Auftreten des Hüftkopfkernes 4–8 Wochen früher als im Röntgenbild zu erkennen. Der Grund dafür ist folgender: eine echoarme oder echofreie Zone im Bereich des Hüftkopfes besteht nur dann, wenn die normale hyaline, sonographisch homogene Struktur des hyalinen Knorpels vorhanden ist. Kommt es aber am Ort der Hüftkopfkernanlage zur Zellansammlung, so treten bereits in diesem Stadium histologisch und sonographisch Strukturinhomogenitäten mit konsekutiven Reflexen auf. Dadurch ist im Sonogramm bereits die Anlage des Hüftkopfkernes noch vor dem Stadium der Einlagerung der Kalksalze sichtbar. Erst wenn die Kalksalzeinlagerung erfolgt, wird der Hüftkopfkern im Röntgen ebenfalls sichtbar.

Zeitdifferenz

Ossifizierungsvorgänge sind sonographisch 4–6, bis 8 Wochen früher zu sehen als im Röntgenbild. Dies erklärt scheinbare Diskrepanzen zwischen dem Ultraschallbild und dem zum selben Zeitpunkt angefertigten Röntgenbild (Abb. 3.**17**). Anatomisch ist der Hüftkopfkern ebenfalls nicht rund, sondern oft oval. Der Hüftkopfkern ist nicht automatisch das Zentrum des Hüftkopfes. Aus diesen 2 Gründen ist er für die Lagebeziehung Hüftkopf – Pfanne ein sehr ungenaues diagnostisches Hilfsmittel und darf im Sonogramm nicht zur Lagebeziehung Hüftkopf – Pfanne verwendet werden.

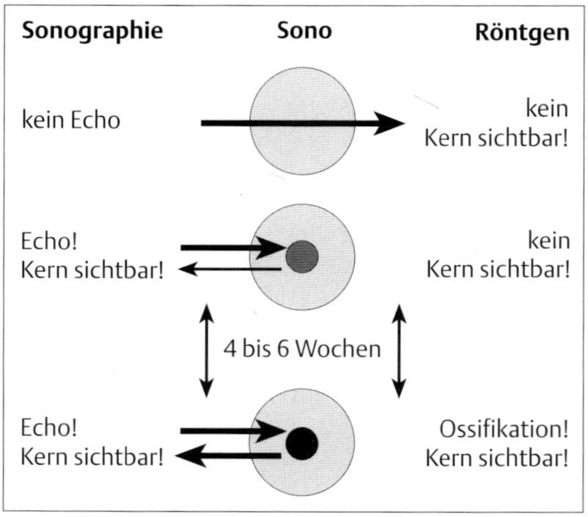

Abb. 3.**17** Gegenüberstellung des Auftretens des Hüftkopfkernes im Sonogramm und Röntgenbild.

Sonographische Probleme und Schwierigkeiten mit dem Hüftkopfkern

1. Das Halbmondphänomen (Abb. 3.**18 a/b**): Bei lateral einstrahlendem Schallstrahl und großem Hüftkopfkern werden die Echos an der Lateralseite des Hüftkopfkerns reflektiert. Die medialen Anteile des Hüftkopfkerns liegen im Schallschatten der lateralen Kernanteile. Dadurch erscheint ein großer Hüftkopfkern im Sonogramm als halbmondförmiges Echo.

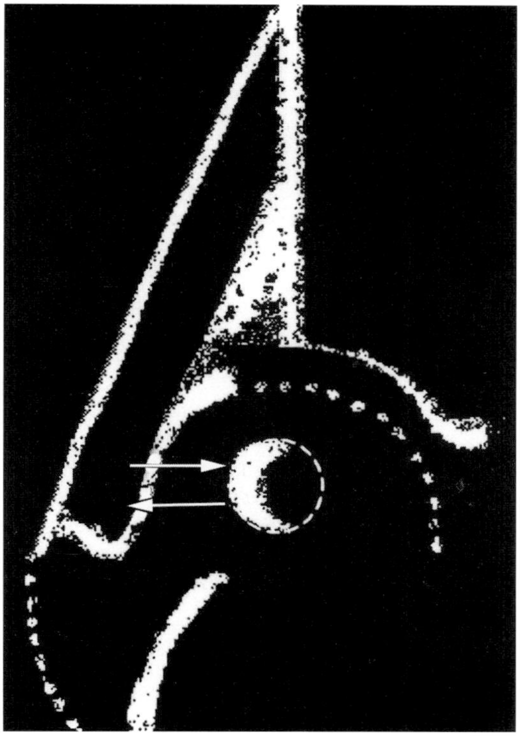
a

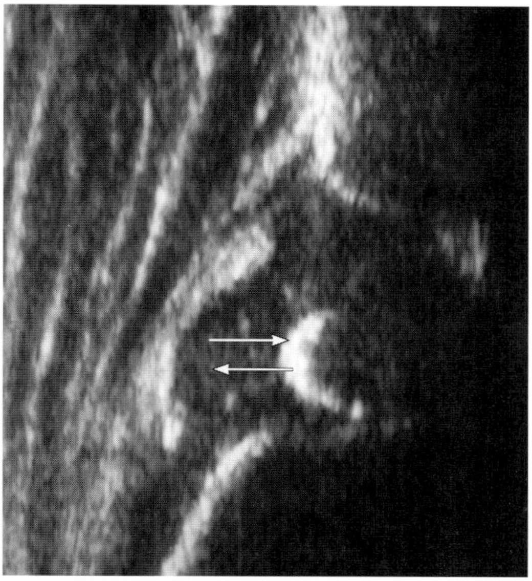
b

Abb. 3.**18 a/b** Schematische Darstellung des Halbmondphänomens.
a Durch Schallblockade ist nur der laterale Anteil des Hüftkopfkernes sichtbar.
b Hüftsonogramm mit deutlichem Halbmondphänomen (Pfeil).

2. Der diagnostische Irrtum (Abb. 3.**19**): Der Hüftkopfkern darf nicht, ähnlich wie beim Röntgenbild, zur Diagnosestellung herangezogen werden. Das Kernecho ist nicht rund und nicht automatisch im Zentrum des Hüftkopfes! Zeichnet man fälschlich eine Horizontale – ähnlich einer Hilgenreiner-Linie – und das senkrecht darauf gerichtete Erkerlot in ein Sonogramm ein, so kommt es optisch durch das Halbmondphänomen zur „Lateralisierung" des Hüftkopfkernechos. Es entsteht der Eindruck, als ob der Hüftkopfkern lateral des Erkerlots und somit lateralisiert läge. Eine Subluxation wird dadurch optisch vorgetäuscht.

Der Hüftkopfkern darf daher niemals auf einem Sonogramm zur Diagnose und Stellungsbeurteilung des Hüftkopf-Pfannen-Systems mit in das diagnostische Konzept einbezogen werden.

3. Die Größenbestimung: Da der Hüftkopfkern nicht rund, außerdem nicht automatisch das Zentrum des Hüftkopfes ist (vergleiche Abb. 3.**18 b** mit Abb. 3.**20**), kann nicht gesagt werden, an welcher Stelle die Schallebene den Hüftkopfkern trifft, da dies abhängig von der Stellung des koxalen Femurendes ist. Trifft die Schallebene mehr die Mitte des Hüftkopfkerns, entsteht ein großes Kernecho, trifft die Schallebene nur einen Ausläufer des Hüftkopfkerns, wird nur eine kleine Kernreflexion zu sehen sein. Der Großteil des Kerns befindet sich in diesem Falle außerhalb der Schallebene! Eine reproduzierbare Größenbestimmung des Hüftkopfkerns im Sonogramm ist nicht möglich!

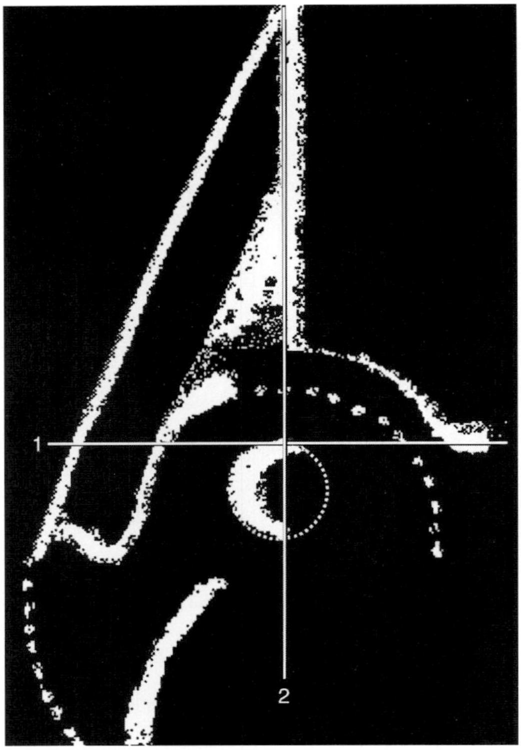

Abb. 3.**19** Vorgetäuschte Lateralisierung bzw. Subluxation durch das Halbmondphänomen.
1 Hilgenreiner-Linie
2 Erkerlot

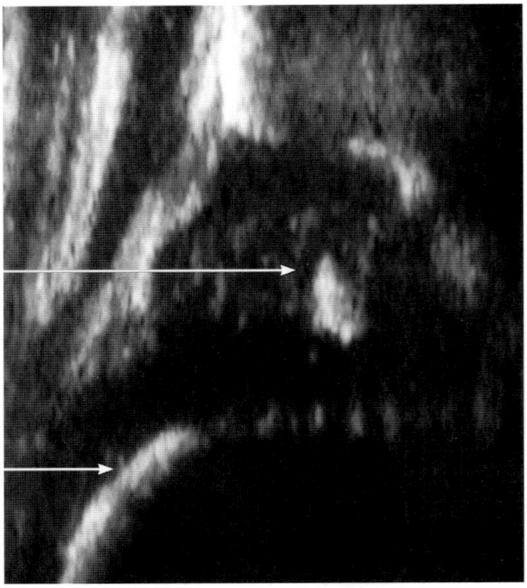

Abb. 3.**20** Der Hüftkopfkern bzw. sein Echo liegt nicht automatisch im Zentrum des Hüftkopfes.
1 Kernecho
2 Knorpel-Knochen-Grenze

4. Die Limitierung der Untersuchungsmethode durch den Hüftkopfkern: Der wichtigste Orientierungspunkt an jedem Hüftsonogramm ist der so genannte „Unterrand des Os ilium“ in der Fossa acetabuli. Geht die Schallebene nicht durch den Unterrand des Os ilium in der Fossa acetabuli und ist daher kein entsprechendes Echo zu sehen, wurde die Schallebene schlechthin nicht durch das Azetabulum gelegt! Die räumliche Zuordnung der Schallebene im Azetabulum ist nicht möglich. Wird durch einen großen Hüftkopfkern der Unterrand des Os ilium verdeckt (Schallschatten!), fehlt der wichtigste Orientierungspunkt der Schnittebene (Ausnahme siehe Kap. 4.2.3)!

Kein Hüftsonogramm ist verwertbar ohne Unterrand des Os ilium! (eine einzige Ausnahme ist möglich!)

Ist das Hüftgelenk so weit ossifiziert, dass der Hüftkopfkern die lateral eingestrahlte Schallwelle blockiert, sodass diese nicht nach medial bis zum Unterrand des Os ilium vordringen kann (Abb. 3.**21 a/b**) und dadurch der Unterrand des Os ilium in den Schallschatten des davor liegenden großen Hüftkopfkerns kommt, kann die Sonographie zur Diagnose der Hüftreifungsstörungen nicht mehr verwendet werden. Die Sonographie wird in diesem Falle durch andere bildgebende Methoden abgelöst. Der Reifungszustand des Hüftgelenks bzw. dessen Ossifikation limitiert daher die Hüftsonographie. Die Hüftsonographie wird nur indirekt durch das Alter in ihrer Anwendung begrenzt.

a

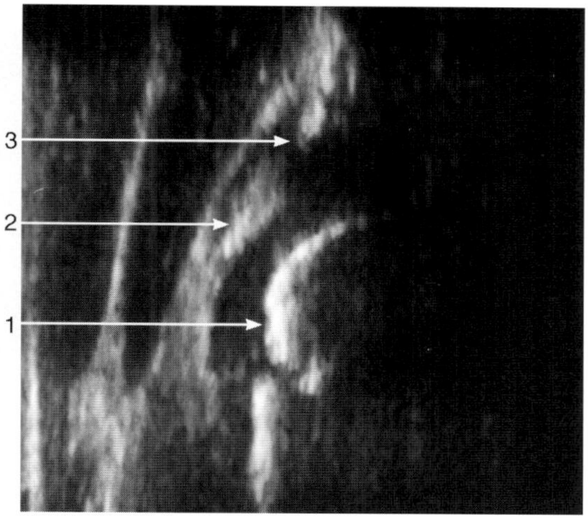

b

Abb. 3.**21 a** Große Hüftkopfkerne blockieren die Schallwelle, sodass der Unterrand des Os ilium in den Schallschatten des großen Hüftkopfkernes kommt.

Abb. 3.**21 b** Der große Hüftkopfkern (1) blockiert die Schallwelle, sodass der Unterschied des Os ilium nicht sichtbar ist.
2 Labrum acetabulare
3 knöcherner Erker

3.3.3 Die den Hüftkopf umgebenden Strukturen

Der Hüftkopf wird lateral von der Gelenkkapsel umschlossen, die sich am Schenkelhals anschmiegt und im Bereich der Zona orbicularis in das Perichondrium des Trochanter major übergeht (Abb. 3.**22 a**). Die Umbiegestelle der Gelenkkapsel im Perichondrium nennt man im Sonogramm **Umschlagfalte** (Abb. 3.**22 b**).

Die Umschlagfalte

Folgt man der Umschlagfalte entlang der Gelenkkapsel nach kranial an der Oberfläche des Hüftkopfes entlang, so findet sich an der Gelenkkapsel innen anliegend das Echo des Labrum acetabulare, gefolgt von echoarmen Strukturen des hyalin-knorpelig präformierten Pfannendaches, dem starken Echo der knöchernen Pfanne und als medialste Struktur das Lig. capitis femoris, sowie das Fettgewebe der Fossa acetabuli.

Der so genannte Flüssigkeitsfilm

In den meisten Fällen liegt der Hüftkopf dem knorpeligen Pfannendach dermaßen dicht an, dass der schmale Gelenkspalt sonographisch nicht dargestellt werden kann. Auf manchen Sonogrammen ist jedoch ein zarter, bogenförmiger Echostreifen an der Grenze zwischen Hüftkopf und hyalin-knorpeligem Pfannendach sichtbar (Abb. 3.**22 c**). Dieser Echostreifen wird als sog. Flüssigkeitsfilm bezeichnet.

War die Ursache für dieses Echophänomen lange Zeit umstritten, so konnten wir durch Untersuchungen an einem Leichenpräparat feststellen, dass es sich um eine akustische Impedanz bzw. um einen Grenzflächenreflex handelt (Abb. 3.**22 e/f**). Anatomisch entsprechen die Echos der Gelenkflüssigkeit bzw. dem Gelenkspalt.

Abb. 3.**22 a** Hüftpräparat rechte Seite.
1 Perichondrium
2 Labrum acetabulare
3 Umschlagfalte von Gelenkkapsel zu Perichondrium des Schenkelhalses und Trochanter major
4 knorpelig präformierter Pfannendachanteil
5 frei in das Gelenk hineinragendes Labrum acetabulare

Abb. 3.**22 b** Die Umschlagfalte stellt sich als 2 parallel liegende Echostreifen dar.
1 Perichondrium
2 Labrum
3 Umschlagfalte
4 knorpelig präformierter Pfannendachanteil

Abb. 3.**22 c** Beispiel für einen so genannten Flüssigkeitsfilm (1)
2 Labrum acetabulare
3 Umschlagfalte
4 Knorpel-Knochen-Grenze
5 Unterrand des Os ilium

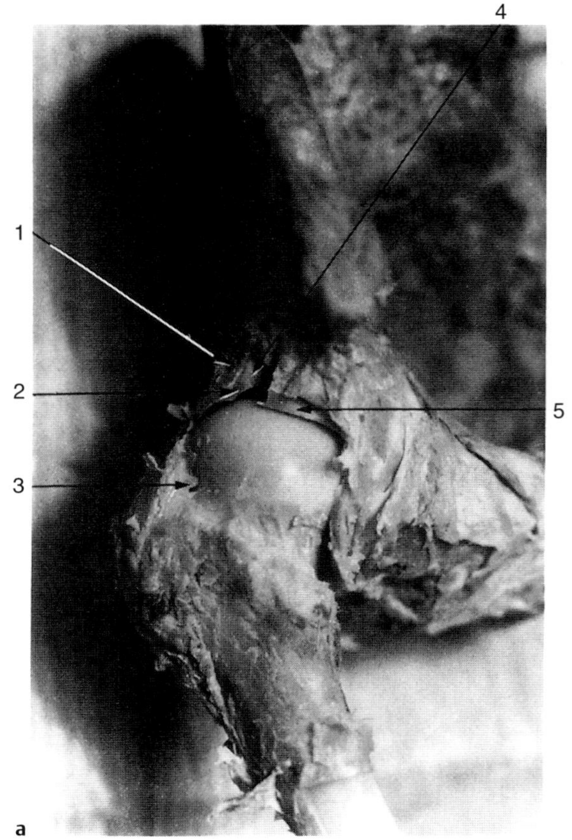

a

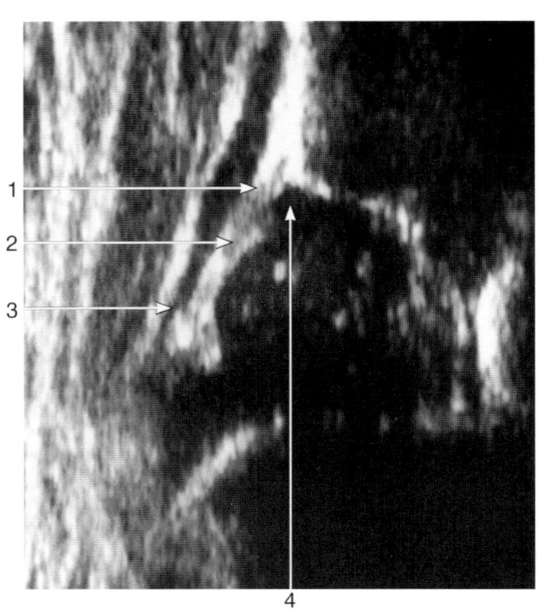

b

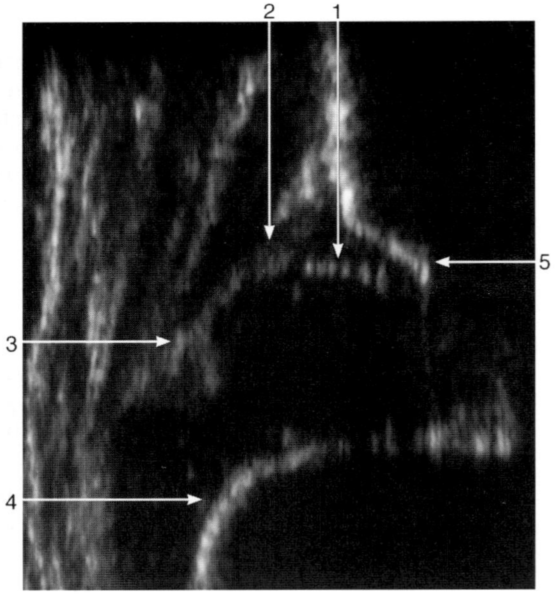

c

d
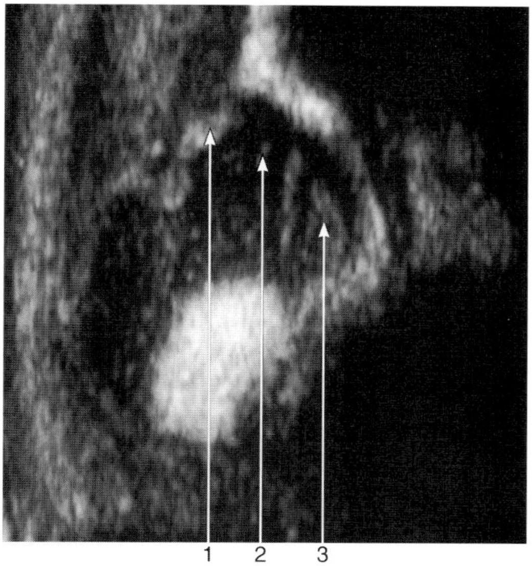

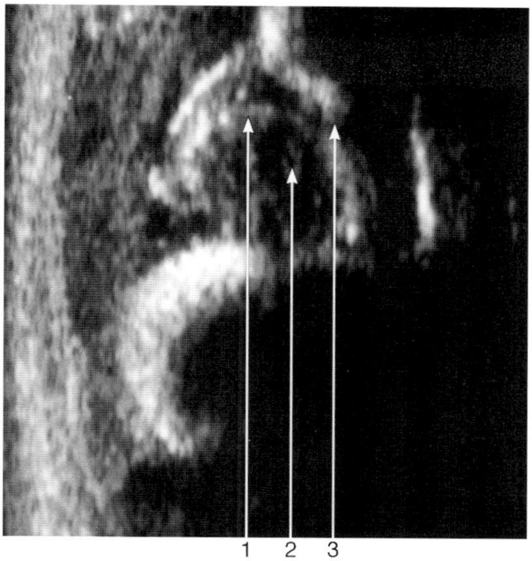

e

f
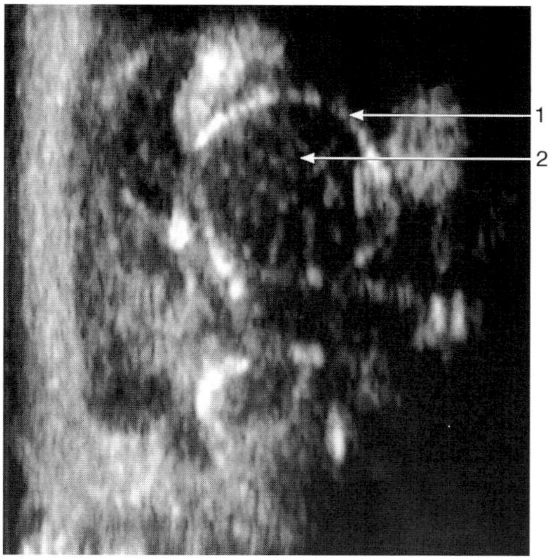

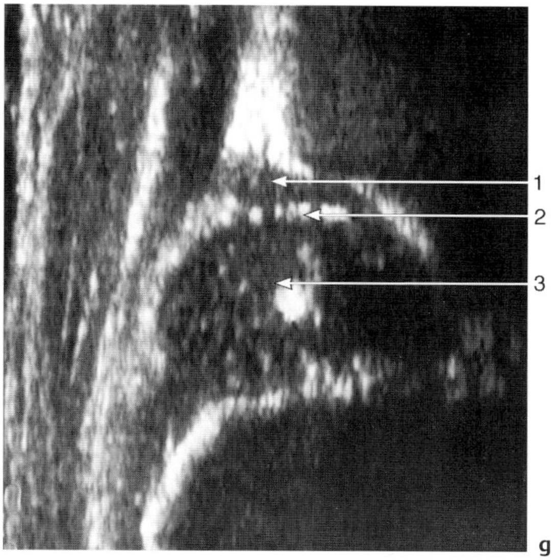

g

Abb. 3.**22 d** Sonogramm eines Leichenpräparates ohne Grenzflächenreflex.
1 Labrum acetabulare
2 Zona anularis
3 Zona centralis

Abb. 3.**22 e** Leichenpräparat mit NaCl-Injektion. Der Grenzflächenreflex (1) ist deutlich sichtbar.
2 Hüftkopf
3 Unterrand des Os ilium

Abb. 3.**22 f** Sonogramm eines Leichenhüftgelenkes nach NaCl-Injektion (Querschnitt). Der Grenzflächenreflex (1) ist deutlich sichtbar.
2 Hüftkopf

Abb. 3.**22 g** Hüftsonogramm eines 6 Monate alten Kindes. Der Grenzflächenreflex („Flüssigkeitsfilm") (2) grenzt den Hüftkopf (3) gegenüber dem hyalin-knorpelig präformierten Pfannendach (1) gut ab.

Sieht man sonographisch das Echophänomen des sog. Flüssigkeitsfilms, so kann in diesen Fällen der hyaline Hüftkopf aus seiner hyalinen Überdachung getrennt werden, sodass die gesamte obere Zirkumferenz des Hüftkopfes dargestellt wird (Abb. 3.**22 g**).

Fehlermöglichkeiten

Oft wird das Echo der Umschlagfalte mit dem Labrum acetabulare verwechselt!

Folgt man, von der Umschlagfalte ausgehend, der Gelenkkapsel, so ist darauf zu achten, dass man nicht irrtümlich dem Echo eines Intermuskulärseptums anstelle der Gelenkkapsel folgt. Diese Verwechslung kommt leider nicht selten bei Typ-III- oder Typ-IV-Gelenken vor!

3.4 Fossa acetabuli und Pfannendach

3.4.1 Die Fossa acetabuli (Abb. 3.**23**)

Medial des Hüftkopfes in der Fossa acetabuli befinden sich echogene Strukturen, die die Fossa acetabuli ausfüllen und die in der Hüftsonographie aufgrund von Verwechslungsmöglichkeiten und konsekutiven Fehldiagnosen von Bedeutung sind. Der Boden der Fossa acetabuli wird durch die 3 Knochenanteile

Unterrand des Os ilium,
Anteile des Os ischiadicum und
Os pubis,

die durch die hyalinknorpelige Y-Fuge verbunden sind, gebildet. Ausgekleidet wird die Fossa acetabuli durch lockeres Bindegewebe, das den Boden der Fossa acetabuli bedeckt. Zwischen diesem

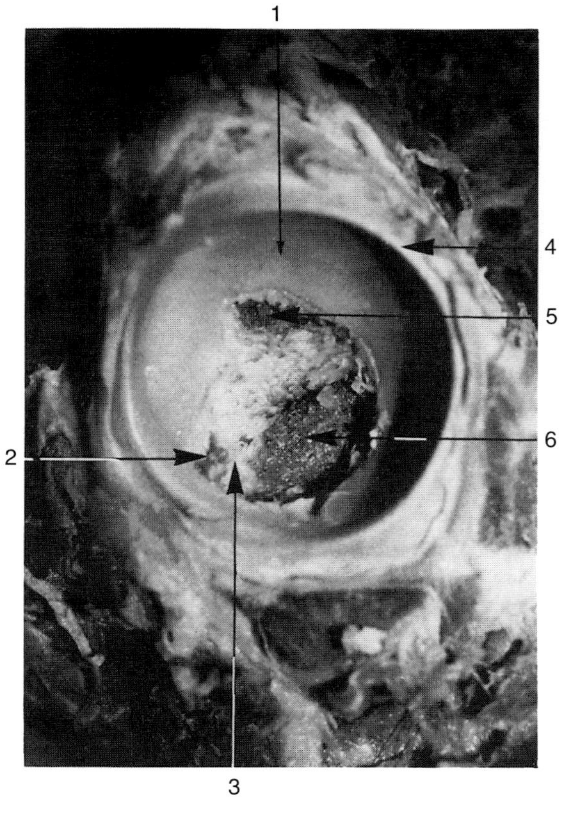

Abb. 3.**23** Li. Azetabulum in Aufsicht (Präparat eines 3 Monate alten Säuglings). Das Lig. capitis femoris und das Gewebe der Fossa acetabuli sind abpräpariert, der Pfannenboden liegt frei.
1 Facies lunata
2 Os pubis
3 absteigender Schenkel der Y-Fuge
4 Labrum acetabulare
5 Os ilium
6 Os ischiadicum

und dem Hüftkopf zieht aus der Region der Incisura acetabuli das Lig. capitis femoris als schlauchartiges Gebilde von kaudal in kraniale Richtung und setzt mit einer verhältnismäßig breiten Insertionsstelle an der Fovea centralis des Hüftkopfes an (Abb. 3.**24 a**). Im Lig. capitis femoris befindet sich die Arterie, die unter dem Lig. transversum in das Kopfband eintritt und somit eigentlich außerhalb des Gelenkraumes liegt. Mit hochauflösenden Ultraschallgeräten ist es möglich, die Durchblutung und die Pulswelle in der Kopfbandarterie darzustellen (Graf u. Lercher 1996) Abb. 3.**24 b**).

Ligamentum transversum acetabuli

Das Lig. transversum acetabuli befindet sich lateral des Lig. capitis femoris am Pfannenboden, ist das Gegenstück zum Labrum acetabulare bzw. dessen Fortführung über die Incisura acetabuli. Das Lig. transversum kann vor allem bei Neugeborenen gut dargestellt werden (Abb. 3.**24 c/d**).

Os ilium, Fovea centralis

Sonographisch stellt sich der Unterrand des Os ilium als starke reflexartige Zone dar, kaudal davon findet sich die echoarme Zone der Y-Fuge. Lateral davon, meist schwach echogen, oder aufgrund des vermehrten Fettgehaltes nahezu echofrei die Zone des die Fossa acetabuli ausfüllenden Fett- und Bindegewebes. Stärker echogen stellt sich das Kopfband dar, das mit einer meist starken Echogenität in die Fovea centralis einstrahlt. Die Echos, der in den Hüftkopf einstrahlenden Fasern des Lig. capitis femoris machen also das Areal der Fovea centralis sichtbar. Bei Ab- und Adduktionsbewegungen während der Untersuchung kann die Mitbewegung des Ligaments sehr gut beobachtet werden. Gleichzeitig sieht man das Höher-, oder Tieferwandern der Fovea centralis, während der Unterrand des Os ilium ortsfest bleibt.

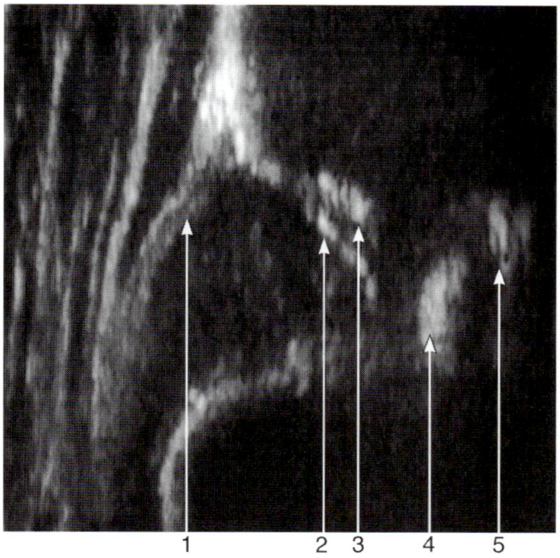

Abb. 3.**24 a** Das Lig. capitis femoris ist deutlich sichtbar.
1 Labrum acetabulare
2 Lig. capitis femoris
3 Unterrand des Os ilium
4 Os ischiadicum
5 Perichondrium an der Beckeninnenseite

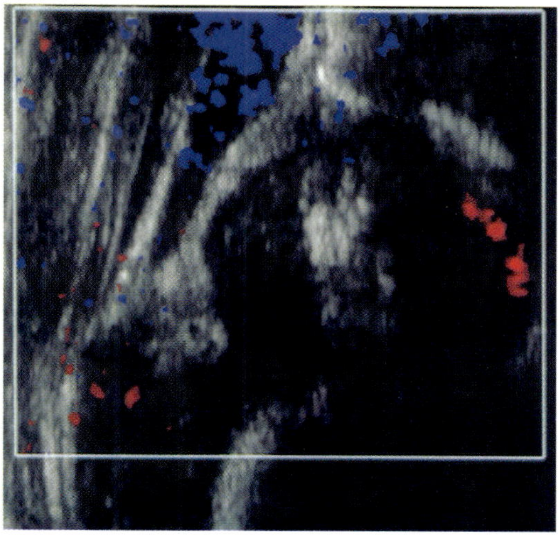

Abb. 3.**24 b** Farb-Doppler-Sonogramm: die Arterie im Lig. capitis femoris ist mit ihrer Pulswelle deutlich darstellbar (rot).

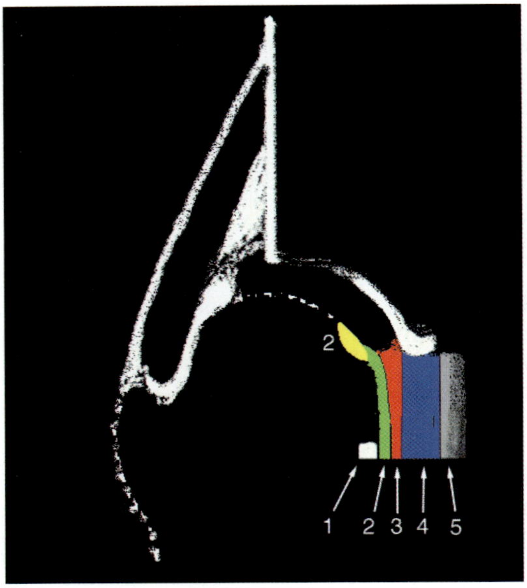

Abb. 3.**24 c**
1 Lig. transversum acetabuli
2 Lig. capitis femoris
3 Fettgewebe der Fossa acetabuli
4 Y-Fuge
5 Perichondrium an der Beckeninnenseite

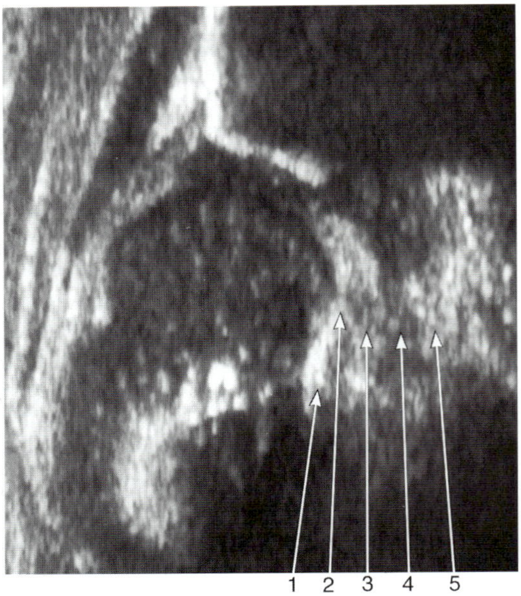

Abb. 3.**24 d** Sonogramm eines Neugeborenen mit gutem Blick in die Tiefe der Fossa acetabuli, Bezeichnung wie in Abb. 3.**24 c**.

Eine häufige Verwechslungsmöglichkeit besteht zwischen Unterrand des Os ilium und Fovea centralis. Beide Strukturen sind meist gleich echogen, nicht selten wird das Echo der Fovea centralis als Unterrand des Os ilium fehlgedeutet. Separiert können die Strukturen durch die dynamische Untersuchung wie oben beschrieben werden oder durch die typische 3-schichtige Echogenität Fovea centralis – lateral, medial das Echo des Unterrandes des Os ilium und zwischen beiden Strukturen eine relativ echoarme Zone, die dem Fett- und Bindegewebe zugehörig ist (Abb. 3.**25**).

Bedenkt man, dass bei von lateral eingestrahltem Schallstrahl hinter Knochen Schallschattenbildung und somit eine anechogene Zone auftritt, kann die Fovea centralis nicht als Unterrand des Os ilium fehlgedeutet werden, wenn medial des Echos des vermeintlichen Unterrands des Os ilium (der in Wirklichkeit die Fovea centralis ist) noch Echos auftreten.

3.4.2 Das Pfannendach

Nomenklatur

Dem hyalin-knorpelig präformierten Pfannendach kommt in der Hüftsonographie eine zentrale Bedeutung zu. Alle Formen von Hüftreifungsstörungen hinterlassen ihre Spuren am Pfannendach. Eine Klassifizierung und Typeneinteilung ist nur möglich, wenn die Strukturen am knöchernen, aber besonders am knorpeligen Pfannendach auch bei hochpathologischen Fällen immer klar und eindeutig identifiziert werden. Leider ist besonders im Pfannendachbereich die Nomenklatur nicht einheitlich.

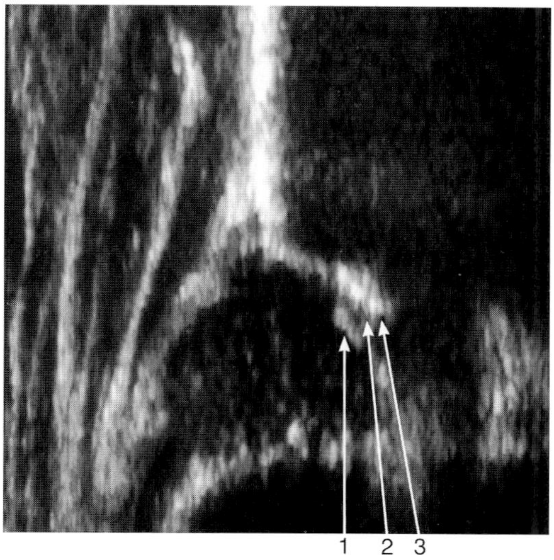

Abb. 3.**25** Typische 3-schichtige Echogenität in der Tiefe der Fossa acetabuli.
1 Lig. capitis femoris mit Fovea centralis
2 schwache Echos des Fettgewebes der Fossa acetabuli
3 Unterrand des Os ilium

Auf dem bereits verknöcherten Azetabulum sitzt das noch hyalin-knorpelig präformierte Pfannendach („Wachstumsknorpel") auf. Die periphere Begrenzung des knorpelig präformierten Pfannendaches ist der faser-knorpelige Ring des Labrum acetabulare. Dieses ragt frei in das Gelenk hinein und ist nur an seiner schmalen Basis mit dem knorpelig präformierten Pfannendach verwachsen. Bei einem sonographischen Frontalschnitt erfolgt die Begrenzung des knorpelig präformiertes Pfannendaches medial durch den köchernen Pfannendachanteil („Iliumwand"), lateral durch den Gewebsstreifen, der durch Gelenkkapsel – Perichondrium – Periost gebildet wird, und lateral-kaudal durch das Labrum acetabulare.

Der Begriff „Limbus" ist in der sonographischen Diagnostik zu ungenau. Es werden als Limbus manchmal sämtliche, nicht verknöcherte Pfannendachanteile bezeichnet (Labrum acetabulare und knorpelig präformiertes Pfannendach). Andererseits wird der Begriff Limbus für das Labrum acetabulare oder nur für das knorpelig präformierte Pfannendach gewählt. Sonographisch sollte zwischen dem knorpelig präformierten Pfannendach (= Knorpeldach = Knorpelerker) und dem Labrum acetabulare aufgrund der verschiedenen Echogenität und des verschiedenen Verhaltens beim Luxationsvorgang differenziert werden:

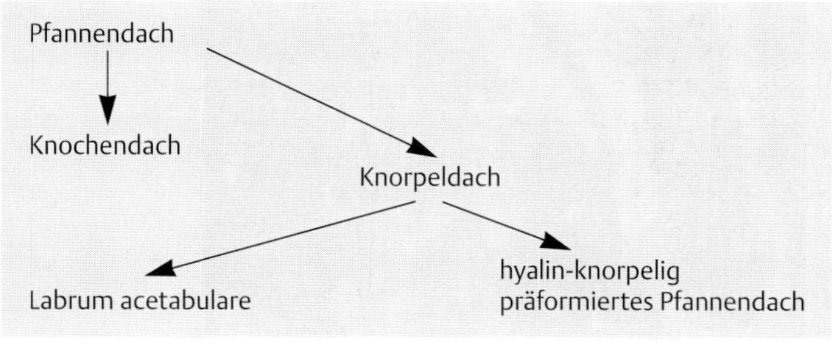

3.4.3 Die Begrenzung und die besondere sonographische Strukturierung des Pfannendaches

Anatomischer Gesichtspunkt

Am Leichenpräparat selbst, aber vor allem am Flachschnitt durch die Hüftgelenke kann festgestellt werden, dass das Labrum acetabulare gegenüber dem noch nicht ossifizierten hyalin-knorpelig präformierten Pfannenerker deutlich abgegrenzt ist. Die lateral proximalen Anteile des Labrums gehen direkt in den schmalen Saum des Perichondriums des hyalin-knorpelig vorgebildeten Knorpeldaches über (Abb. 3.**26**, Abb. 3.**27**). An jener Stelle, an der das Perichondrium nach proximal hin in das Periost des Os ilium übergeht, setzt die Gelenkkapsel an. Sie liegt lateral am Perichondrium auf und umhüllt distal den Hüftkopf. Zwischen Gelenkkapsel und Labrum acetabulare ist ein Rezessus sichtbar.

Die den Hüftkopf umhüllende Struktur besteht aus der Capsula articularis und den darauf aufliegenden starken Bandstrukturen des Lig. iliofemorale bzw. im Standardschnittbereich, dem ischiofemoralen Band. Lateral proximal davon ist der Anschnitt der Sehne des M. rectus deutlich zu sehen. Das Ursprungsgebiet des M. rectus femoris besteht aus 2 Köpfen:

- dem Caput rectum, das im Breiche der Spina iliaca anterior inferior entspringt, und
- dem Caput reflexum, das bogenförmig vom Sulcus supraacetabularis kommt.

Da die Spina iliaca anterior superior ventral vom Standardschnitt liegt und nicht zur Darstellung kommt, handelt es sich daher im Standardschnitt um das Caput reflexum. Ist die Schnittführung weitgehend frontal, ist proximal des Labrum acetabulare und la-

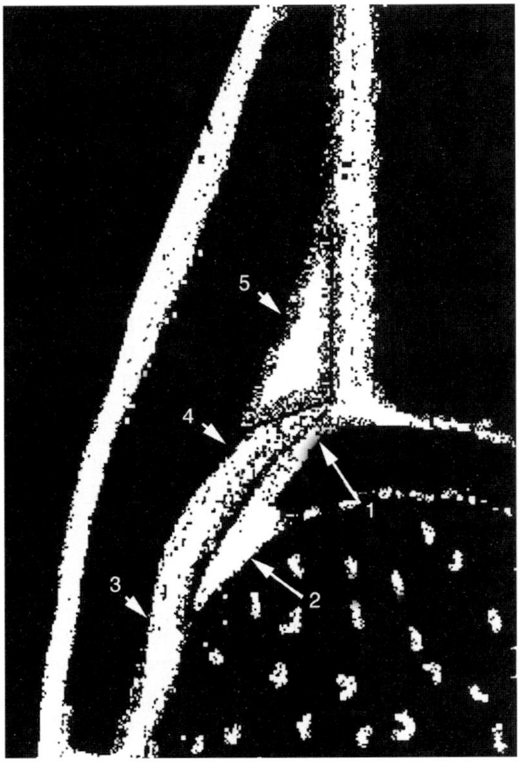

Abb. 3.**26** Anatomische Auflösung des sonographischen „proximalen Perichondriums".
1 Perichondrium des hyalin-knorpelig präformierten Pfannendaches
2 Labrum acetabulare
3 Gelenkkapsel mit Lig. ischiofemorale
4 Gelenkkapsel am Übergang zum Fettpolster
5 Sehne des M. rectus femoris, Caput reflexum

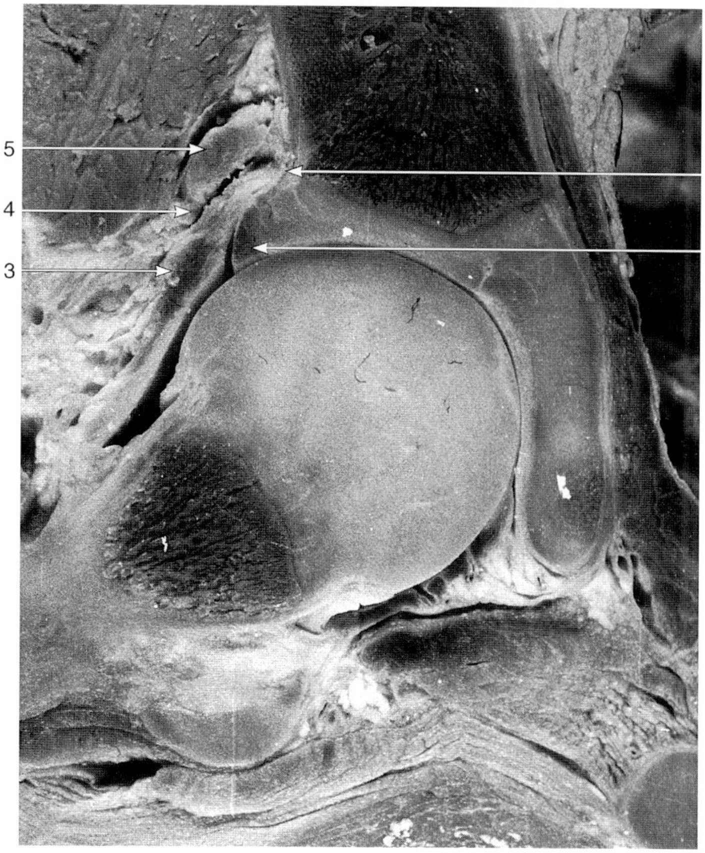

Abb. 3.**27** Anatomie des proximalen Perichondriums.
1 Perichondrium des hyalin-knorpelig präformierten Pfannendaches
2 Labrum acetabulare
3 Gelenkkapsel mit Lig. ischiofemorale
4 Gelenkkapsel am Übergang zum Fettpolster
5 Sehne des M. rectus femoris, Caput reflexum

teral des hyalin-knorpelig präformierten Pfannendaches eine 3-schichtige anatomische Strukturierung zu sehen:

1. Das Perichondrium, das das Knorpeldach nach lateral begrenzt und distal in Faserzüge des Labrum acetabulare einstrahlt.
2. Die Gelenkkapsel, die lateral-kranial auf dem Labrum aufliegt, nach proximal bis zum Übergang Perichondrium/Periost reicht und die sich zwischen Perichondrium und Rektusursprung schiebt.
3. Das Caput reflexum des M. rectus femoris.

Ist die Schnittführung etwas schräger, verwischen sich diese Strukturen, sodass der Rektusursprung eine längliche Form annimmt und vom Lig. ischiofemorale nicht mehr so gut abzugrenzen ist (Abb. 3.**28**). Auch im NMR-Bild können die beschriebenen Strukturen erfasst und differenziert werden (Graf u. Fronhöfer 1997).

Sonographische Identifizierung

Entsprechend der differenzierten Identifizierung der anatomischen Strukturen können bei hochauflösenden Geräten 3 Schichten unterschieden werden (Abb. 3.**29**), die bei weniger gut auflösenden Geräten, oder schlechter Geräteabstimmung als Summationsecho für das Echo des so genannten „proximalen Perichondriums" veranwortlich sind (Abb. 3.**30**). Das Labrum acetabulare ist weiterhin als gute Echogenität, manchmal sogar durch den Rezes-

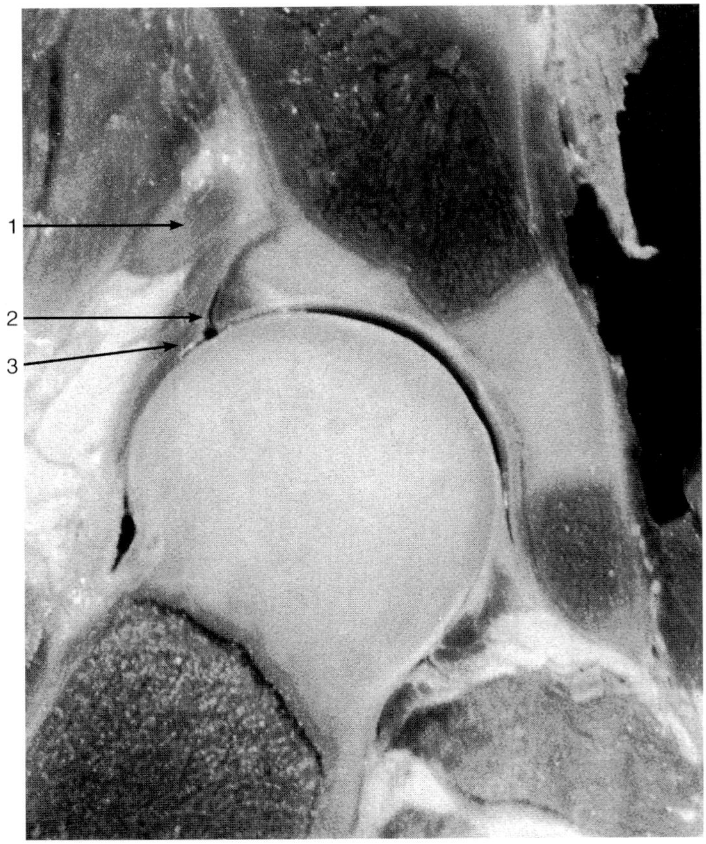

Abb. 3.**28** Schräge Schnittführung durch den Pfannendachbereich, die Trennung zwischen dem M. rectus femoris (1) und dem Lig. ischiofemorale (3) ist nicht gut sichtbar.
2 Labrum acetabulare.

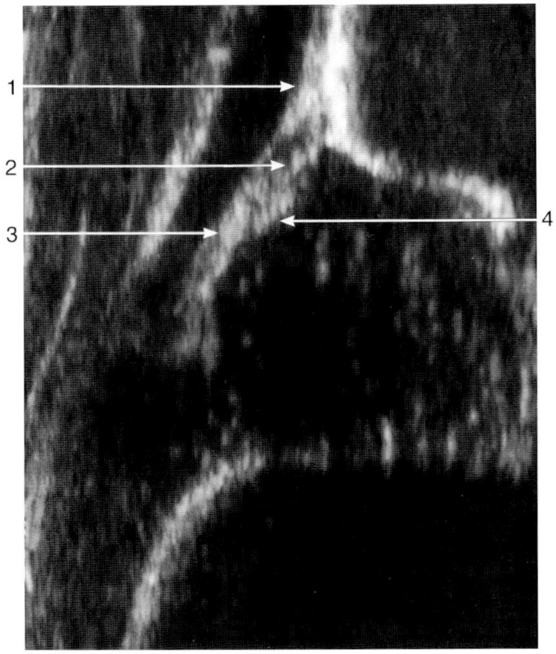

Abb. 3.**29** Sonographische Identifizierung des proximalen Perichondriums.
1 Rektussehne
2 Gelenkkapselansatz mit Fettkörper
3 Lig. ischiofemorale
4 Labrum acetabulare

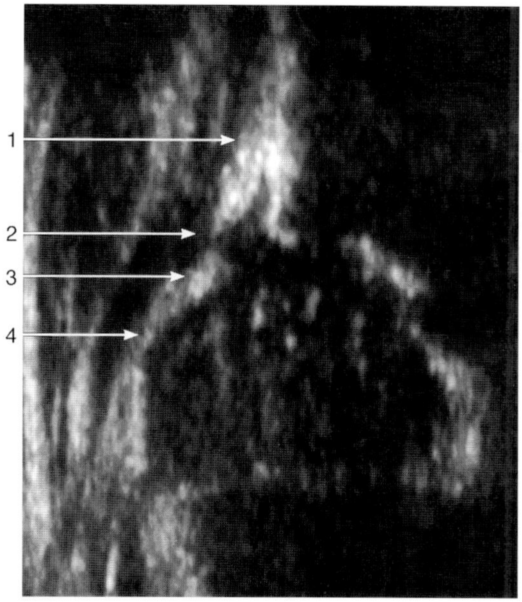

Abb. 3.**30** Die Strukturen im Bereich des proximalen Perichondriums können nicht mehr exakt voneinander getrennt werden. Das proximale Perichondrium (1) liegt als Summationsecho vor.
2 Perichondriumloch
3 Labrum acetabulare
4 Gelenkkapsel

sus von der Gelenkkapsel auch sonographisch sichtbar abgetrennt, an der Innenseite der Gelenkkapsel zu sehen. Eine zarte Echostruktur zieht nach proximal und entspricht somit dem Perichondrium. Lateral des Labrum acetabulare ist ein deutlicher Echostreifen zu erkennnen, der nach proximal in Richtung Os ilium zieht. Dieser Echostreifen entspricht somit der Gelenkkapsel. Lateral und proximal entspricht nun das starke Echo dem Rektusursprung. Lateral des Labrums ist sehr oft bei der Gelenkkapsel eine verstärkte Echogenität zu erkennen, die dem Lig. ischiofemorale entspricht. Es muss daher festgehalten werden, dass das ursprünglich als proximales Perichondrium bezeichnete Echo bei hochauflösenden Geräten weiter differenziert werden kann und aus folgenden Strukturen besteht:

- dem proximalen Anteil des Perichondriums,
- dem Caputum reflexum des M. rectus femoris,
- zwischen den beiden genannten Strukturen liegend, die Gelenkkapsel.

Im Perichondriumloch können die weniger echogenen Strukturen des Perichondriums und der Gelenkkapsel identifiziert werden. Die relative Echogenitätsverminderung, die zur Bezeichnung „Perichondriumloch" geführt hat (Graf 1981), kommt einerseits durch die zarten Echos des distalen Perichondriumanteils und der zarten Gelenkkapsel zustande, andererseits liegt es als echoarme Zone zwischen dem stark echogebenden Rektusursprung und dem ebenfalls stark reflektierenden Lig. ischiofemorale bzw. Labrum.

Erfolgen die Schnittführungen auch bei hochauflösenden Geräten zunehmend schräg und von der Frontalebene abweichend, so können die Strukturen so wie am Präparat nicht mehr so exakt voneinander getrennt werden.

Anzustreben sind in Zukunft Sonogramme, die eine exakte Separierung der Strukturen erlauben (Abb. 3.**31**–3.**32**). Sonogramme mit breitem „verplumptem" proximalem Perichondrium ohne Differenzierung der Strukturen weisen auf eine schräge, verkippte Einstrahlrichtung hin und sollten eher vermieden werden (Abb. 3.**33**).

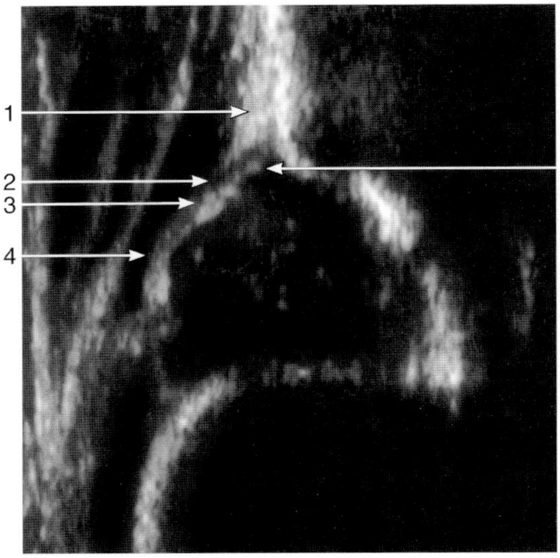

3.**31**

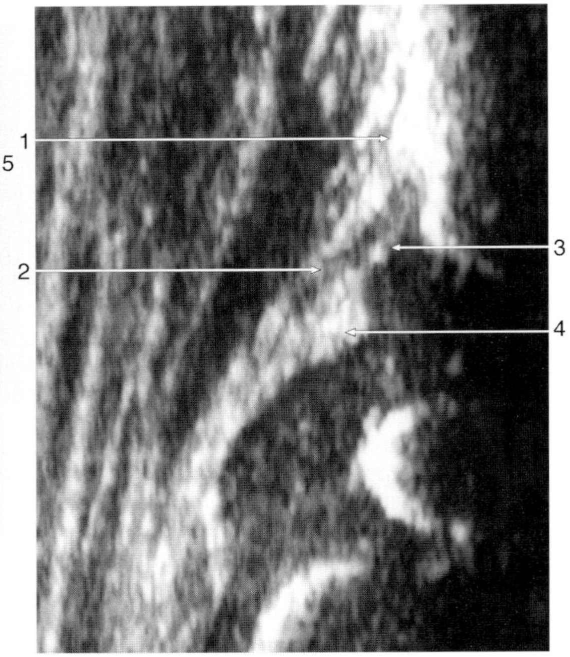

3.**32**

Abb. 3.**31** Separierung des proximalen Prichondriums.
1 Rektussehnenansatz
2 Perichondriumloch
3 Labrum acetabulare
4 Gelenkkapsel
5 Perichondrium des hyalin-knorpelig präformierten Pfannendaches

Abb. 3.**32** Beispiel einer Separierung des proximalen Perichondriums.
1 Rektussehnenansatz
2 Gelenkkapsel übergehend in die echoarme Zone des Fettpolsters
3 Perichondrium des hyalin-knorpelig präformierten Pfannendaches
4 Labrum acetabulare

Abb. 3.**33** Verkippte Einstrahlung: das proximale Perichondrium mit seinen anatomischen Strukturen kann nicht mehr separiert werden. Es findet sich ein verplumptes Summationsecho. Diese Sonogramme dürfen nicht verwendet werden.

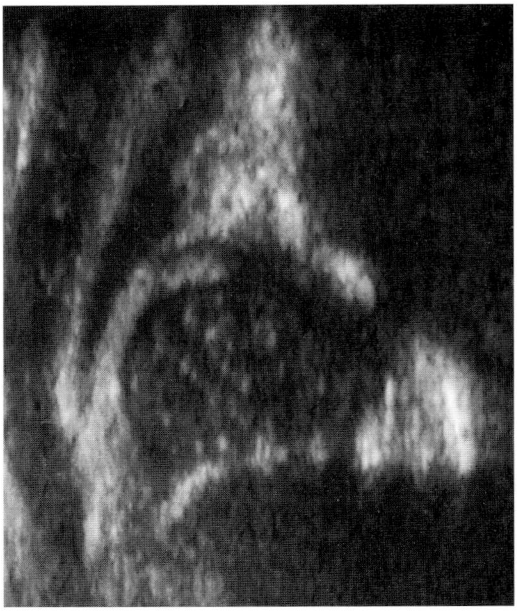

3.**33**

Proximales Perichondrium

Das proximale Perichondrium ist ein Summationsecho und besteht aus dem Perichondrium des knorpelig präformierten Pfannendaches, aus der Gelenkkapsel und dem Ursprung des Caput reflexum des M. rectus femoris.

Perichondriumloch

Das Perichondriumloch kommt durch den Impedanzsprung zwischen dem Echo der Rektussehne und dem Echo des Lig. ischiofemorale zustand sowie durch die schwachen Echos von Gelenkkapselanteilen und Perichondrium.

3.5 Die Pathologie der Hüftgelenkpfanne

Klammert man die echte teratologische Hüftluxation aus, so sind ganz bestimmte anatomische Eigenschaften an der Hüftgelenkpfanne Voraussetzung für den Luxationsprozess des Hüftkopfes. In weiterer Folge kommt es beim Luxationsprozess durch den dezentrierenden Hüftkopf zu ganz bestimmten Deformierungen an der knöchernen, aber noch viel mehr am knorpeligen Pfannendach, oder mit anderen Worten: luxiert der Hüftkopf aus der Pfanne, so hinterlässt er ganz charakteristische „Schleifspuren" an der Hüftgelenkpfanne, sowohl im knorpeligen als auch im knöchernen Anteil. Gelingt es nun diese Veränderungen („Schleifspuren") am Azetabulum in ein Schema zu pressen und stadienhaft zu typisieren, ergibt diese Typisierung eine Momentaufnahme des dynamischen Luxationsprozesses. Voraussetzung für eine (sonographische) Typisierung sind aber Kenntnisse der pathologischen Veränderungen im Bereich der Gelenkpfanne während des Luxationsprozesses. Die Kenntnis der Anatomie der normalen und reifungsverzögerten Gelenkpfanne und die pathologische Anatomie bei luxiertem Hüftkopf und deren Spiegelbild im Sonogramm sind Voraussetzung für eine stadiengerechte Therapie, die letztendlich gezielt die jeweilige Pathologie der Pfanne bekämpfen soll.

3.5.1 Morphologische Veränderungen beim Luxationsprozess

Zum besseren Verständnis der sonographischen Bilder bei Hüftreifungsstörungen wurden die anatomischen und histologischen Befunde beim Luxationsvorgang beschrieben. Eingehende morphologische Untersuchungen wurden von Bernbeck (1951), Oelkers (1961, 1981), Dörr (1968) und Ponseti (1978) publiziert (Abb. 3.**34**).

Wie bereits beschrieben, ist der Hüftkopf am frühembryonalen Becken durch die knorpelige Hüftpfanne mit dem Labrum acetabulare über die Hälfte umschlossen. Bei primär zu flach angelegter Hüftpfanne kann diese ihre Führungsrolle verlieren. Batory (1982) hat eine primär flache, dysplastische Pfannenanlage bereits in der 5. bis 6. Schwangerschaftswoche am anatomischen Präparat nachgewiesen. Oelkers (1981) gelang es ebenfalls, bei der Präparation embryonaler Becken eine einseitige, deutliche Abflachung des Pfannencavums mit Lateralverlagerung vor dem Beckenring darzustellen. Durch den Verlust der Führungsfunktion der Pfanne wird der Hüftkopf nur von der Kapsel gehalten, die eine geringgradige faserige Verbindung zum Labrum acetabulare hat (Oelkers 1981, Ponseti 1978). Wesentliche Erkenntnisse der histomorphologischen Veränderungen während des Gleitprozesses verdanken wir den Untersuchungen von Oelkers (1961, 1981). Für den Dislokationsvorgang ist jene Region wichtig, an der das

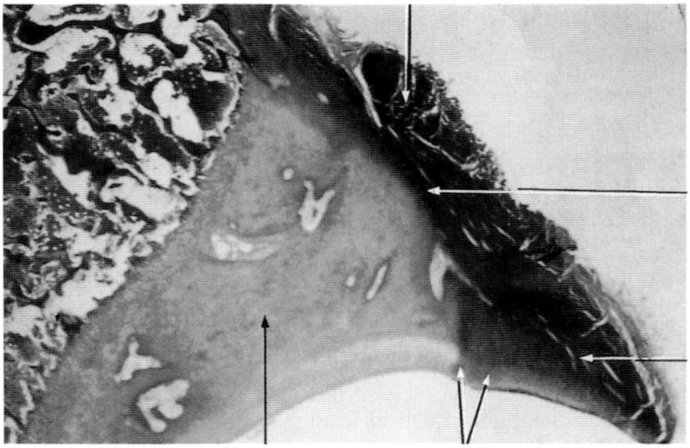

Abb. 3.**34** Schnitt durch den knorpeligen Anteil des Pfannendaches. Auf der knöchernen Pfanne sitzt das hyalin-knorpelig präformierte Pfannendach (1) auf. Das Labrum acetabulare (2) ist mit dem Hypomochlionpunkt (3) besonders stark am knorpelig-präformierten Pfannendach fixiert.
4 Gelenkkapsel
5 Perichondrium

faserknorpelige Labrum acetabulare am hyalin-knorpelig präformierten Pfannendach aufsitzt (Abb. 3.**34** und Abb. 3.**35**). Dieser Punkt wird von Oelkers als **Hypomochlion** bezeichnet. Diese Region zeichnet sich dadurch aus, dass eine federartige Gerüstkonstruktion des Labrums, verstärkt durch Ringfasern mit elastischen Elementen, besteht. Die Verankerung des Labrums am hyalinen Pfannendach weist dadurch eine besonders straffe Gewebskonstruktion auf.

Das Labrum acetabulare ist somit in einem deformierten, jedoch nicht mobilen Zustand zum Widerlager für den Hüftkopf ge-

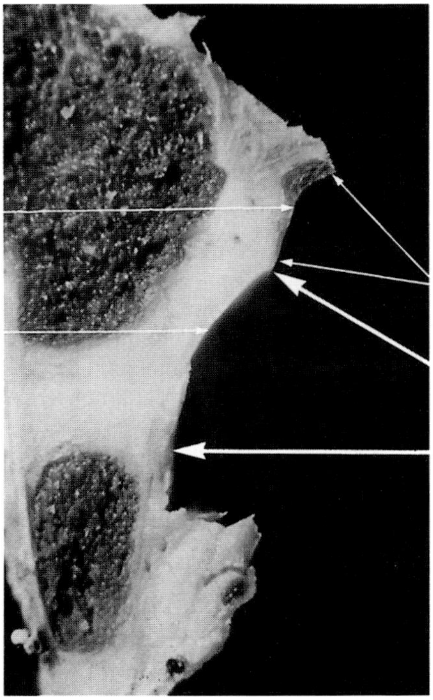

Abb. 3.**35** Makroskopischer Schnitt durch eine Luxationspfanne. Das nach kranial abgedrängte Labrum (1) und der Hypomochlionpunkt (2) deutlich sichtbar.
3 Fossa acetabuli
4 Sekundärpfanne (= ausgewalztes Labrum)
5 Facies lunata (= „Urpfanne")

worden, wobei der Wulst zwischen dem Labrum und der knöchernen Pfanne der noch nicht verknöcherte knorpelige Pfannendachanteil ist (Abb. 3.**36**). Bei der Wanderung des Hüftkopfes nach dorsokranial (Abb. 3.**37**) werden die Faserelemente des Labrum acetablare mit der Gelenkkapsel nach oben hinten aufgebogen, während die wesentlichen Teile des aus hyalinem Wachstumsknorpel bestehenden Pfannendaches erhalten bleiben (Abb. 3.**37**, Abb. 3.**38**, Abb. 3.**39–41**).

3.5.2 Histologische Veränderungen an der Luxationspfanne

Die Histologie des Pfannendachbereiches zeichnet sich durch eine strenge reguläre Architektonik aus (Abb. 3.**42**). Am Übergang des hyalin-knorpelig präformierten Pfannendaches zur knöchernen Pfanne findet sich eine Wachstumszone. Diese zeichnet sich durch den regulären und für eine Epiphysenfuge typischen Säulenknorpelaufbau aus. Bei einem dezentrierten Hüftgelenk (Abb. 3.**43**) kommt es offensichtlich durch Druck-, Scher- und Zugkräfte zu einer Störung der Wachstumszone. Dass Druckapplikationen unterschiedlicher Intensität und Dauer zu einer Beeinträchtigung der Wachstumsrate führen, konnte auch experimentell nachgewiesen werden (Rodegerts u. Matthiessen, 1971, Matthiessen, 1993 a,b, 1996, 1997).

Darüber hinaus konnten auch eigene Beobachtungen zeigen, dass unter Druckeinwirkung eine histologische Transformation

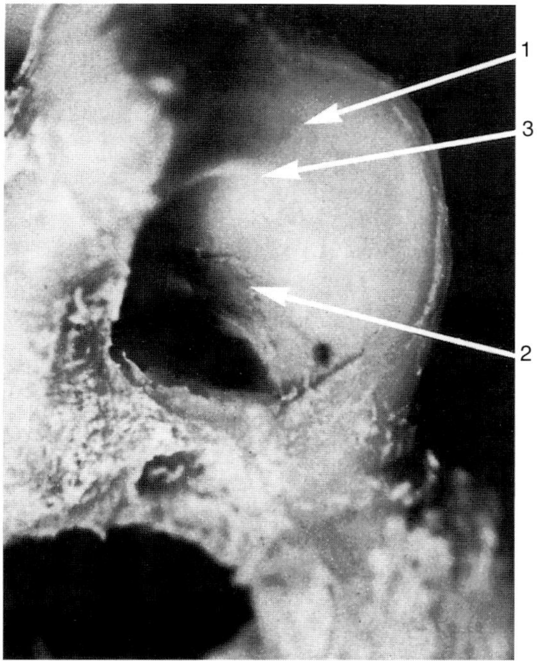

Abb. 3.**36** Li. Hüftgelenk mit Dysplasierinne (1) und Urpfanne (2).
3 „Neolimbus" nach *Ortolani* („Hypomochlion").

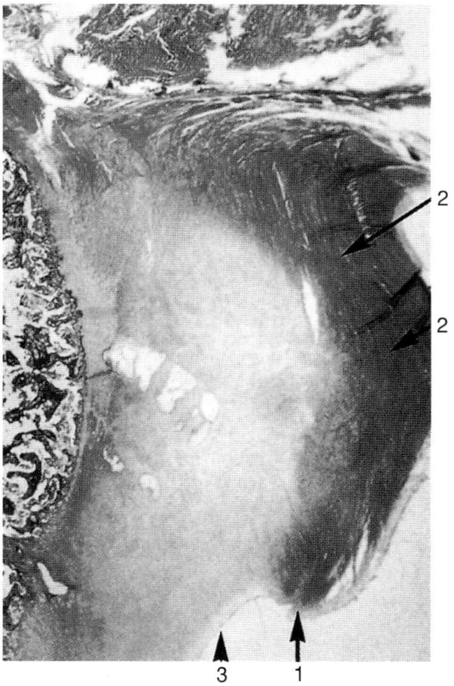

Abb. 3.**37** Histologischer Schnitt entsprechend der Abb. 3.**35**
1 Hypomochlionpunkt
2 nach kraniodorsal deformiertes Labrum acetabulare
3 Facies lunata

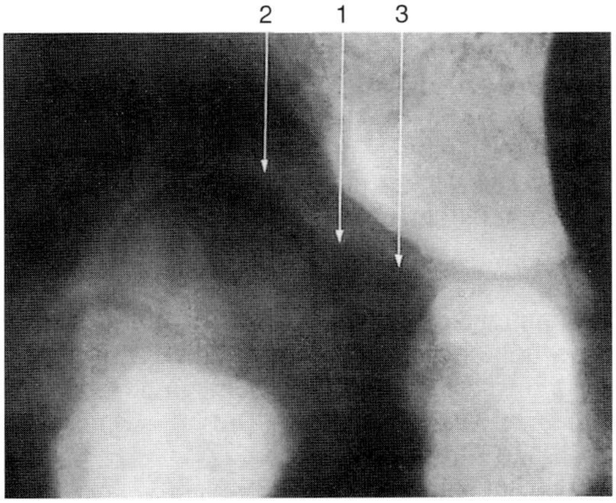

Abb. 3.**38** Röntgen entsprechend der pathoanatomischen Situation in Abb. 3.**35**
1 Hypomochlion
2 Spitze des nach kranial ausgewalzten Labrum acetabulare
3 Urpfanne (= Facies lunata)

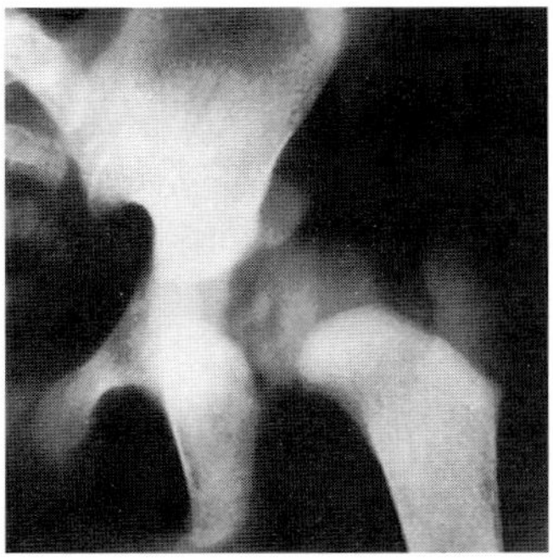

3.**39**

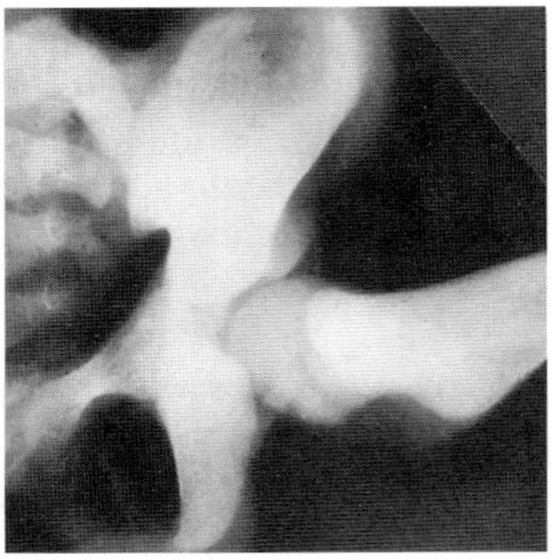

3.**40**

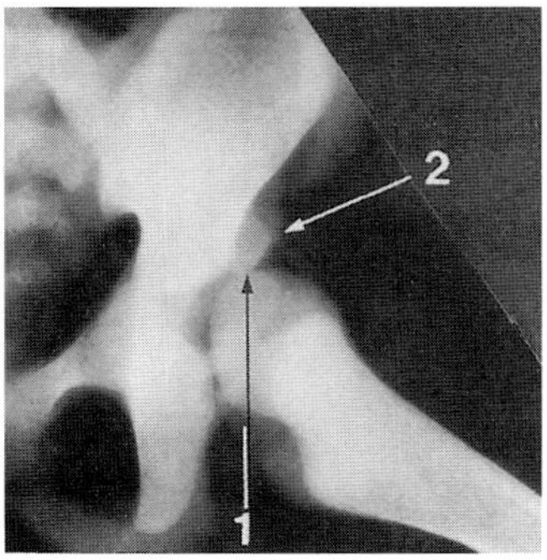

3.**41**

Abb. 3.**39**–3.**41** Reponierter Hüftkopf in verschiedenen Stellungen. Der Hypomochlionpunkt (1) und die nach kranial ausgewalzten Pfannendachanteile (Labrum, hyaliner Knorpel und Gelenkknorpel) (2) deutlich sichtbar.

der Chondrozyten zur Fibrozyten stattfindet und in Regionen erhöhten Druckes die normale histologische Struktur des hyalinen Pfannendachknorpels verloren geht. Erreichen diese histologischen Transformationen oder Degenerationsvorgänge ein gewisses Ausmaß, sind sie auch sonographisch, zumindest teilweise, nachweisbar. Diese wichtigste Konsequenz aus diesen Erkenntnissen, die enorme therapeutische Bedeutung hat, muss lauten:

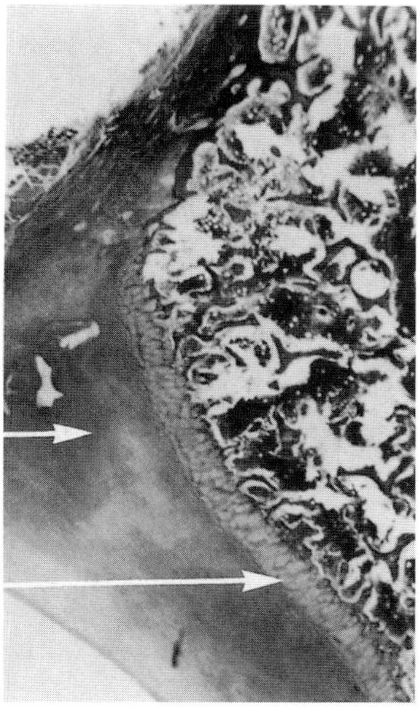

Abb. 3.**42** Histologie des gesunden Pfannendachbereiches (dorsaler Schnitt). Der hyaline Pfannendachknorpel (1) wird durch die säulenknorpelartige Wachstumszone (2) vom knöchernen Pfannendach getrennt.

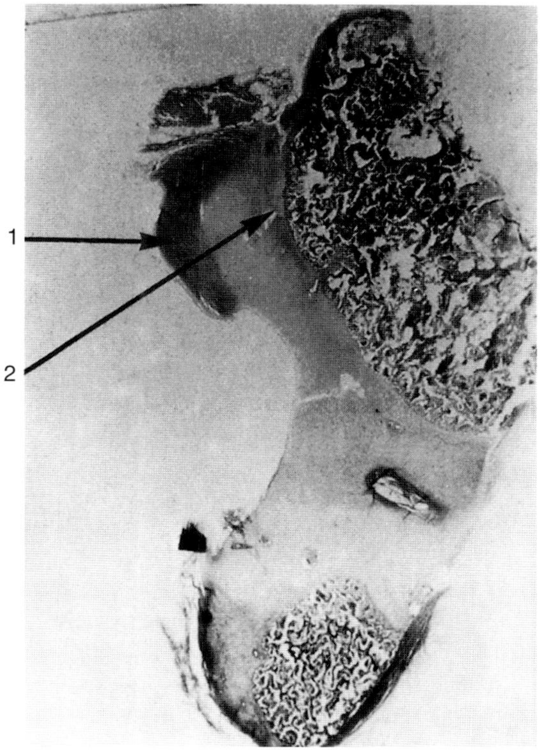

Abb. 3.**43** Flachschnitt rechtes Azetabulum. Mit der Gelenkkapsel nach kranial abgedrängtes Labrum acetabulare (1) und deformiertes, knorpeliges Pfannendach. Der regelmäßige Säulenknorpel der Wachstumszone durch Druck- und Scherkräfte weitgehend zerstört (zum Vergleich s. Abb. 3.**42** (2).

„Pathologischer Druck auf das knorpelige Pfannendach stoppt das knöcherne Pfannendachwachstum".

Lediglich in dem seltenen Fall einer in der frühen Fetalzeit eingetretenen teratologischen Luxation konnte ein aus Faserknorpel bestehendes, eingeschlagenes Labrum nachgewiesen werden (Ponseti 1978). Zur gleichen Schlussfolgerung ist auch Dörr 1968 bei seinen makroskopischen Untersuchungen der Luxationspräparate aus der Ortolani-Sammlung gekommen.

Durch den Druck des luxierten Hüftkopfes auf das wulstartig deformierte knorpelige Pfannendach kommt es zur Degeneration des hyalinen Pfannendachknorpels und zur Störung des periostalen und enchondralen Wachstums im Bereich der Kompressionszone. Außerhalb dieser Druckzone und im Wachstumsbereich der Y-Fuge findet sich eine annähernd normale histologische Struktur (Abb. 3.**44**).

Anmerkung: Die Abb. 3.**34**–3.**43** wurden mir dankenswerterweise von Herrn Dr. Oelkers (†) zur Verfügung gestellt.

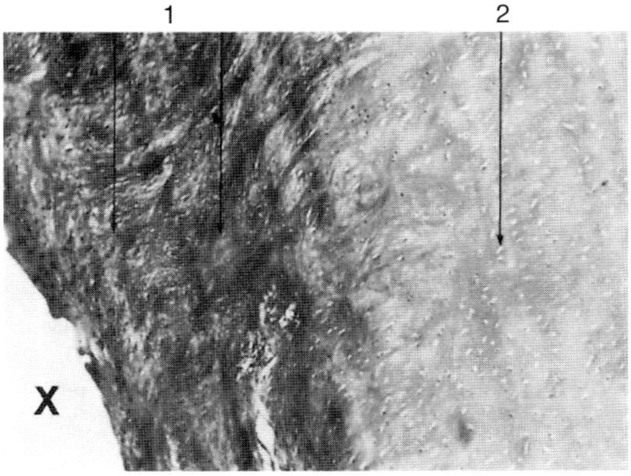

Abb. 3.**44** Re. Pfannendachknorpel bei luxiertem Hüftkopf. Deutl. Umbauzone durch Demaskierung der kollagenen Fasern. Die Position des luxierten Hüftkopfes mit „x" markiert. Der Pfannendachknorpel außerhalb der Kompressionszone noch nicht wesentlich histologisch verändert.
1 strukturgestörter Knorpelanteil (Kompressionszone)
2 histologisch unauffälliger Knorpel

4 Taktisches Vorgehen in der sonographischen Praxis, Standardebene und Brauchbarkeitsprüfung

Einleitung

Die Praxis zeigt, dass nicht nur ungeübte Untersucher in manchen Fällen Orientierungsschwierigkeiten am Sonogramm haben. Meist sind in diesen Fällen auch die dokumentierten Bilder qualitativ minderwertig, sodass wichtige Bezugspunkte am Sonogramm nicht oder nur mangelhaft dargestellt werden. Konsekutive Fehldiagnosen mit katastrophalen Folgen für das Hüftgelenk können daraus resultieren. Die Erfahrung bei Ausbildungskursen hat gezeigt, dass sich im Wesentlichen drei Problemkreise abzeichnen:

Problemkreise

1. „Who is who", welches Echo gehört zu welcher anatomischen Struktur?
2. Kann das Sonogramm überhaupt für eine Beurteilung und Typisierung herangezogen werden, ist es überhaupt zur Beurteilung brauchbar? („Brauchbarkeitsprüfung").
3. Problem der Messebene („Standardschnittebene").

Wir möchten daher auf einige Tipps und Tricks hinweisen, die Fehler und Fehldiagnosen bei der Interpretation von Hüftsonogrammen vermeiden helfen.

4.1 Sonographische Identifizierung der anatomischen Strukturen

4.1.1 Schenkelhals, Hüftkopf, Umschlagfalte

Bei jeder Beurteilung eines Hüftsonogramms ist der erste wichtige Schritt zur richtigen Diagnose die Identifizierung der anatomischen Strukturen. Ein richtiges taktisches Vorgehen kann die Verwechslung und falsche Identifizierung wichtiger anatomischer Strukturen verhindern.

1. Schritt: Aufsuchen der Knorpel-Knochen-Grenze. Folgt man der Knorpel-Knochen-Grenze nach medial, gelangt man zur mehr oder weniger runden, echoarmen Zone des Hüftkopfes.

2. Schritt: Nach Identifizierung des Hüftkopfes liegt lateral des Hüftkopfes und proximal der Knorpel-Knochen-Grenze das Echo der Umschlagfalte.

3. Schritt: Nach Identifizierung der Umschlagfalte folgt man der Gelenkkapsel nach proximal bis zum Labrum acetabulare.

> **!** Bei pathologischen Fällen wird die Gelenkkapsel leicht mit einem intermuskulären Septum verwechselt.

4. Schritt: Das als Labrum acetabulare identifizierte Echo muss mit Hilfe der Labrumdefinitionen als tatsächliches Echo des Labrums verifiziert werden.

4.1.2 Das Labrum acetabulare

Topographische Anatomie

Dieses ragt als akzessorischer Gelenkteil in das Gelenk dreieckförmig hinein und schmiegt sich von innen her an die Gelenkkapsel an (Abb. 4.**1**). Mit dieser ist das Labrum nicht verwachsen. Zwischen Gelenkkapsel und Labrum acetabulare findet sich ein kleiner Recessus (Abb. 4.**2**). Das Labrum ist nur am hyalin-knorpelig präformierten Pfannendach fixiert.

Sonographisch kann es manchmal schwierig sein, das Labrum acetabulare topographisch sicher zu lokalisieren. Unter bestimmten Bedingungen (Typ-IIIb-Gelenke) kann das Labrum nicht vom hyalinen Knorpel des Pfannendaches, der in diesem Fall ebenfalls echogen ist, differenziert werden. Um auch in schwieri-

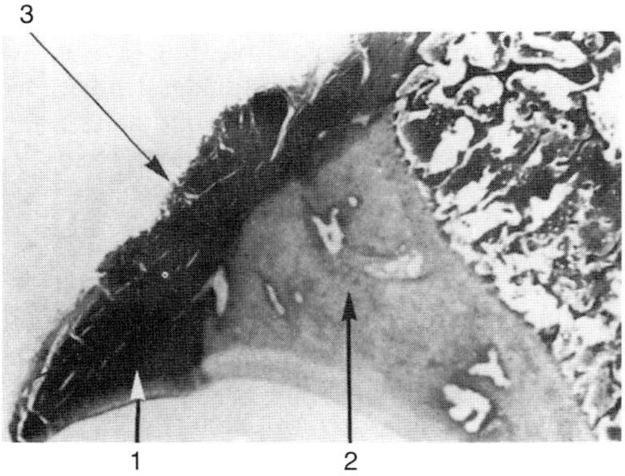

Abb. 4.**1** Histologischer Schnitt durch den knorpeligen und knöchernen Pfannenanteil einer rechten Hüfte.
1 Labrum acetabulare
2 hyalin-knorpelig präformiertes Pfannendach
3 Gelenkkapsel bzw. Perichondrium

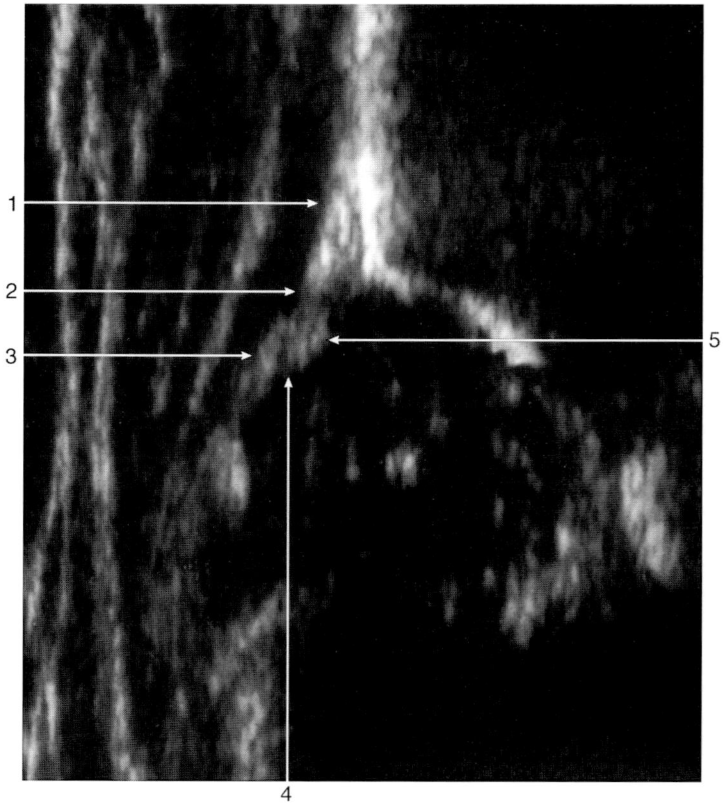

Abb. 4.**2** Sonogramm mit gut sichtbarem perilateralem Recessus.
1 proximales Perichondrium
2 Perichondriumloch
3 Gelenkkapsel
4 perilabraler Recessus
5 Labrum acetabulare

gen Situationen das Labrum acetabulare zweifelsfrei in seiner Lage zu bestimmten, können die 4 Labrumdefinitionen zu Hilfe genommen werden (Graf 1995). Es müssen nicht alle 4 Definitionen gleichzeitig anwendbar sein. Es genügt, das Labrum mit einer einzigen Definition zweifelsfrei festzulegen.

Labrumdefinitionen

1. Das Labrum liegt intraartikulär und hat immer Hüftkopfkontakt.
2. Das Labrum ist immer jenes Echo, das sich lateral-distal vom Schallloch des hyalinen Pfannendaches an der Gelenkkapsel innen befindet.
3. Das Labrum befindet sich immer kaudal des so genannten Perichondriumlochs.
4. Das Labrum acetabulare befindet sich an jener Stelle, an der sich die Gelenkkapsel von der Oberfläche des Hüftkopfes abhebt (Abb. 4.**1**). Diese Definition wird zur Lokalisation des Labrums bei Typ-IIIb-Hüftgelenken benötigt!

Fehlermöglichkeit

Das Labrum acetabulare kann verwechselt werden:
1. mit dem Echo des proximalen Perichondriums,
2. mit dem Echo der Umschlagfalte.

4.1.3 Die Standardsituation

Folgt man nach Identifizierung des Labrum acetabulare der Hüftkopfoberfläche im Uhrzeigersinn von lateral nach medial, dann ist die nächste dem Labrum folgende Struktur das hyalin-knorpelig präformierte Pfannendach, wobei noch weiter medial die Echos der knöchernen Pfanne zu identifizieren sind. Die Reihenfolge von lateral nach medial ist:

- Labrum acetabulare,
- Knorpeldach und
- knöcherne Pfanne.

Die Reihenfolge „Labrum – Knorpel – Knochen" nennt man die Standardsituation (Abb. 4.**3**). Die Reihenfolge der Strukturen ist auch bei pathologischen Hüftgelenken prinzipiell unverändert.

In schwierigen Fällen soll keinesfalls die anatomische Identifizierung vom knöchernen Pfannendach ausgehen. Es soll der Vorteil der Standardsituation genutzt und die Bezugspunkte in der oben zitierten Reihenfolge – Knorpel-Knochen-Grenze – Umschlagfalte – Labrum acetabulare – Knorpeldach und knöcherne Pfanne identifiziert werden (Abb. 4.**4**).

4.1.4 Der knöcherne Erker

Der knöcherne Erker ist ein wichtiger Bezugspunkt für die Typisierung der Hüftgelenkpfanne. Der knöcherne Erker ist der lateralste Punkt der knöchernen Pfannenkonkavität. Bei eckigen Erkern ist die topographische Zuordnung des knöchernen Erkers punktgenau meist ohne Probleme möglich. Schwieriger ist die Festlegung des knöchernen Erkers bei weniger gut ausgeprägten oder gar flachen knöchernen Pfannen. Trotzdem ist es notwendig den lateralsten Punkt der Pfannenkonkavität festzulegen. Um das Problem zu lösen, wo nun eigentlich an einer Kurve ein „Eck" sei, lässt sich mit einer allgemein gültigen Definition lösen:

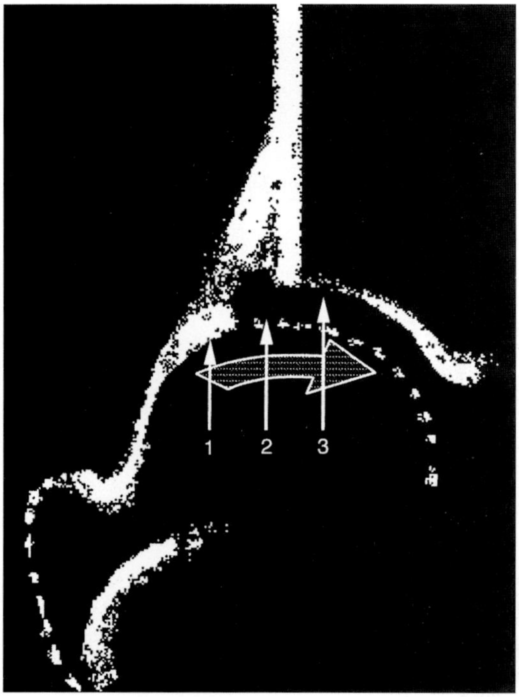

Abb. 4.**3** Die Standardsituation bezeichnet die Reihenfolge: Labrum (1) – hyaliner Pfannendachknorpel (2) – knöcherne Pfanne (3).

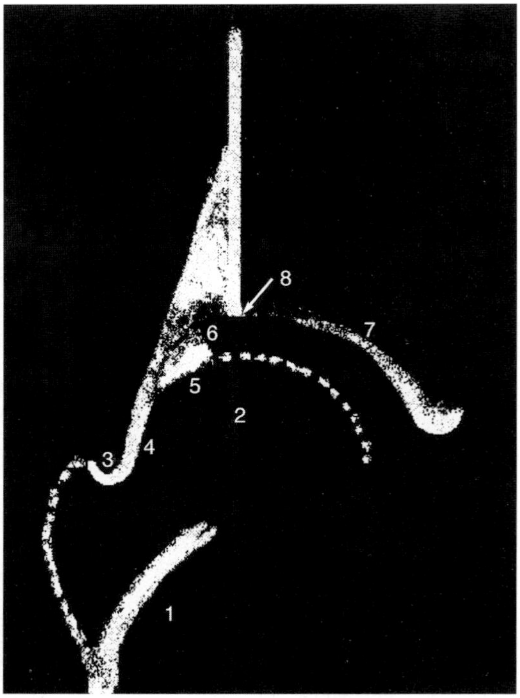

Abb. 4.**4** Vorgangsweise bei der anatomischen Identifizierung: Die anatomischen Strukturen müssen in der richtigen Reihenfolge identifiziert werden.
1 Knorpel-Knochen-Grenze
2 Hüftkopf
3 Umschlagfalte
4 Gelenkkapsel
5 Labrum acetabulare
6 korpelig-präformiertes Pfannendach
7 knöcherne Pfanne
8 Festlegung des knöchernen Erkers (Konkavität zu Konvexität)

Definition Der knöcherne Erker ist jener Punkt, an dem das knöcherne Pfannendach aus der Konkavität des Azetabulums in die Konvexität des Darmbeines umschlägt (Abb. 4.**5**).

Kurzdefinition: Der knöcherne Erker ist der Umschlagpunkt von Konkavität zu Konvexität.

Es ist wichtig, immer mit der „Konkavität" der Pfanne zu beginnen, d. h. den Erker von distal-medial nach proximal-lateral zu suchen. (Beginnt man dagegen entlang dem Darmbeinecho von kranial nach kaudal den Erker aufzusuchen, bleibt man meistens an einer unbedeutenden „Echozacke" hängen. Dadurch kommt der knöcherne Erker meist zu weit proximal zu liegen.) Zusätzlich kann im Bereich des knöchernen Erkers eine kleine Schallauslöschung am Umschlagpunkt beobachtet werden. Dieser Schallschatten hilft zusätzlich noch, den knöchernen Erker zu fixieren (Abb. 4.**6**).

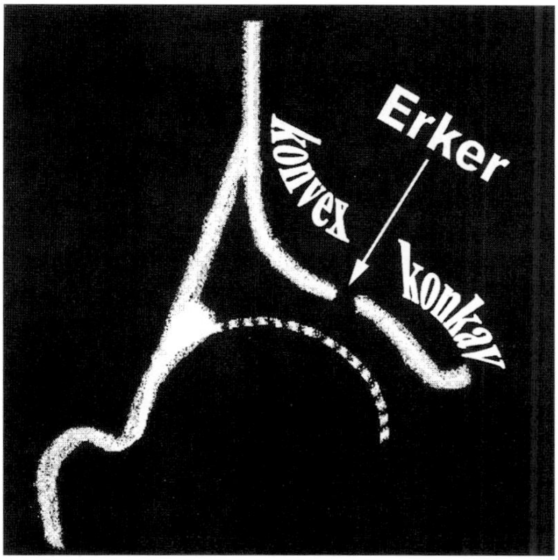

Abb. 4.**5** Festlegung des knöchernen Erkers: Umschlagpunkt von der Pfannenkonkavität zur Konvexität des Darmbeins. Kurzdefinition: Konkavität – Konvexität.

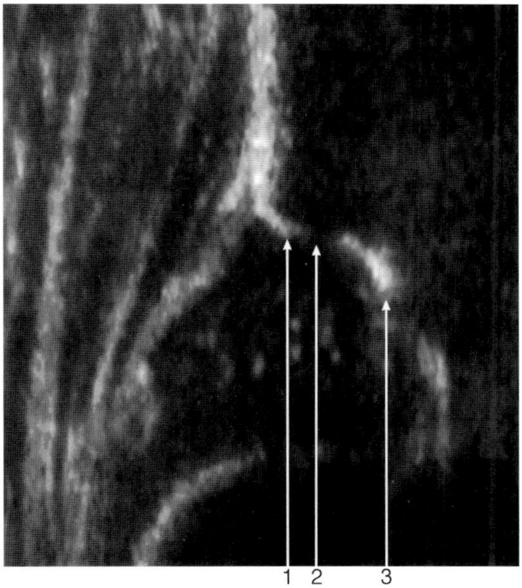

Abb. 4.**6** Festlegung des knöchernen Erkers: Übergang von Konkavität zur Konvexität, zusätzlich wird der knöcherne Erker durch eine Schallschattenbildung markiert.
1 knöcherner Erker
2 Schallschatten
3 Unterrand des Os ilium

4.2 Die Standardebene

Das Problem

Das Hüftgelenk stellt nicht, wie etwa eine Kugel, einen geometrischen Raumkörper dar, bei dem unabhängig von möglichen Schnittführungen das Schnittbild immer einen Kreis ergibt. Vergleichbar ist das Problem mit der Schnittführung durch ein Rohr. Wird das Rohr senkrecht zu seiner Längsachse geschnitten, so stellt die Schnittfläche immer einen Kreis dar. Wird jedoch das Rohr schräg angeschnitten, so wird die Schnittfläche je nach Anschnittwinkel mehr oder weniger oval sein. Um an ein und dem selben Rohr immer die gleiche Schnittfläche zu bekommen, ist eine Definition der exakten Lage dieser Schnittebene im Raum bzw. im konkreten Beispiel zur Achse des Rohres erforderlich. Ähnlich verhält sich das sonographische Schnittbild am Hüftgelenk. Da der Hüftkopf nicht rund ist, die dazugehörige knorpelige und knöcherne Pfanne im dorsalen, mittleren und im vorderen Anteil des Hüftkopfes diesen in völlig verschiedenem Ausmaß überdacht, muss die sonographische Schnittebene durch das Hüftgelenk genau festgelegt werden, da anderenfalls keine reproduzierbaren Schnitte durch das Hüftgelenk gelegt werden können.

Eine Ebene kann räumlich nur festgelegt werden, wenn 3 Punkte im Raum definiert sind. Bezogen auf ein Hüftsonogramm sind dies folgende Punkte:

Prinzip der Standardebene = 3 Landmarks

1. Der Unterrand des Os ilium in der Fossa acetabuli sowie
2. der einem Frontalschnitt entsprechende Bereich am Pfannendach,
3. das Labrum acetabulare.

Wenn nur ein einziger dieser 3 Punkte fehlt oder nicht korrekt dargestellt ist, ist das Sonogramm wertlos und darf unter keinen Umständen zu einer Diagnosestellung herangezogen werden. Von dieser Regel gibt es nur eine einzige Ausnahme, die in Kap. 10.2 beschrieben wird.

4.2.1 Der Unterrand des Os ilium 1. Landmark

Um überhaupt Aussagen über das Azetabulum und seine Strukturierung zu ermöglichen, muss der sonographische Schnitt natürlich in die Mitte des Azetabulums gelegt werden.

Da mathematisch das Zentrum des mehr oder weniger in Aufsicht runden Azetabulums sonographisch nicht gefunden werden kann, so dient der so genannte „Unterrand des Os ilium" in der Fossa acetabuli als Markierungspunkt für die Mitte des Azetabulums.

Der Unterrand des Os ilium in der Fossa acetabuli ist jener Anteil des Os ilium, der in der Fossa acetabuli liegt und nicht von der Facies lunata bedeckt ist (Abb. 4.**7**).

Der Unterrand des Os ilium stellt somit sonographisch die Mitte des Azetabulums dar. Die klare Darstellung des Os ilium bedeutet, dass die Schnittebene durch das Azetabulum, also schlechthin durch die Mitte des Hüftgelenks gelegt wurde. Fehlt der Unterrand des Os ilium, bedeutet dies, überspitzt formuliert, dass der sonograpische Schnitt gar nicht durch das Hüftgelenk gelegt wurde. Eine weitere Beurteilung hinsichtlich des Schnitts im Pfannendachbereich und des Labrum acetabulare erübrigt sich daher, weil diese Strukturen nur topographisch korrekt zugeordnet werden können, wenn zuvor der Drehpunkt der Schnittebene, nämlich die Mitte des Azetabulums, und somit das Os ilium dargestellt ist. Dies bedeutet aber, dass beim Scannen zuerst immer der Unterrand des Os ilium, vor der Schnittebene am Pfannendach und dem Labrum, aufgesucht werden muss.

> „Kein Heil in der Hüftsonographie ohne Unterrand des Os ilium". Von dieser Regel gibt es nur eine einzige Ausnahme: Bei dezentrierten Gelenken darf und kann manchmal der Unterrand des Os ilium fehlen.

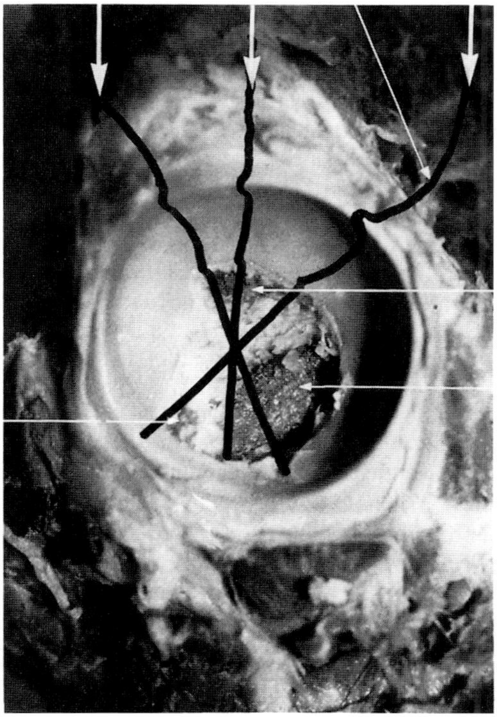

Abb. 4.**7** Linkes Azetabulum in Aufsicht. 3 Schnittebenen durch die Fossa acetabuli.
a_1 der Schnitt schneidet das Pfannendach vorn
b_2 exakter Frontalschnitt
a_2 der Schnitt verläuft über den wulstförmigen hinteren Pfannendachanteil und geht in die Konkavität (4) der Fossa glutealis
1 Os pubis, 2 Os ischii, 3 Os ilium

Ist der Unterrand des Os ilium dargestellt, ist das erste Grundprinzip, nämlich den Schnitt in die Mitte des Azetabulums zu legen, erfüllt.

4.2.2 Die Schnittebene am Pfannendach 2. Landmark

Zum Problem des mittleren Pfannendachbereichs

Die Ultraschallschnittbildtechnik mit den derzeit handelsüblichen Geräten ermöglicht die gesamte Zirkumferenz des Pfannendachbereichs tomogrammartig durchzumustern und zu überblicken. Der daraus gewonnene gute Überblick über das Pfannendach muss als Vorteil angesehen werden. Die Stellung des koxalen Femurendes ist bei der sonographischen Beurteilung der Hüftpfanne unwichtig.

Das Problem der differenten knöchernen Hüftkopfüberdachung

Aus Gründen, die sich aus der Evolution vom Vierfüßergang in den aufrechten Stand erklären lassen (Beckenrotation!), sind die dorsalen Anteile des knöchernen Azetabulums besser ausgebildet als die mittleren und die ventralen.

Diese Besonderheit bringt es mit sich, dass bei Schnittführungen durch das Azetabulum über den dorsalen Pfannenrand hinweg (Schnitt a/2 in Abb. 4.**7**) immer eine relativ gute knöcherne Überdachung zur Darstellung kommt, während bei Schnittführungen im mittleren Bereich (b/2 in Abb. 4.**7**), aber noch viel mehr bei Schnittführungen, die den vorderen Pfannenanteil betreffen (a/1 in Abb. 4.**7**), eher eine schlechte knöcherne Überdachung zur Darstellung kommt.

Dies bedeutet andererseits aber auch, dass je nach Wahl der Schnittführung über das Pfannendach hinweg von sehr guten Überdachungen (dorsaler Rand) bis zu schlechten knöchernen Überdachungen (ventraler Pfannendachrand) völlig verschiedene Überdachungsverhältnisse zur Ansicht kommen.

Um eine Quantifizierung des Pfannendaches reproduzierbar durchzuführen, ist es notwendig, sich auf eine Messebene (= mittlerer Pfannendachbereich) festzulegen. Als Kompromissebene zwischen guten (Schnitte a/2) und schlechten Pfannendachverhältnissen (a/1) eignet sich die mittlere Ebene (Schnitte b/2 in Abb. 4.**7**) als bestmöglicher Kompromiss.

Um zu differenzieren, ob das Pfannendach im ventralen, mittleren oder posterioren Anteil von der Schnittebene getroffen wurde, ist primär die Darstellung des Unterrandes des Os ilium als Punkt, durch den die Rotationsachse gelegt wird, essenziell. Ist dies geschehen, finden sich typische, den ventralen, mittleren und dorsalen Pfannendachbereichen zuordenbare Echos des Darmbeins. Vergleicht man an ein und demselben Hüftgelenk den ventralen Schnitt mit dem dorsalen, so ist die knöcherne Pfanne am dorsalen Schnitt immer besser ausgebildet als im mittleren oder im ventralen.

Kennzeichen: des dorsalen Schnitts

Die Darmbeinsilhouette proximal des knöchernen Erkers zieht muldenförmig bei stehender, aufrechter Bildprojektion nach rechts, d. h., sie entfernt sich vom Schallkopf. Die muldenförmige Ausprägung entspricht der Fossa glutealis. Zusätzlich ist der knöcherne Erker entsprechend dem dorsalen Pfannendachwulst meist nasenförmig gerundet.

des mittleren Schnitts

Die Darmbeinsilhouette proximal des knöchernen Erkers nimmt einen gestreckten Verlauf an und zieht unter der Voraussetzung einer standardisierten Lagerung (Schale) und Abtasttechnik (Schallkopfführungsapparatur) parallel zum Schallkopf (Monitorrand) nach kranial. Die verschiedenen Schnittsilhouetten sind in Abb. 4.**8** und 4.**9** zum Vergleich gegenübergestellt.

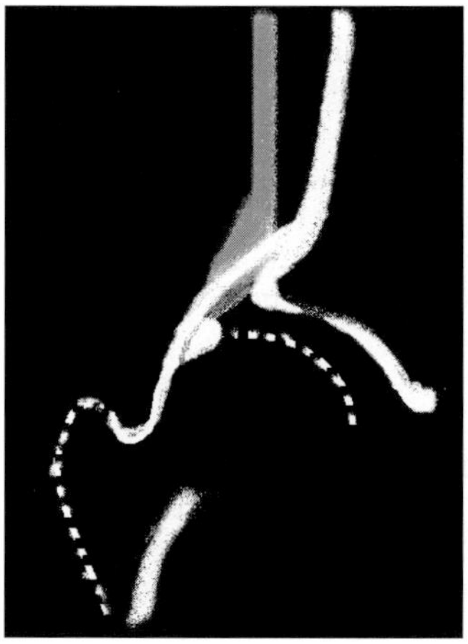

4.**8**

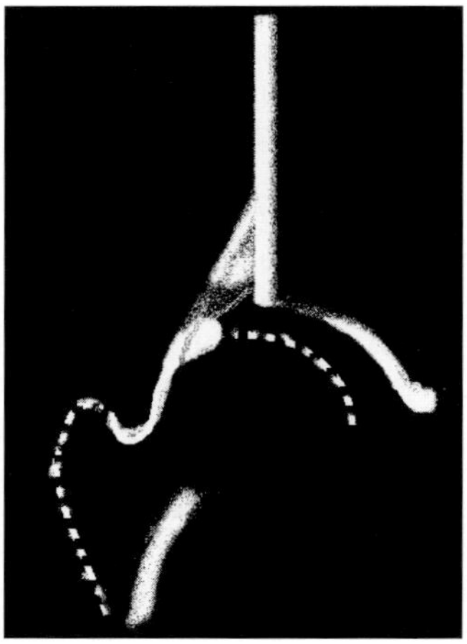

4.**9**

Abb. 4.**8** Der dorsale Schnitt ist gekennzeichnet durch einen muldenförmigen Verlauf der Darmbeinsilhouette im Vergleich zum mittleren Schnitt, der eine gestreckte Darmbeinsilhouette aufweist.

Abb. 4.**9** Beim mittleren Schnitt weist die Darmbeinsilhouette einen gestreckten, meist zum Monitorrand parallel ziehenden Verlauf auf.

Die Darmbeinsilhouette kranial des knöchernen Erkers nähert sich dem Schallkopf, d. h., sie neigt sich bei stehender aufrechter Projektion nach links (Abb. 4.**10**). Ausnahmen von dieser Regel siehe Kap. 10.2.

des ventralen Schnitts

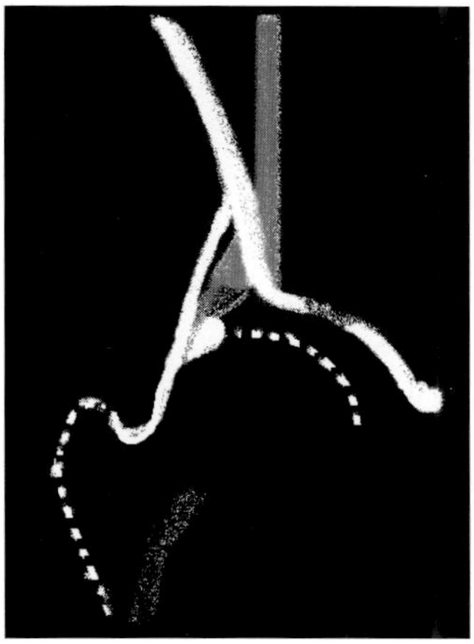

Abb. 4.**10** Beim ventralen Schnitt neigt sich die Darmbeinsilhouette zum Schallkopf, bei anatomischer Projektion nach links. Zum Vergleich wurde der mittlere Schnitt ebenfalls eingezeichnet.

Die konkave Muldung ist das spezielle Kennzeichen der Fossa glutealis. Diese konkave Muldung (= Fossa glutealis) verschwindet, sobald man bei Rotation mit dem Schallkopf von dorsal her kommend den Schnitt in den mittleren, tragenden Pfannendachbereich dreht. Daher kann der Pfannendachbereich unter Zuhilfenahme dieser Kenntnis von dorsal nach ventral durchmustert und so der gesamte tragende Pfannendachanteil überblickt werden (Abb. 4.**11 a–c**). Als standardisierte Messebene darf nur der mittlere Schnitt, der annähernd ein Frontalschnitt ist, genommen werden. Diesen erhält man, indem man vom **hinteren Pfannenerker** kommend (Schnitt a2) die Schnittebene nach vorn dreht (von a2 nach b2 in Abb. 4.**7**), bis die konkave Darmbeinkontur über dem Pfannenerker ihre Konkavität verliert und gerade bzw. gestreckt wird. Der Schnitt wurde aus der Fossa glutealis in die Frontalebene herausgedreht. Bei horizontaler und gleichzeitig seitlicher Lagerung bei der Untersuchung ist dadurch meist die Darmbeinkontur **parallel** zum lateralen **Bildrand.** Dies ist ein praktischer Zufall, darf aber keinesfalls zur Definition der Standardebenen herangezogen werden.

Beispiel

Es kann folgender Fall vorkommen:
Die vorderen 2/3 der Pfannendachsegmente fehlen. Hier ist nur eine schiefe Ebene vorhanden. Dementsprechend wird man im Sonogramm vergeblich versuchen, eine parallel zum lateralen Bildrand liegende Darmbeinkontur darzustellen. Es kann nur eine scheinbar nach vorn ziehende Darmbeinkontur gesehen werden, die aber der schiefen Ebene der dysplastischen Pfanne entspricht. Möglicherweise unterliegt der Untersucher in diesem Fall dem Irrtum einer zu weit vorn angelegten Schnittebene. Dieser Fehler kann vermieden werden, wenn in Zweifelsfällen systematisch zuerst die hintere Schnittebene mit der Konkavität der Fossa glutealis aufgesucht und anschließend der Schnitt weiter nach vorn ge-

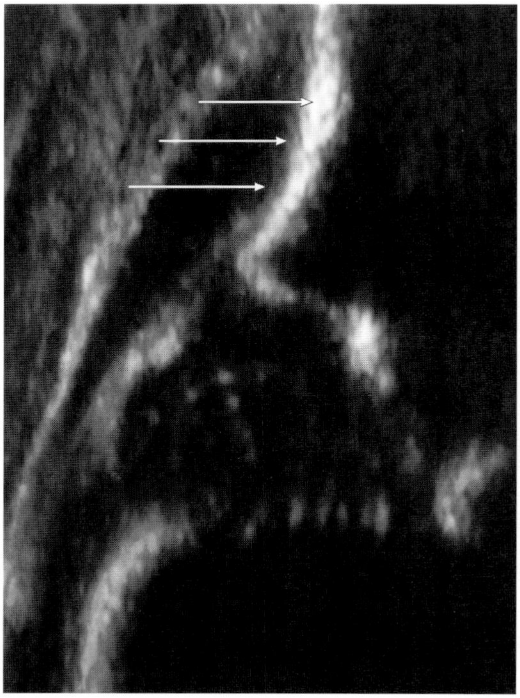

a

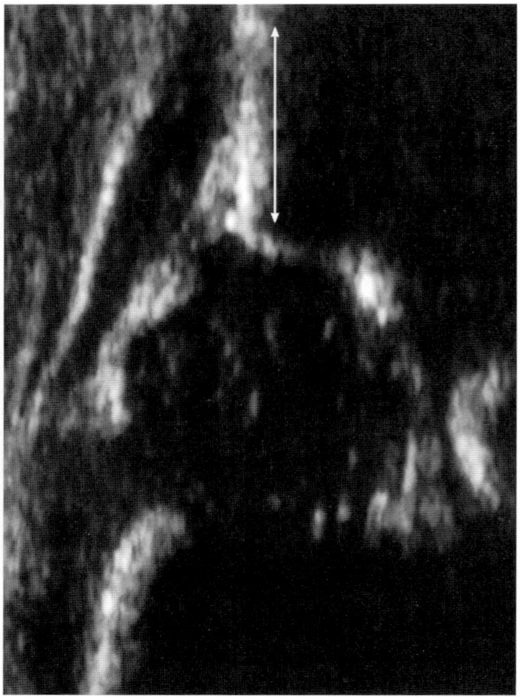

b

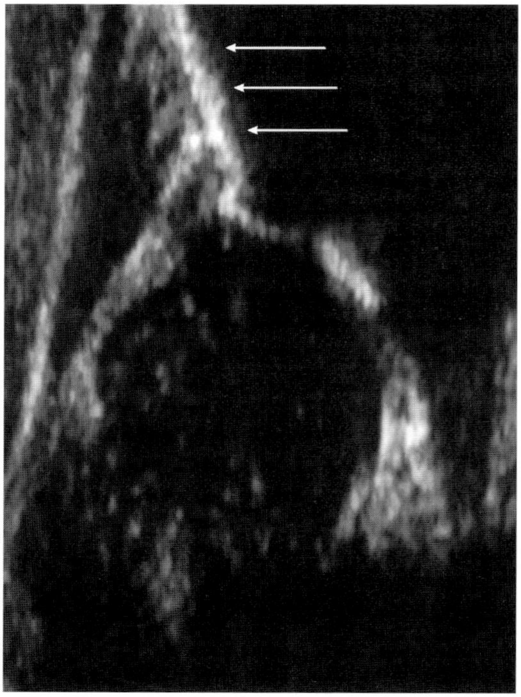

c

Abb. 4.**11 a–c** Es liegt immer dasselbe Hüftgelenk in verschiedenen Schnittebenen am Pfannendach vor.

a Dorsaler Schnitt: kenntlich an der muldenförmigen Darmbeinsilhouette, die sich bei anatomischer Projektion nach rechts neigt (Pfeil).

b Mittlerer Schnitt: die Darmbeinsilhouette verläuft gestreckt und parallel zum Monitorrand.

c Ventraler Schnitt: die Darmbeinsilhouette neigt sich bei anatomischer Projektion nach links zum Schallkopf (Pfeil).

dreht wird. Es wird die Konkavität sofort in die schiefe Ebene (= nach vorn ziehende Darmbeinkontur) ohne jegliche Parallelität zum lateralen Bildschirmrand übergehen. Nimmt man zusätzlich die Strukturen der Fossa acetabuli zur Feindifferenzierung zu Hilfe, kann nahezu millimetergenau die topographische Zuordnung des Schnittes erfolgen.

Definition des mittleren Pfannendachbereichs

Die mittlere Ebene ist dann erreicht, wenn nach Einstellen der dorsalen Ebene diese so lange nach ventral über den Unterrand des Os ilium rotiert wird, bis die Fossa glutealis verlassen ist. Dies erkennt man daran, dass sich die muldenförmige Darmbeinsilhouette der Fossa glutealis streckt und gerade ausrichtet.

Wichtiger praktischer Hinweis

„Gerade" oder „gestreckt" bedeutet nicht automatisch parallel zum Monitorrand!

Das System:

- dorsaler Schnitt: schallkopfferne Darmbeinsilhouette (bei anatomischer Bildprojektion nach rechts),
- mittlerer Schnitt: Darmbeinsilhouette parallel zum Schallkopf,
- ventraler Schnitt: Darmbeinsilhouette schallkopfnahe (bei anatomischer Bildprojektion nach links),

ist in der täglichen Praxis in den meisten Fällen ausreichend zur Einstellung der Standardebene.

! Ein häufiger Irrtum ist, zu glauben, dass der Standardschnitt immer dann korrekt eingestellt ist, wenn die Darmbeinsilhouette gerade nach kranial zieht und parallel zum Bildrand ist. Dies ist nur dann der Fall, wenn die Darmbeinkontur auch anatomisch annähernd gerade ist, ein Parallelscan verwendet wird und keine oder nur eine geringe Pathologie vorliegt. Die oben zitierte „Eselsbrücke" kann in der täglichen Routine zur raschen Orientierung durchaus benützt werden, gelingt die Orientierung damit nicht, muss entsprechend der Definition des Standardschnittes das Pfannendach von dorsal her kommend tomogrammartig durchgemustert werden. Das Darmbein ist im mittleren Bereich oft nicht gerade ausgerichtet, sondern oft nasen- bzw. leicht muldenförmig gekrümmt. Umso wichtiger ist es in diesem Fall die korrekte Definition zur Einstellung des Standardschnittes einzuhalten.

Um einen Schnitt, der den Unterrand des Os ilium aufweist und somit den Sektor A in Abb. 4.**12 a** abstreicht, am Pfannendachbereich des Sektors genauer zu definieren und topographisch festzulegen, kann die differente Kontur des Darmbeines kranial des Pfannenerkers im Sektor A herangezogen werden. Die äußere Kortikalis des Darmbeines ist oberhalb des Pfannendaches zweifach gekrümmt, in horizontaler Richtung konvex, in frontaler Richtung von vorn nach hinten mit zunehmender Konkavität (Abb. 4.**7**). Nimmt man die beiden Schnitte a1 und a2 als vorderes

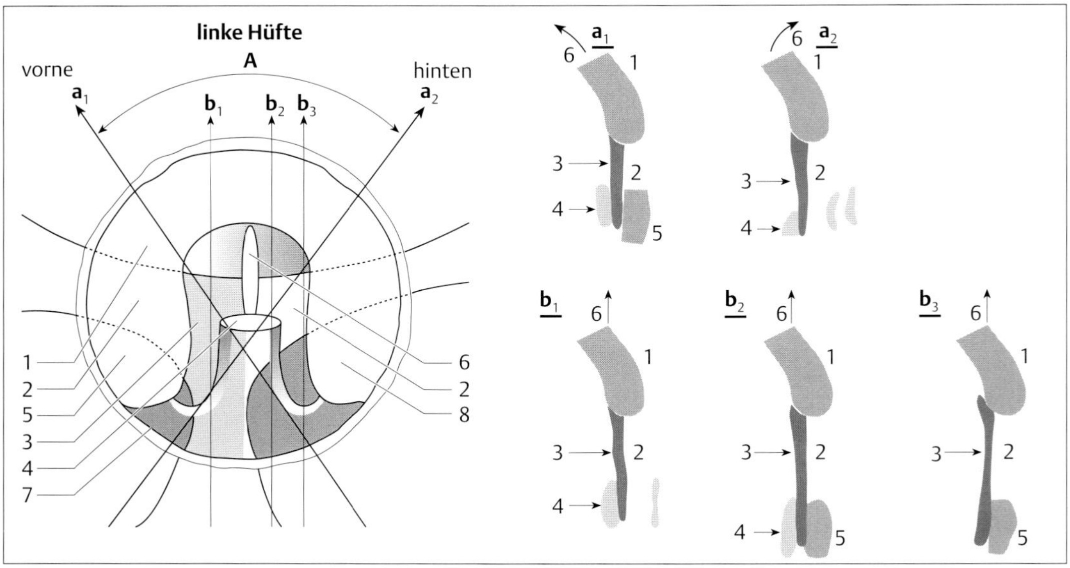

Abb. 4.**12 a** Schematische Zeichnung linkes Azetabulum, entsprechend Abb. 4.**7**

a_1 Der Schnitt verläuft von vorne oben nach hinten unten

b_1, b_2, b_3 reine Frontalschnitte

a_2 der Schnitt verläuft von hinten oben nach vorn unten

1 Facies lunata
2 horizontal verlaufender Anteil der Y-Fuge
3 Gewebe der Fossa acetabuli, teilweise abpräpariert
4 Lig. cap. fem.
5 durch die Facies lunata abgedecktes Os pubis
6 Schnittfläche des abpräparierten Gewebes der Fossa acetabuli
7 Lig. transversum acetabuli
8 Os ischiadicum

Abb. 4.**12 b** Echostruktur entsprechend den Schnittführungen in Abb. 4.**12 a**

a_1 und a_2 rotierte Schnitte

b_1, b_2, b_3 Frontalschnitte

1 Os ilium
2 echoarme Zone des hyalinen Knorpels der Y-Fuge
3 Gewebe der Fossa acetabuli
4 Lig. cap. femoris
5 Os ischiadicum
6 Darmbeinkonturen

(nach vorn gerichtet in a_1, nach hinten in a_2. In den Schnittebenen b nach oben ziehend).

und hinteres Extrem, so zeigt sich, dass beim vorderen Schnitt a1 die Darmbeinkontur weit ausladend nach lateral zieht. Wird der Schnitt in Richtung Schnittebene b1 oder b3, also zu reinen Frontalschnitten, gedreht, so nimmt die Darmbeinkontur kranial des Azetabulums eine zunehmend gerade nach oben verlaufende Richtung ein, während sie in Richtung Schnittebene a2, also nach dorsal, über den hinteren, knöchernen wulstförmigen Pfannenrand stark zurückweicht und eine konkave Form durch die Mulde der Fossa glutealis einnimmt.

Durch den Unterrand des Os ilium wurde die Schnittebene in der Mitte des Azetabulums zentriert (1. Landmark) (Abb. 4.**13**). Durch die Justierung der Schnittebene im mittleren Pfannendachbereich (2. Landmark) erfolgt die Festlegung und Justierung der Ebene an der knöchernen Pfanne (Abb. 4.**14 a, b**). Ohne Festlegung einer 3. Landmark, die weiter lateral von den eben genannten liegt, wäre eine Kippung der Frontalebene in ventrozentraler und dorsozentraler Richtung möglich (Abb. 4.**14 c**). Dadurch würden schräge Schnittführungen durch das Hüftgelenk möglich, die zu konsekutiven Bildverzeichnungen führen würden (zur Erinnerung: „Quer- und Schrägschnitt durch ein Rohr“). Um diese fensterflügelartigen verkippten Ebenen zu verhindern und reproduzierbare Schnittebenen zu erhalten ist eine 3. Landmark lateral der Achse Unterrand des Os ilium und mittlerer Pfannendachbereich erforderlich. Dazu eignet sich das Labrum acetabulare hervorragend:

4.2.3 Das Labrum acetabulare 3. Landmark

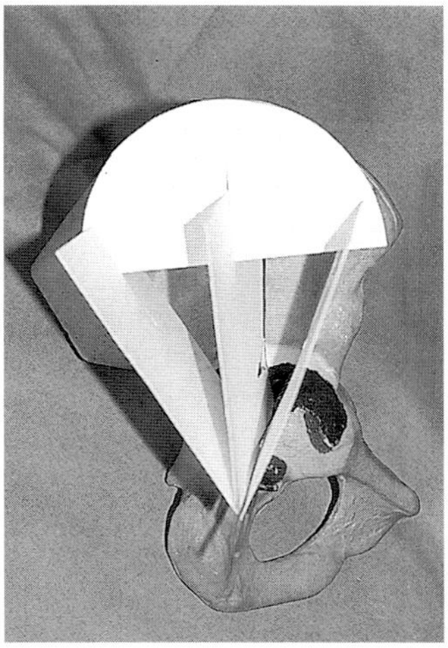

Abb. 4.**13** Der Unterrand des Os ilium wurde mit einem Metallstift, die Drehachse symbolisierend, markiert.

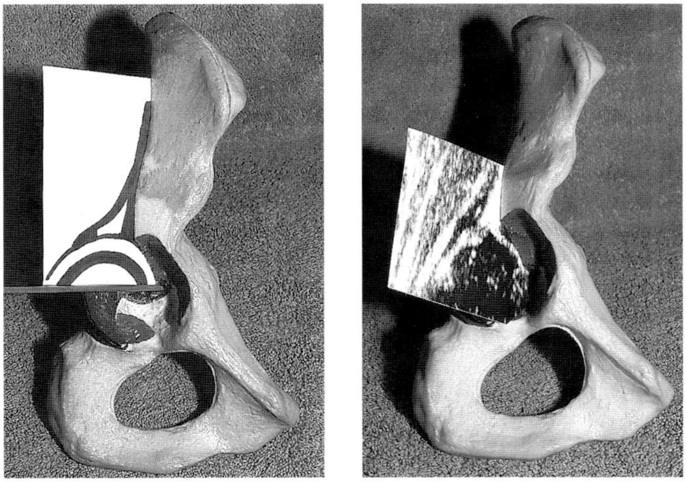

a **b**

Abb. 4.**14 a/b** Nach Fixierung der Schnittebene über dem Unterrand des Os ilium wird der mittlere Pfannendachbereich eingestellt.

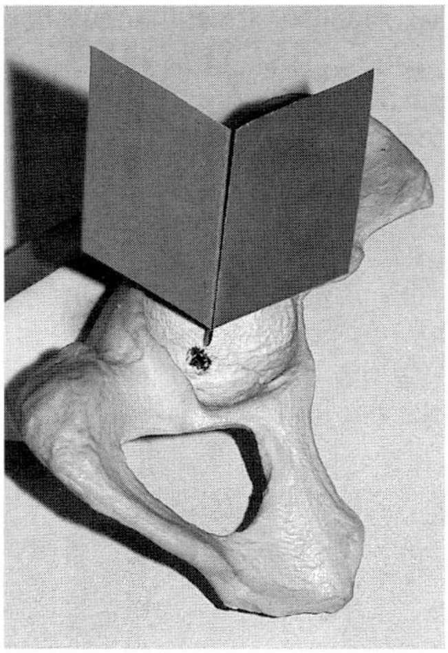

Abb. 4.**14 c** Kippung der Frontalebene in ventrozentraler und dorsozentraler Richtung. Durch diese Einstrahlrichtungen kommt es zu Bildverzeichnungen mit konsekutiven Fehldiagnosen.

Sehr wohl läuft das Labrum acetabulare kreisförmig und abschließend um die gesamte Gelenkpfanne herum, sodass man es sonographisch mit multiplen Schnitten darstellen kann. Die Erfahrung hat gezeigt, dass es aber sonographisch nur mit einem deutlichen Reflex darstellbar ist, wenn es weitgehend senkrecht angeschallt wird. Wird es zu stark schräg angeschallt, kommt es zu konsekutiv schlechten Reflexionsverhältnissen, sodass das Labrum nicht mehr zweifelsfrei identifiziert werden kann. Unter der Voraussetzung, dass der Unterrand des Os ilium und der mittlere Pfannendachbereich, also die korrekte Schnittebene am Pfannendach, zuvor eingestellt wurde, signalisiert das Echo des Labrum acetabulare, das die durch das Hüftgelenk gelegte sonographische Schnittebene weitgehend frontal ohne Verkippungen eingestrahlt wurde.

„Unterrand, Schnitt, Labrum"

Ein sonographischer Schnitt darf nur zur Beurteilung herangezogen werden, wenn folgende Bildkriterien erfüllt sind:

1. Darstellung des Unterrandes des Os ilium,
2. korrekte Schnittführung über dem Pfannendachbereich,
3. Darstellung des Labrum acetabulare.

Wenn eines dieser Bildkriterien fehlt, ist das Sonogramm für eine Beurteilung nicht brauchbar.

Ausnahmen und Abweichungen von den typischen Schnittsilhouetten

Die einzige Ausnahme besteht bei dezentrierten Gelenken, bei denen der Hüftkopf kraniodorsal luxiert ist und den Standardbereich verlassen hat. Gleitet der Hüftkopf aus der Pfanne, so gleitet er nicht nur nach proximal, sondern nach proximal-dorsal. Der luxierte Hüftkopf einerseits und die Pfanne mit dem Unterrand des Os ilium im Frontalschnitt andererseits liegen in verschiedenen Ebenen! Bei diesen Hüftgelenken ist es wichtig zu unterscheiden, ob der Hüftkopf den Pfannendachknorpel nach kranial (Typ III) oder nach kaudal (Typ IV) gepresst hat. Man folgt daher dem luxierten Hüftkopf mit der Schallebene nach dorsal und verlässt somit den mittleren Pfannendachbereich (Abb. 4.**15 a–c**). Daher ist meist einerseits der Unterrand des Os ilium nicht dargestellt, an-

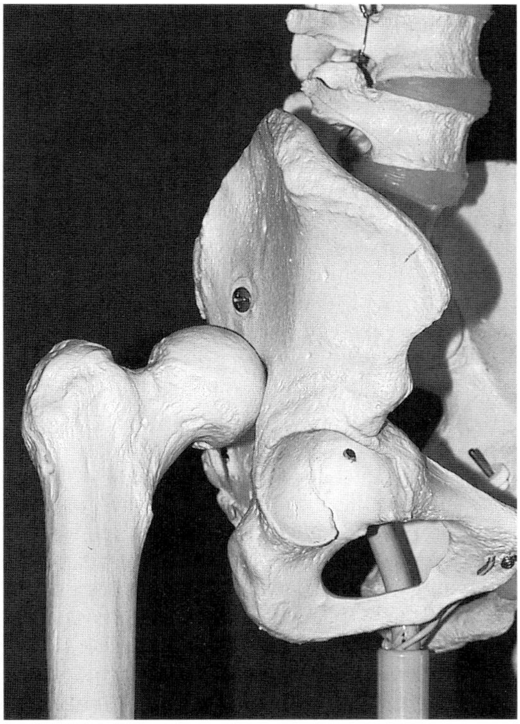

a

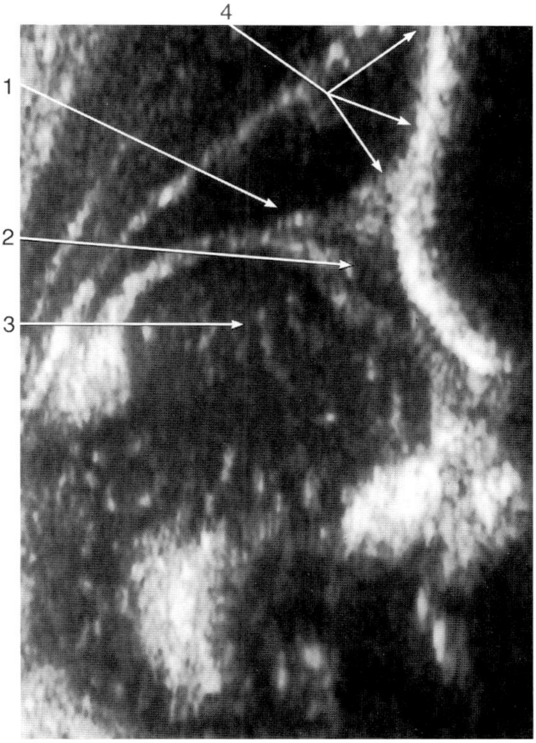

b

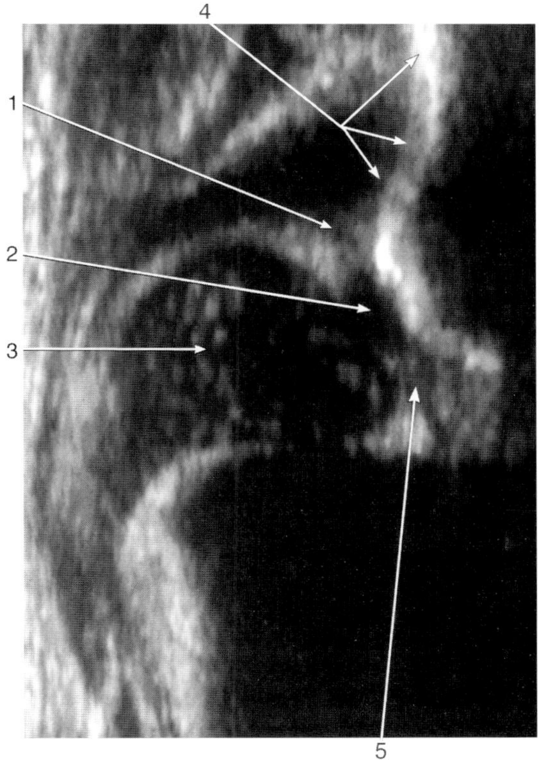

c

Abb. 4.**15 a–c** Schnittebenen bei luxiertem Hüftkopf.

a Der Hüftkopf gleitet nach kranial und dorsal und verlässt somit die Standardebene weitgehend.

b Sonogramm eines dezentrierten Hüftgelenkes, Typ IIIa. Durch die dorsal-kraniale Luxationsrichtung ist die Schnittebene dorsal angelegt.
1 nach kranial ziehendes Perichondrium
2 hyalin-knorpelig präformiertes Pfannendach
3 Hüftkopf
4 muldenförmige Darmbeinsilhouette, den dorsalen Schnitt kennzeichnend

c Dezentrierte Hüfte Typ IV, der Hüftkopf (3) ist noch weiter als in Abb. 4.**15 b** nach dorsal luxiert. Dadurch wird die muldenförmige Darmbeinsilhouette, den dorsalen Schnitt kennzeichnend, noch deutlicher sichtbar. Der Unterrand des Os ilium kann nicht mehr klar abgegrenzt werden, weil der Hüftkopf weit aus der Standardebene dezentriert ist.
1 muldenförmiger Verlauf des proximalen Perichondriums
2 nach kaudal verdrängter hyaliner Pfannendachknorpel
3 Hüftkopf
4 muldenförmige Darmbeinsilhouette
5 Gewebe in der Fossa acetabuli

dererseits auch sehr oft die dorsale Ebene eingestellt! Bei hochdezentrierten Gelenken darf daher trotz fehlendem Unterrand des Os ilium die Unterscheidung zwischen Typ III und Typ IV durchgeführt werden

Die so genannte Erkerdiagnostik eignet sich durch ihr Drei-Punkte-System hervorragend zur Klassifizierung und Beurteilung der dysplastischen Pfanne. Die Stellung des koxalen Femurendes ist völlig irrelevant. Somit scheiden wesentliche Faktoren der Fehlinterpretationen durch lagerungsbedingte Projektionsfehler aus. Die Messebene (= Standardebene) ist immer genau im mittleren Pfannendachbereich, unabhängig von der Lagerung des Säuglings. Es kann daher nicht, wie am Röntgenbild, passieren, dass durch Beckendrehung oder vielmehr noch durch Beckenkippungen nicht repräsentative Pfannenerkerpunkte in die Projektionslinie geraten und Anlass zu nicht unwesentlichen Messfehlern sind.

4.2.4 Die Echos der Fossa acetabuli

Die besondere anatomische Strukturierung der Fossa acetabuli findet ihren Niederschlag in einem komplizierten Echomuster.

Es können nun die Schnittebenen noch exakter zugeordnet werden, wenn die differenten anatomischen Strukturen der Fossa acetabuli herangezogen werden. In diesem Bereich besteht der Pfannenboden aus drei Schichten (Abb. 4.**12 b**).

1. Die tiefste Schicht (mediale Schicht)
Sie besteht kranial aus dem Os ilium, dorsal aus dem Os ischiadicum und ventral aus kleinen Anteilen des Os pubis. Alle Knochen werden durch die knorpelige Y-Fuge verbunden (Abb. 4.**7**).

2. Die mittlere Schicht
Sie besteht aus Binde- und Fettgewebe, das die Fossa acetabuli auskleidet.

3. Die laterale Schicht
Sie besteht aus dem Lig. capitis femoris.

In günstigsten Fällen ist auch noch das Lig. transversum zu sehen. Es entstehen daher durch die differenten Strukturen der Fossa acetabuli, je nach Schnittführung, verschiedene Echos. Verfolgt man die verschiedenen Schnittführungen von kranial nach kaudal, so kann Folgendes festgestellt werden (vgl. Abb. 4.**12 a** mit 4.**12 b**):

Schnitt a1

Beginnt man mit den Echos des Pfannenbodens, so trifft der Ultraschall am Pfannenboden kranial auf den Unterrand des Os ilium. Dieses gibt starke Echos. Darunter liegt das Schallloch der Y-Fuge (hyaliner Korpel!). Noch weiter kaudal trifft der Schallstrahl auf das Os ischiadicum. Der Pfannenboden wird daher durch die starken Echos des Os ilium, kaudal davon durch das Schallloch der Y-Fuge und noch weiter kaudal durch die Echos des Os ischiadicum gebildet (Schnitt a1 in Abb. 4.**12 b**). Der Pfannenboden wird durch das lockere Gewebe der Fossa acetabuli zugedeckt. Dieses ist weniger echogen und gibt nur zarte Echos. Sie liegen am Schnittbild vor dem unteren Anteil des Os ilium und vor der Y-Fuge und dem Os ischiadicum. Auf diesem Gewebe liegt lateral noch das Lig. capitis femoris. Dieses wird durch den Schallstrahl ebenfalls getroffen.

Im kaudalen Anteil entsteht bei dieser Schnittführung eine typische dreischichtige Echogenität:

Der Schallstrahl trifft bei frontaler Einstrahlrichtung zuerst auf die starken Echos des Lig. capitis femoris. Anschließend durchdringt er das lockere Bindegewebe des die Fossa acetabuli auskleidenden Gewebes (schwache Echos), bis er auf das Os ischiadicum auftrifft (starke Echos – Schnitt a1 in Abb. 4.**12 b**).

Schnitt b1

Ein anderes Echomuster ist bei der Schnittführung entsprechend Schnitt b1 zu erwarten. Im proximalen Anteil wird der Pfannenboden ebenfalls durch die starken Echos des Os ilium gebildet. Kaudal befindet sich der absteigende Schenkel der Y-Fuge. Dieser Schenkel ist hyalin-knorpelig und entspricht einem „Schallloch", das weit nach distal reicht. Da der Schalllstrahl nun durch keine knöchernen Strukturen aufgehalten wird, durchdringt er den absteigenden Schenkel der Y-Fuge und trifft an seiner Innenseite auf Perichondrium bzw. den M. iliopsoas. Vor dem Schallloch liegt wieder das lockere Fett- und Bindegewebe und weiter lateral wieder das Gewebe des Lig. capitis femoris. Es finden sich auch in diesem Bereich drei Schichten von lateral nach medial:

Lateral das starke Echo des Lig. capitis femoris, anschließend in der Mitte das schwächere Echo der Bindegewebsschicht und medial ein Schallloch unter dem Os ilium. Die Echos, die sich medialwärts an das Schallloch anschließen, gehören bereits der Beckeninnenseite an.

Der Untersucher kann selbst, bei Kenntnis der anatomischen Feindifferenzierung der Fossa acetabuli und der daraus resultierenden Echoschichten, die Zuordnung der Schnittebene im kaudalen Teil der Fossa acetabuli vornehmen.

Vergleicht man aber den Schnitt a1 mit Schnitt b2, so liegen diese Schnitte im kaudalen Anteil eng zusammen und können aufgrund ihrer Echostrukturen in der Fossa acetabuli nicht getrennt werden. Außerdem treten bei großen Hüftkopfkernen die Strukturen des kaudalen Anteiles der Fossa acetabuli in den Schallschatten und werden abgedeckt. Der Unterrand des Os ilium als kranialste Struktur der Fossa acetabuli ist auch bei großen Hüftkopfkernen gerade noch sichtbar, da der Schallstrahl die kranialen Anteile des Hüftkopfkernes immer, im Gegensatz zum Hüftkopfzentrum, noch durchdringen kann. Die Schnitte können durch die differenten Echos der Fossa acetabuli allein nicht immer zugeordnet werden. Der Unterrand des Os ilium muss dargestellt werden, anderenfalls führt der Schnitt nicht durch die Fossa acetabuli und ist somit nicht verwertbar (Vergleiche Abb. 4.**16 a** mit 4.**16 b**).

4.3 Die Brauchbarkeitsprüfung

Ob nun ein Sonogramm zur Beurteilung herangezogen werden kann und ob es den qualitativen Erfordernissen entspricht, entscheidet nach der anatomischen Identifizierung der Echos die so genannte Brauchbarkeitsprüfung. Ein Sonogramm darf prinzipiell nur zur Beurteilung herangezogen werden, wenn das Hüftgelenk in der Standardebene (= Messebene) dargestellt ist. Dies bedeutet, dass folgende Strukturen dargestellt sind:

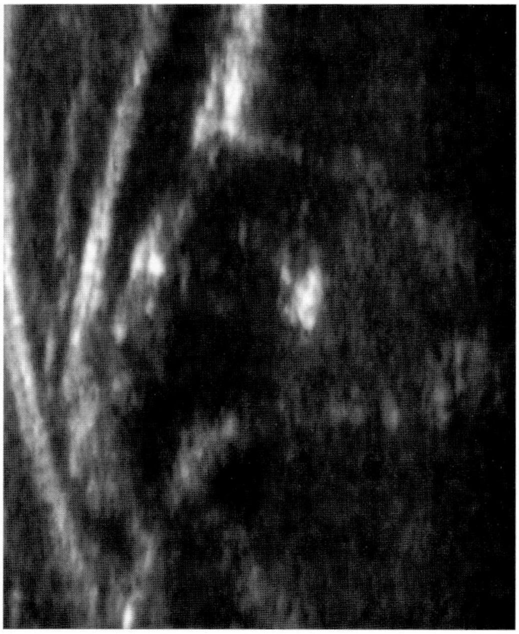

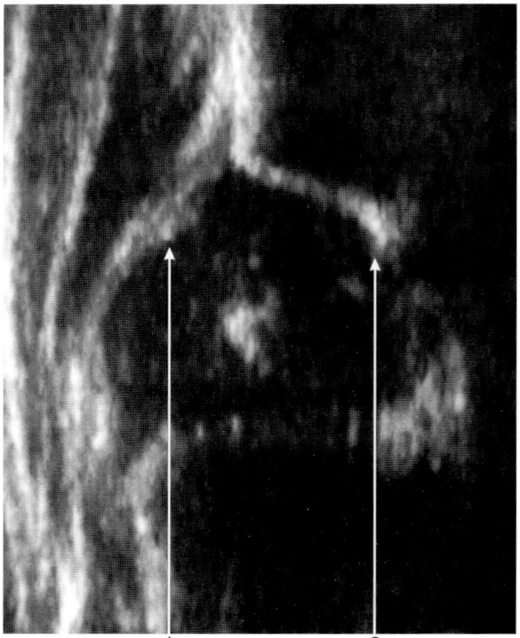

Abb. 4.**16** Der Unterrand des Os ilium muss dargestellt werden, da ansonsten der Schnitt nicht zugeordnet werden kann:
a Der Unterrand des Os ilium fehlt („verflattert").
b Dasselbe Hüftgelenk wie in **a**, der Unterrand des Os ilium ist klar und deutlich abgrenzbar.
1 Labrum acetabulare
2 Unterrand des Os ilium

1. der Unterrand des Os ilium,
2. der mittlere Bereich des knöchernen Pfannendaches,
3. das Labrum acetabulare.

Kurzform: Unterrand – Schnitt – Labrum

Aus den vorher geschilderten Gründen muss diese Reihenfolge unbedingt eingehalten werden. Die Darstellung des Labrum acetabulare bei fehlendem Unterrand oder nicht korrekt eingestelltem Schnittebenenbereich am Pfannendach ist wertlos. Ähnliches gilt für den Schnittebenenbereich am Pfannendach. Sehr oft wird zuerst versucht den korrekten Schnittebenenbereich am Pfannendach einzustellen. Dies ist völlig wertlos, wenn nicht zuvor der Unterrand des Os ilium eindeutig dargestellt ist. Ist dies nämlich nicht der Fall, kann durch Verkippungen eine gerade Darmbeinsilhouette dargestellt werden, die fälschlich den mittleren Pfannendachanteil signalisiert.

Voraussetzung für ein fehlerfreies Einstellen der korrekten, mittleren Pfannendachschnittebene und des Labrum acetabulare ist die Darstellung des Unterrandes des Os ilium. Diese Erkenntnis hat aber auch entscheidende Bedeutung beim sonographischen Untersuchungsvorgang.

Ausnahme

Bei dezentrierten Gelenken, bei denen der Hüftkopf nach proximal dorsal luxiert, ist der Unterrand des Os ilium und der mittlere Pfannendachbereich sehr oft nicht darstellbar, weil der Hüftkopf die Standardebene durch den Dezentrierunsprozess nach proximal dorsal verlassen hat.

4.4 Zusammenfassung des taktischen Vorgehens

(Abb. 4.**17 a–c**)

Vor der Beurteilung des Hüftsonogramms muss daher zuerst eine anatomische Identifizierung durchgeführt werden. Diese muss vor der Brauchbarkeitsprüfung geschehen. Würde die Brauchbarkeitsprüfung zuerst durchgeführt, kann es sein, dass eines der drei bildwichtigen Landmarks falsch identifiziert wird (Unterrand des Os ilium mit Fovea centralis verwechselt, Labrum acetabulare falsch identifiziert) und ein Sonogramm beurteilt wird, das apriori nicht beurteilt werden kann. Aus diesem Grund sollte zuerst immer die anatomische Identifizierung durchgeführt werden:

1. Knorpel-Knochen-Grenze,
2. Hüftkopf,
3. Umschlagfalte,
4. Gelenkkapsel,
5. Labrum (4 Labrumdefinitionen!),
6. Standardsituation (Labrum – Knorpel – Knochen),
7. Erkerdefinition (Konkavität – Konvexität)

Anschließend erfolgt die Brauchbarkeitsprüfung:

1. Unterrand des Os ilium?
2. Schnittebene (mittlerer Pfannendachbereich) korrekt?
3. Labrum acetabulare?

Kurzcheck: Unterrand?
Schnitt?
Labrum?

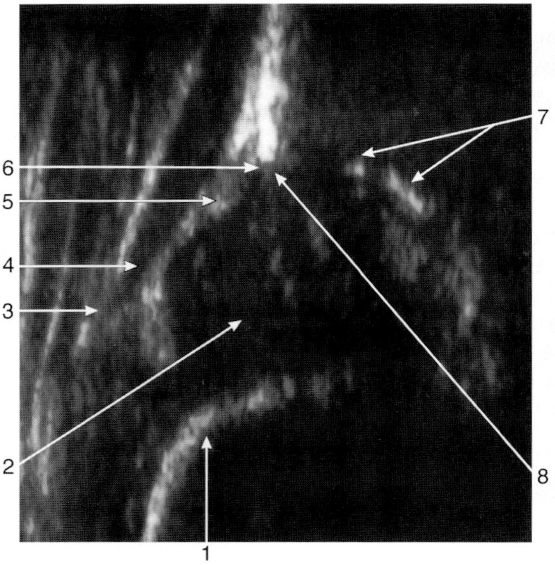

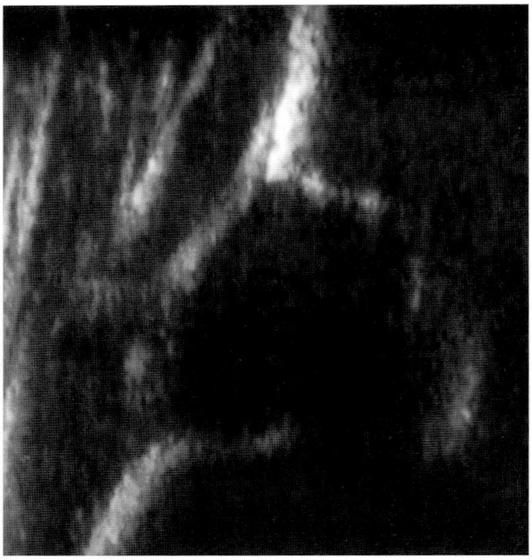

Abb. 4.**17 a–c** Taktisches Vorgehen:

a Anatomische Identifizierung
1 Knorpel-Knochen-Grenze
2 Hüftkopf
3 Umschlagfalte
4 Gelenkkapsel
5 Labrum acetabulare
6 hyalin-knorpelig präformiertes Pfannendach
7 knöcherne Pfanne
8 knöcherner Erker

b Brauchbarkeitsprüfung: Unterrand des Os ilium vorhanden? Schnittebene korrekt? Labrum acetabulare sichtbar?
Im vorliegenden Beispiel ist weder der Unterrand noch die Schnittebene noch das Labrum acetabulare korrekt eingestellt.

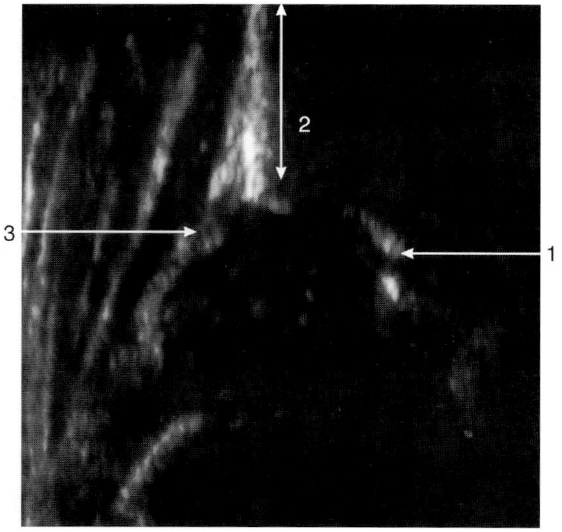

c Dasselbe Hüftgelenk wie in Abb. 4.**17 b**. Das Sonogramm ist korrekt. Der Unterrand des Os ilium (1) ist korrekt dargestellt. Die gestreckte Darmbeinsilhouette (2) und das Labrum acetabulare (3) sind sichtbar.

5 Lagerung und Abtasttechnik

Das Beurteilungssystem für die Säuglingshüfte am Sonogramm ist lageunabhängig. Es ist daher prinzipiell gleichgültig, wie der Säugling gelagert wird. Es hat sich aber bewährt, den Säugling seitlich zu lagern und den Schallstrahl in frontaler Richtung einzustrahlen, wobei der Trochanter major den Ankoppelungspunkt darstellt.

Unter Beachtung gewisser Aufnahmekriterien gelingt es, innerhalb kürzester Zeit ein optimales Hüftsonogramm herzustellen. Der Säugling sollte in der ihm aufgezwungenen Seitenlagerung möglichst bequem, weich und warm gebettet sein. Es wird dadurch gewährleistet, dass er beim Untersuchungsgvorgang möglichst ruhig liegt. Sämtliche Fixationsvorrichtungen, die den Säugling beim Untersuchungsvorgang in einer Zwangshaltung fixieren, haben sich als ungeeignet erwiesen und wurden von uns wieder verlassen. Aus praktischen Gründen untersuchen wir immer zuerst den Säugling sonographisch. Erst nach Beendigung der Sonographie wird die klinische Untersuchung angeschlossen. Bei umgekehrtem Vorgang muss man mit einer erheblichen Unruhe und Irritation des Säuglings bei der sonographischen Untersuchung, bedingt durch die zuvor erfolgte klinische Untersuchung, rechnen.

5.1 Das Problem

Die 3 Landmarks

Das Problem der songraphischen Untersuchung des Gelenkes besteht in der Kleinheit von Os ilium, dem korrekten Pfannendachbereich und dem Labrum acetabulare. Alle drei Punkte müssen gleichzeitig auf das Sonogramm gebannt werden und das bei Strukturen, die sich im Millimeterbereich befinden, wobei sich der Säugling zusätzlich meist noch bewegt!

Die Geschicklichkeit

Die Abtasttechnik muss lehr- und lernbar sein und dies unabhängig von der Geschicklichkeit des Untersuchers. Die Darstellung der 3 Landmarks darf nicht dem Zufall und der Geschicklichkeit überlassen werden. Der Vorteil der empfohlenen hüftsonographischen Untersuchungstechnik ist, dass sie durch Standardisierung bei Einhaltung der Kriterien quasi drillmäßig für jeden lernbar ist.

Der Zeitfaktor

Der Zeitfaktor bei der Untersuchung wird in der Regel unterschätzt. Jedes Kind fängt früher oder später an sich mehr oder weniger zu bewegen, sodass es auch für geschickte Untersucher schwierig wird die 3 Landmarks gleichzeitig darzustellen. Es ist darauf zu achten, dass der Untersuchungsablauf so rasch und zügig wie nur irgendwie möglich durchgeführt wird. Dies schließt aber automatisch bereits die Organisation vor der eigentlichen Untersuchung mit ein. Die Erfahrung hat gezeigt, dass die Kinder meist vor der Untersuchung durch unglückliche Anordnung von

Untersuchungstisch, Ultraschallmaschine und Gel derart irritiert sind, dass an eine erfolgreiche Untersuchung gar nicht mehr zu denken ist. Durch eine spezielle Organisationsform ist es gelungen die Vorbereitungsphase, aber auch den Untersuchungsgang zu standardisieren und abzukürzen, sodass die Kinder nicht unruhig werden. Meistens wird die Bedeutung der Abtasttechnik bzw. der Organisationsablaufs nicht ernst genug genommen. Die beschriebenen Techniken sind lehr- und lernbar und garantieren nahezu eine gute Qualität der Sonogramme, unabhängig von Compliance von Mutter und Kind sowie der Geschicklichkeit des Untersuchers.

5.2 Prinzip der Haltevorrichtung und Lagerung

Die von uns konstruierte und seit Jahren in praxi erprobte Lagerungsvorrichtung funktioniert nach dem so genannten Hängemattenprinzip mit elastischer Einklemmung.* Sie besteht aus zwei weich gepolsterten Randwülsten, die für den Oberkörper und für das Becken eine etwas größere Ausnehmung besitzen als für die Beinchen (Abb. 5.**1 a–d**). Über die Randwülste wird locker eine Windel gelegt, die auf der anderen Seite entweder mittels Klettverschlüssen oder mit einem Gummiband fixiert wird. Auf die durch diese Windel entstehende Hängematte wird der Säugling gelegt. Je nach Größe des Säuglings kann durch den Untersucher die Mulde durch die darüber gelegte Windel vertieft werden (größerer Säugling) oder bei Neugeborenen durch eine weniger tiefe Mulde so gelagert werden, dass die zu untersuchende Hüfte etwas über die Randwülste vorsteht.

Eine luftmatratzenähnliche aufblasbare Lagerungsschale funktioniert nach dem ähnlichen Prinzip und hat sich in der Praxis ebenfalls sehr gut bewährt (siehe auch Kap. 2.2.3 Technische Ausrüstung).

Es empfiehlt sich, die Untersuchung im Stehen und nicht im Sitzen durchzuführen. Zu diesem Zweck eignet sich ein der Größe des Untersuchers angepasstes Tischchen oder ein Säuglingsbettchen, auf das die Lagerungsvorrichtung gelegt oder geklebt wird. Der Untersucher kann so, ohne große Verrenkungen, von der Seite her untersuchen und die Unterarme bequem auf die Randwülste aufstützen. Eine ruhige Führung des Schallkopfes wird dadurch möglich. Bei der seitlichen Lagerung des Säuglings ist nun ebenfalls darauf zu achten, dass die Beinchen auf keinen Fall durch den Untersucher oder im guten Glauben durch die assistierende Mutter durch Zug gestreckt werden. Geschieht dies, kommt es stets zu einer leichten Außenrotation im Bereich der Hüfte. Diese Stellung und die Fixation irritieren nicht nur den Säugling und provozieren ihn zur Unruhe, sondern es rutscht auch der Schallkopf am Trochanter major, der als Ankoppelungspunkt fungiert, nach dorsal oder ventral ab.

Wesentlich günstiger ist es, die vom Säugling in der Regel spontan eingenommene Stellung beizubehalten:

Leichte Innenrotation

Die bei Spontanhaltung leicht angezogenen Beinchen stören den Untersuchungsablauf nicht. Eine leichte Innenrotation dreht den

---

* *Bezugsquelle:* Fa. Galler, Winklern 53, A-8832 Oberwölz; Fa. Popp GmbH, Geuderstr. 12, D-90489 Nürnberg

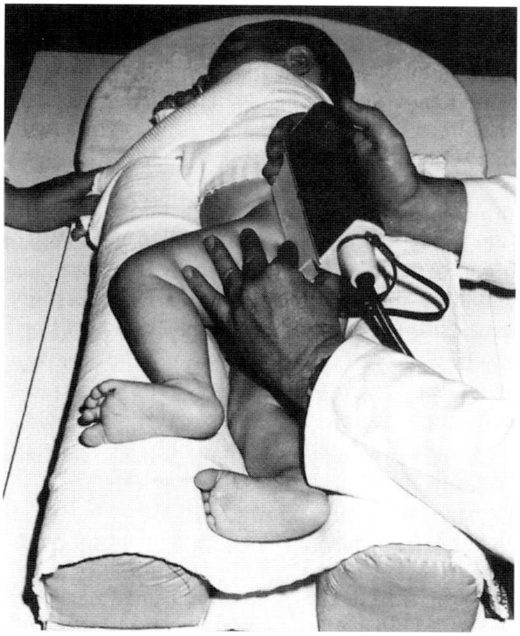

Abb. 5.**1 a** Falsche Lagerung und Abtasttechnik. Das Beinchen rutscht über den Randwulst nach vorne heraus. Der Trochanter major rotiert etwas nach dorsal, dadurch wird der Abtastvorgang schwieriger.

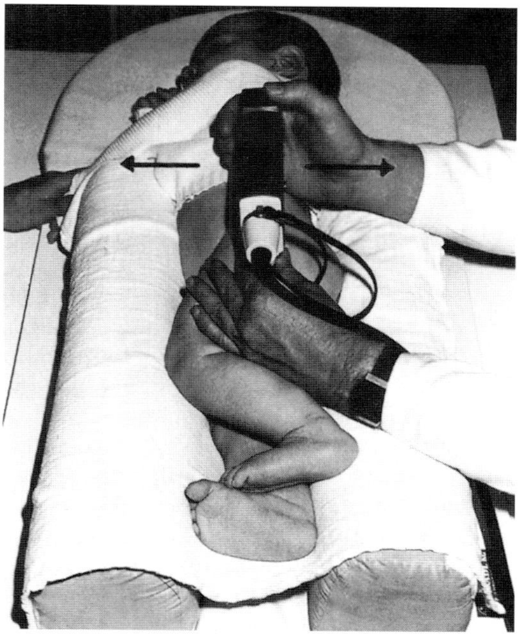

Abb. 5.**1 b** Korrekte Lagerung und Abtasttechnik. Das Beinchen ist leicht nach innen rotiert, das Knie rutscht nicht über den Randwulst heraus. Die Ausgangsstellung mit gerade in sämtlichen Raumrichtungen rechtwinklig aufgesetztem Transducer wird demonstriert. Die Pfeile demonstrieren den „Suchlauf".

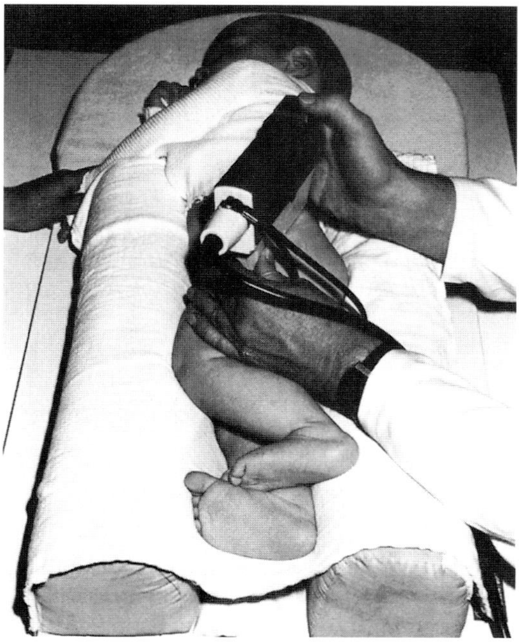

Abb. 5.**1 c** Schnitt über den hinteren Pfannenrand.

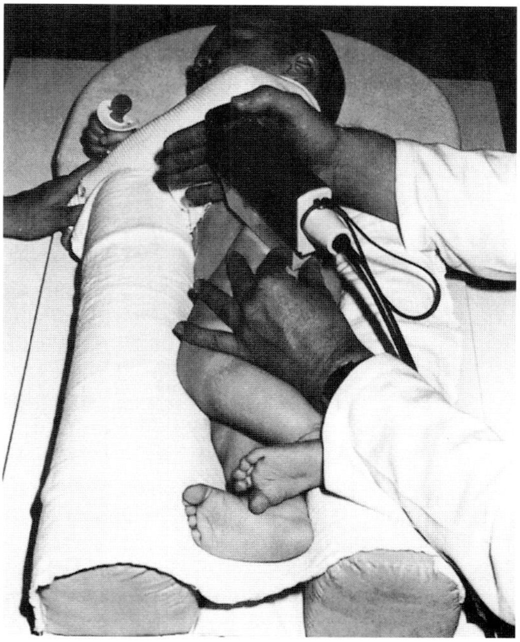

Abb. 5.**1 d** Schnitt über den vorderen Pfannenrand.

Trochanter major von dorsal nach ventral in die Frontalebene, sodass auf der Frontalebene der Trochanter major, der Schenkelhals und das Azetabulum in einer Ebene liegen. Keinesfalls sollte das Kniegelenk über den Randwulst herausragen, denn der Trochanter major rotiert dadurch etwas nach dorsal. Der Abtastvorgang ist dadurch wesentlich schwieriger.

5.3 Organisatorische Vorbereitungen in der Praxis

(Abb. 5.**2**)

Motto: Geschwindigkeit und Präzision ist alles!
Unabhängig von der Abtasttechnik ist der organisatorische Ablauf zur Zeiteinsparung wichtig. Die Untersuchung sollte abgeschlossen sein, bevor das Kind unruhig wird und zu weinen beginnt. Eine standardisierte Untersuchung verlangt eine standardisierte Lagerung!

Wickeltisch

- Vor dem Untersuchungsraum soll ein Wickeltisch oder Ähnliches vorbereitet werden, damit die Mutter in Ruhe und ohne Stress die Windel entfernen und gegebenenfalls das Kind reinigen kann.
- Im Untersuchungsraum ist ein weiterer Wickeltisch vorzubereiten, auf welchem das Kind gegebenenfalls aus einer mitgebrachten Decke gewickelt werden kann oder die lose aufgelegte Windel entfernt wird. Dieser Tisch dient auch nach der sonographischen zur klinischen Untersuchung. Mitgebrachte Körbchen, Untersuchungspapiere, Kleider, Fläschchen etc. werden hier ebenfalls abgelegt.

Lagerungsschale

- Die Lagerungsschale, die eine standardisierte Lagerung und somit einen standardisierten Abtastvorgang erlaubt, liegt auf ei-

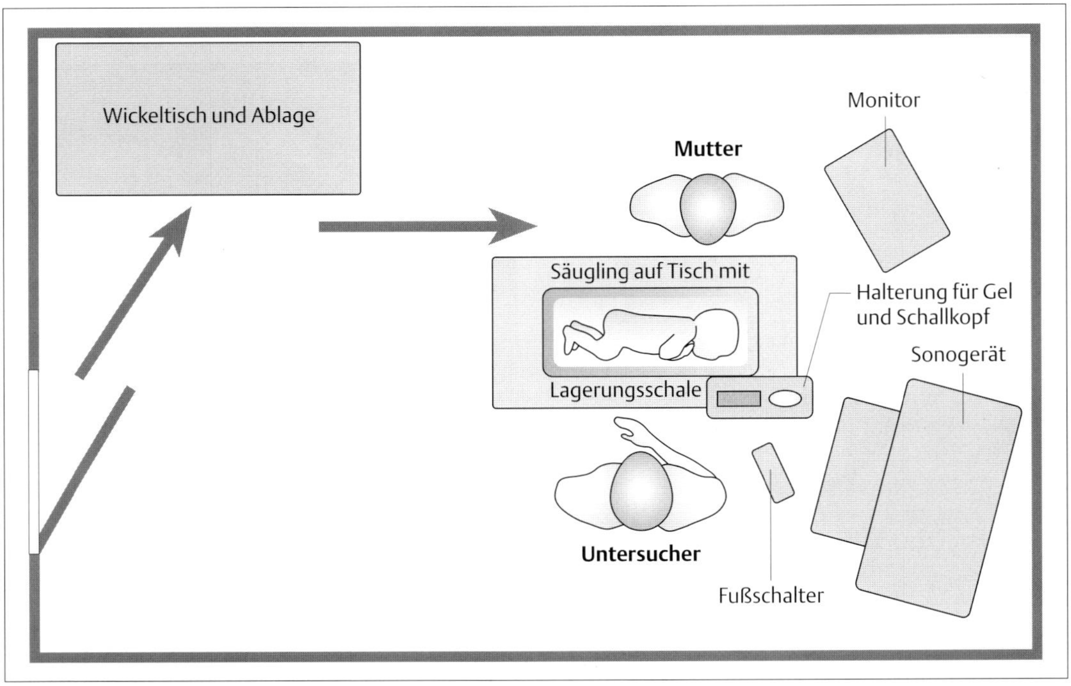

Abb. 5.**2** Organisatorische Vorbereitungen in der Praxis.

nem Tischchen, sodass die Untersuchung im Stehen und nicht im Sitzen erfolgt. Die Tischhöhe sollte so gewählt werden, dass beide Unterarme auf die Randwülste der Lagerungsschale bequem aufgelegt werden können.
- Die rechte Hand des Untersuchers ist in der Nähe des Kindeskopfes, die Mutter steht dem Untersucher gegenüber auf der anderen Seite des Untersuchungstisches.
- Das Ultraschallgerät steht zur rechten Hand des Untersuchers.

Leitung und Führung der Mutter

Mutter bzw. Begleitpersonen sind oft aufgeregt. Klare Anweisungen helfen das organisatorische Chaos zu vermindern und strahlen Ruhe und Vertrauen aus. Die nun folgenden Empfehlungen und Verhaltensweisen mögen mehr als banal scheinen, haben sich aber langsam über viele Jahre „entwickelt" und hervorragend bewährt.

- Alle Personendaten sind bereits in das Gerät eingegeben, bevor die Mutter mit Kind den Untersuchungsraum betritt.
- Der Untersucher steht beim Untersuchungstisch, begrüßt die eintretende Mutter. „Grüß Gott, Frau Maier." (Die Mutter hat oft keine Hand frei und ist gezwungen, ihr Baby in unangenehme Positionen zu bringen, um den Arzt die Hand zu geben, daher sollte man sich aufs Begrüßungswort beschränken.)
- Der Untersucher weist auf den bereitgestellten Wickeltisch mit der Anweisung: „Legen Sie bitte Ihr Kind auf den Tisch und entfernen Sie die Windeln bzw. legen Sie Ihre Tasche ab."
- Der Untersucher weist auf die gegenüberliegende Seite des Tisches mit der Aufforderung: „Kommen Sie bitte hierher und geben Sie mir Ihr Kind."
- Der Untersucher nimmt der Mutter das Kind ab, legt es seitlich in die Lagerungsschale mit der rechten Seite nach oben, sodass das rechte Hüftgelenk zuerst untersucht werden kann. Die Mutter sollte ihr Kind nicht selbst in die Schale legen, da meist die Position falsch ist. Das Zurechtdrehen irritiert den Säugling. Es sollte mit dem rechten Hüftgelenk begonnen werden, da dadurch die Blickrichtung des Kindes auf den Monitor fällt und es dadurch etwas abgelenkt wird.
- Anweisung an die Mutter: „Legen Sie bitte Ihre Hand auf die Schulter des Kindes."

Man achtet darauf, dass diese Anweisungen direkt befolgt werden und die Mutter nicht sofort ihr Kind dem Untersucher übergibt. Wenn das Kind der Mutter abgenommen wird, tritt die Mutter gern etwas verunsichert einen Schritt von der Lagerungsschale zurück. Wichtig ist, dass die Mutter die Schulter des Kindes hält und nicht die Handgelenke umgreift und somit fixiert (Abb. **5.3 a**). Ältere Kinder werden durch die Einengung ihrer Bewegungsfreiheit zu Abwehrreaktionen provoziert. Die Lagerung erfolgt in Spontanhaltung, d.h. mit leicht angezogenen Beinchen. Auf keinen Fall sollte die Mutter oder der Untersucher an den Beinchen ziehen und sie strecken. Dies würde nur zu Abwehrreaktionen führen.

5.4 Der Abtastvorgang

5.4.1 Rechtes Hüftgelenk

Schritte

1. Schritt: Die linke Hand ergreift das rechte Beinchen und rotiert dieses leicht nach innen, sodass das Kniegelenk in der Halteschale liegt und nicht über die Randwülste hinausragt.

2. Schritt: Die rechte Hand greift nach dem Gel, trägt dieses direkt auf die Haut auf, legt die Geltube in die Ablagevorrichtung zurück, nimmt den Schallkopf und setzt diesen auf das Hüftgelenk auf.

3. Schritt: *Schallkopfhaltung*: Parallel und senkrecht zur Lagerungsschale auf das Hüftgelenk aufgesetzt (nicht in Richtung der Wirbelsäule!, nicht verkippt!) (Abb. 5.**3 b**).

Fingerstellung: Daumen vorn, gestreckter Mittel- und Zeigefinger hinter dem Schallkopf. Der Mittelfinger berührt nicht nur den Schallkopf, sondern liegt auch auf der Haut auf (die Finger sollen nicht flektiert werden, da sonst der Fingernagel die Haut berührt und Abwehrreaktionen provoziert werden!) (Abb. 5.**4**).

4. Schritt: Beide Hände auf den Randwülsten der Lagerungsschale abgestützt (Achtung auf den rechten Unterarm. Er sollte unbedingt ebenfalls auf den Randwülsten der Schale aufliegen).

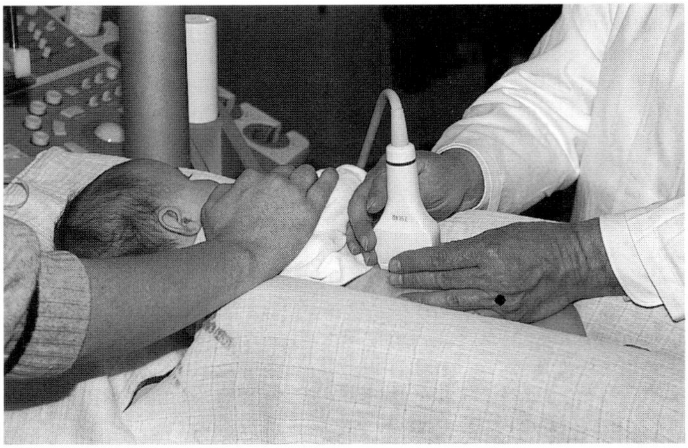

Abb. 5.**3 a** Das Kind liegt in der Lagerungsschale, der Schallkopf wird senkrecht gehalten. Die Hand der Mutter liegt korrekt auf der Schulter des Kindes.

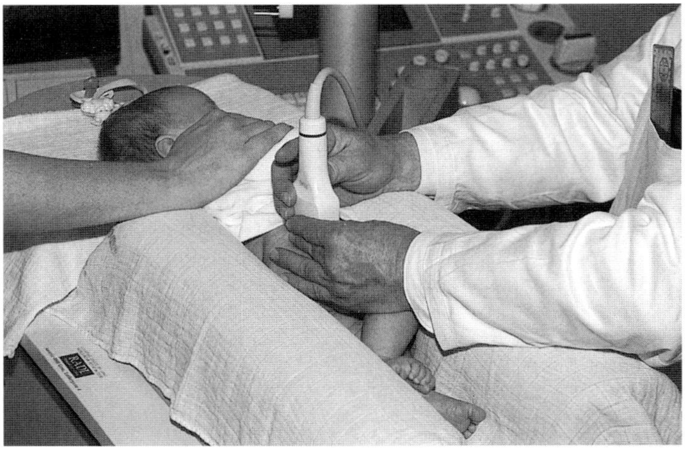

Abb. 5.**3 b** Der Schallkopf ist parallel und senkrecht zur Lagerungsschale auf das Hüftgelenk aufgesetzt, die Finger liegen korrekt (gestreckt) auf, Mittel- und Zeigefinger führen den Transducer.

Check-up, bevor der Blick des Untersuchers auf den Monitor gerichtet wird!

Wichtiger Hinweis

Bevor dies geschieht, sollte unbedingt unter Augenkontrolle die Stellung der Finger des Transducers und der Hand überprüft werden.

Check-up

Finger: Daumen vorn, Mittel- und Zeigefinger hinter dem Schallkopf, sodass dieser klammerförmig umgriffen wird. Finger gestreckt, Mittelfinger berührt Transducer und Kind.
Transducer: senkrecht und parallel zur Lagerungsschale.
Hand: beide Unterarme auf dem Randwulst der Lagerungsschale abgestützt.

Bildgewinnung

1. Schritt: Der Transducer wird aus der oben beschriebenen Grundstellung heraus parallel nach dorsal und ventral verschoben, um das Hüftgelenk als rundes Gebilde darzustellen. Der Blick des Untersuchers ist auf den Monitor gerichtet.
Bewegung: *vor – zurück – vor – zurück!* (Abb. 5.**5 a/b**)

2. Schritt: Sobald das Hüftgelenk als Ganzes erfasst wird, konzentriert man sich auf den Unterrand des Os ilium. Da dieser sehr klein ist, erfolgen die parallel verschiebenden Bewegungen ebenfalls kleiner. Sobald der Unterrand des Os ilium herausgearbeitet ist, wird das Sonogramm sofort eingefroren!
Bewegung: *kleiner – kleiner – kleiner – stopp.*
Hauptbewegung zum Aufsuchen des Unterrands des Os ilium:

> *Vor – zurück – vor – zurück, kleiner – kleiner – kleiner – stopp:*
> „wo ist das Gelenk?“, „wo ist der Unterrand?“

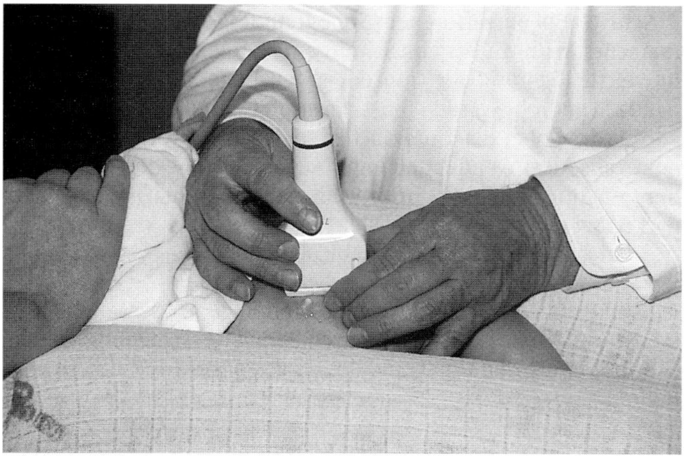

Abb. 5.**4** Falsche Hand- und Transducerstellung: Die Finger der linken Hand sind flektiert, der Fingernagel irritiert den Säugling durch Druck auf die Haut, der Schallkopf ist verkippt aufgesetzt.

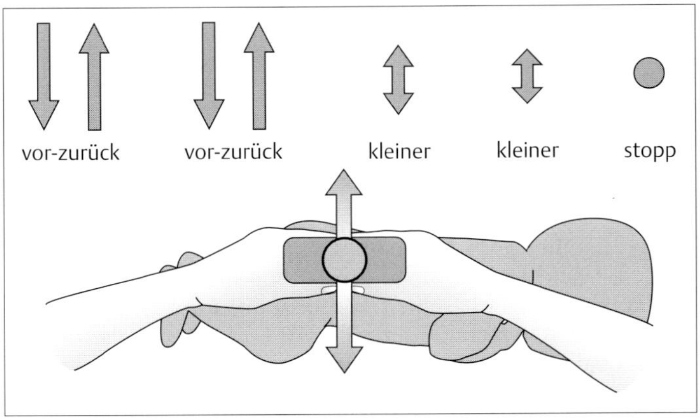

Abb. 5.**5 a** Schemazeichnung des Abtastvorgangs mit Blick von oben: Der Transducer wird mit beiden Händen gehalten und beim ersten Untersuchungsschritt parallel vor- und zurückverschoben (Aufsuchen des Gelenkes). Im zweiten Untersuchungsschritt erfolgt durch kleiner werdende Bewegungen die Zentrierung des Transducers über dem Unterrand des Os ilium.

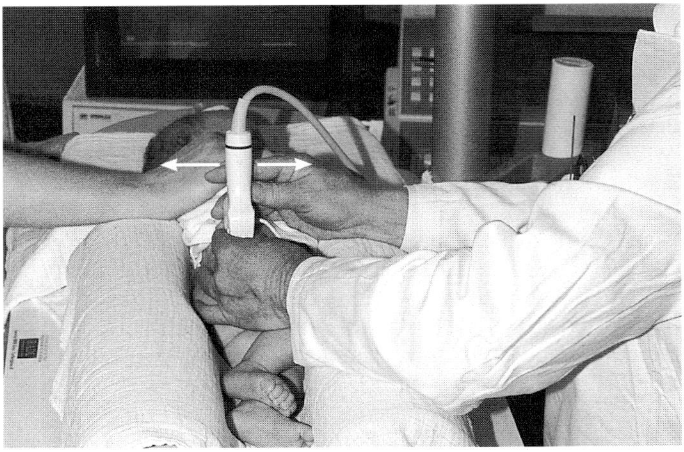

Abb. 5.**5 b** Durch Vor- und Rückbewegungen wird der Unterrand des Os ilium dargestellt und das Sonogramm unabhängig von der Schnittebene eingefroren. Der Bewegungsablauf ist schematisch durch Pfeile markiert.

3. Schritt: Bei eingefrorenem Sonogramm orientiert sich der Untersucher in Ruhe über den Schnitt am Pfannendach und überlegt, in welche Richtung der Transducer gegebenenfalls nun am Pfannendach gedreht werden muss. Es erfolgt nun die Schnittebenenkorrektur, wobei der Untersucher seinen Blick vom Monitor auf den Transducer wendet und unter Augenkontrolle den Transducer ohne zu kippen in die richtige Schnittebene dreht. Der Schallkopf darf dabei nicht verkippt werden.

Stichwort: **Nachdrehen** (Abb. 5.**6 a/b**).

4. Schritt: Der Untersucher wendet den Blick wieder vom Schallkopf zum Monitor und sucht durch Parallelverschiebung wie bei Schritt 1 und 2 den Unterrand des Os ilium und friert diesen wieder ein.

5. Schritt: Sobald der Unterrand des Os ilium eingefroren ist, wird die Schnittebene neuerlich überprüft. Ist die Schnittebene korrekt, ist meist der Untersuchungsvorgang bereits beendet, da das Labrum acetabulare bei dieser Abtasttechnik spontan eingestellt wird. Ist die Schnittebene nicht getroffen, erfolgt ein nochmaliges Nachjustieren (Nachdrehen!), und der Unterrand wird wieder durch Parallelverschieben dargestellt.

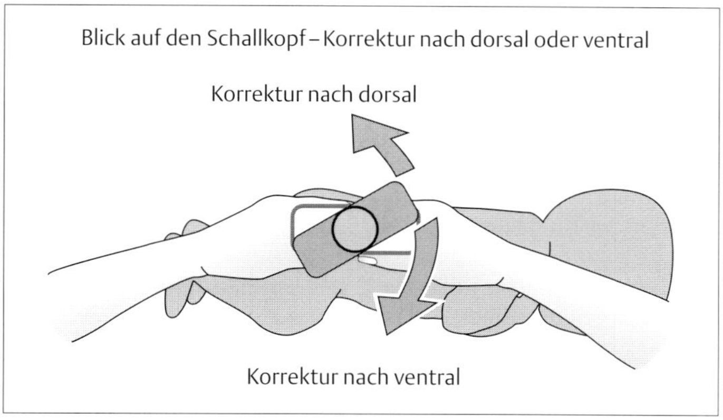

Abb. 5.**6 a** Dritter Untersuchungsschritt: Die Schnittebenenkorrektur: unter Augenkontrolle wird um die Mittelachse des Schallkopfes durch Drehung die Schnittebene korrigiert.

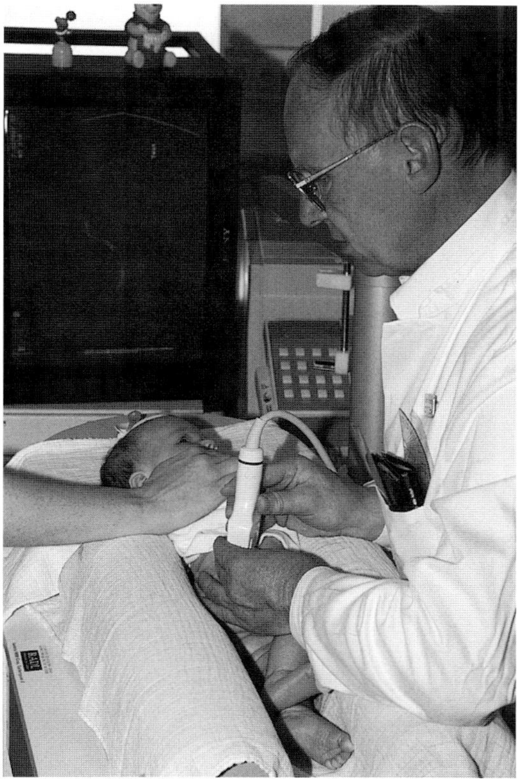

Abb. 5.**6 b** Die Korrektur der Schnittebene erfolgt unter Augenkontrolle, um den Transducer beim Rotieren nicht zu verkippen.

Merksatz für die Abtasttechnik

vor – zurück – vor – zurück, kleiner – kleiner – kleiner – stopp, nachdrehen vor – zurück – vor – zurück, kleiner – kleiner – kleiner – stopp.

! Bei der Schnittebenenkorrektur („Nachdrehen“) muss unbedingt auf den Schallkopf geblickt werden, um ein unbeabsichtigtes Verkippen zu vermeiden.

5.4.2 Linkes Hüftgelenk

Nach der Untersuchung des rechten Hüftgelenkes wird vom Untersucher das Kind in der Schale umgedreht: die linke Hand des Untersuchers umfasst in Pronationsstellung die Sprunggelenke des Kindes, die rechte Hand zieht vorsichtig am linken Ärmchen. Dadurch entsteht eine Rotationsbewegung, sodass das Kind in der Schale selbst, ohne es herausheben zu müssen, umgedreht werden kann. Die Hand der Mutter wird sofort wieder auf die linke Schulter des Kindes gelegt (Abb. 5.**7 a/b**).

Bildgewinnung

1. Schritt: Die flache linke Hand des Untersuchers wird auf das linke Hüftgelenk gelegt, sodass zwischen Daumen und Zeigefinger der Trochanter spürbar ist. Der Unterarm des Untersuchers liegt locker auf dem Beinchen des Kindes, dadurch wird das Herausschlüpfen des Beinchens verhindert und Letzteres kann leicht nach innen rotiert werden (Abb. 5.**7 b**).

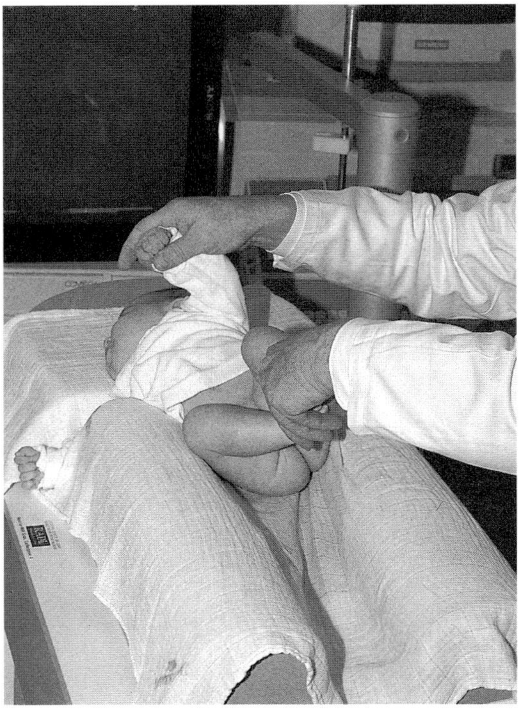

Abb. 5.**7 a** Umlagerung des Kindes von der rechten auf die linke Seite durch den Untersucher. Unter vorsichtigem Zug an den Beinchen und am linken Ärmchen gelingt die Drehung des Kindes, ohne es aus der Schale herauszuheben.

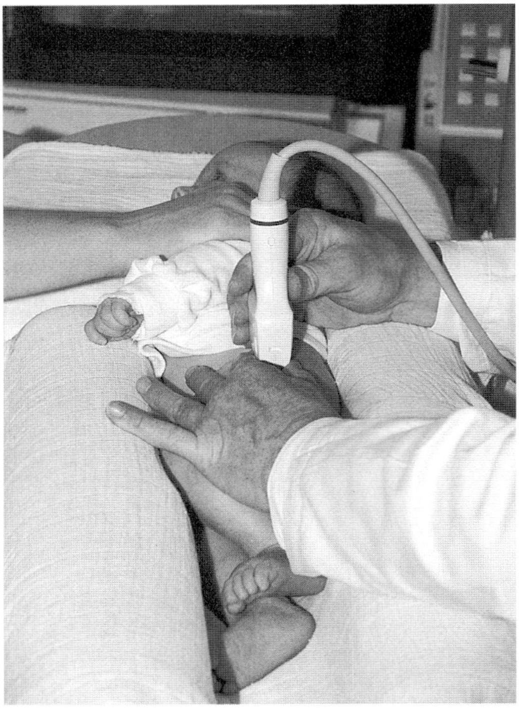

Abb. 5.**7 b** Ausgangsstellung für die Untersuchung des linken Hüftgelenkes. Eingrenzung des Untersuchungsgebiets durch Umfassen des Trochanters mit Daumen und Zeigefinger und korrektes verkippungsfreies Aufsetzen des Transducers. Gleichzeitig erfolgt mit der linken Hand eine leichte Innenrotation bzw. es wird das Herausschlüpfen des Beinchens aus der Lagerungsschale verhindert. Die Mutter fixiert mit der flachen Hand die Schulter des Kindes.

2. Schritt: Der Transducer wird – wie beim rechten Hüftgelenk – diesmal allerdings nur zwischen Daumen und Zeigefinger gefasst. Der Transducer steht wiederum senkrecht und parallel zu den Randwülsten der Lagerungsschale.
3. Schritt: vor – zurück – vor – zurück, usw. (Aufsuchen des Unterrandes); nachdrehen; vor – zurück – vor – zurück usw., stopp.

5.5 Fehler in der Abtasttechnik und deren Vermeidung

5.5.1 Organisatorische und lagerungsbedingte Schwachstellen

Organisatorisch

- Keinen Wickeltisch vorbereiten, die Untersuchung wird im Sitzen durchgeführt. **Folge:** das Kind wird beim Ausziehen beunruhigt, Zeitverlust, bis Untersucher und Mutter platziert sind, der Untersucher sitzt auf der falschen Seite.
- Der Untersucher geht von der falschen Seite an den Untersuchungstisch heran (die rechte und die linke Untersuchungshand haben verschiedene Aufgaben – die geschicktere rechte Hand übernimmt die Transducerführung!).
- Die Mutter hat keine Gelegenheit, in Ruhe bereits vor dem Untersuchungsraum ihr Kind zu reinigen. (Wird das Kind erst im Untersuchungsraum ausgezogen, wird es unruhig.)
- Füttern des Kindes während der Untersuchung (dies zeugt nur von mangelnder Abtasttechnik). Wenn schon eine Beruhigung des Kindes erreicht werden soll, so sollte das Füttern in angemessenem Abstand vor der Untersuchung durchgeführt werden.
- Das Gel wird angewärmt (der Säugling wird nicht durch das Gel – Zimmertemperatur! – beunruhigt, sondern durch falsche Lagerung und Abtasttechnik verärgert). (Selbstkritik erforderlich!) Wenn schon das Gel angewärmt wird, sollte auf die Konsistenz geachtet werden.

Handling

- Die Beinchen werden gestreckt, das Kind wird an den Handgelenken fixiert (das Kind wird dadurch zu Abwehrreaktionen provoziert).
- Der Transducer wird verkippt in Richtung der Wirbelsäule aufgesetzt, die Finger sind nicht gestreckt, sondern flektiert (der schräge Schallstrahl produziert schlechte Reflexionsverhältnisse. Flektierte Finger provozieren das Baby durch falsche Druckverteilung zu Abwehrreaktionen (Abb. 5.**8 b**).
- Es wird versucht, durch Dreh- und Kippbewegungen den Unterrand des Os ilium darzustellen („Pinseln") (der Unterrand kann nicht klar von den umgebenden Geweben durch diese Abtasttechnik abgegrenzt werden).
- Die Schnittebenenkorrektur wird durch unkontrollierte Dreh- und Kippbewegungen mit Blick auf den Monitor versucht (dadurch geht meist der Unterrand des Os ilium verloren).
- Die Handhaltung für die rechte und die linke Hüfte wird verwechselt (koordinierte Abtastbewegungen werden dadurch unmöglich).

5.5.2 Kippfehler

Es ist auffallend, dass auch bei Einhaltung der Kriterien der Standardebene mit Darstellung der 3 essenziellen Landmarks an ein und demselben Hüftgelenk die Darstellung des Gelenkes in Abhängigkeit von der Schallkopfposition verschieden ist.

Dieses Phänomen ist nicht nur bei Sektorscannern zu beobachten und hängt nicht nur mit der Inter- und Intra „observer"-

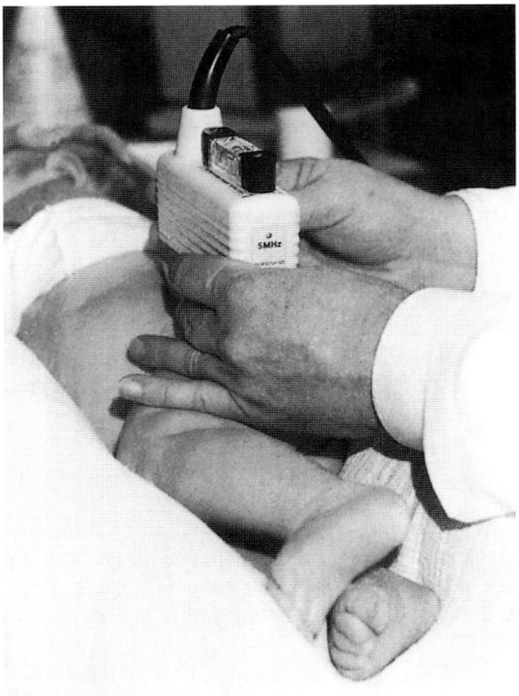

Abb. 5.**8 a** Falsche Handstellung: Bei Unruhe des Säuglings wird reflektorisch das Kind niedergedrückt. Durch den Handkantendruck wird der Säugling irritiert.

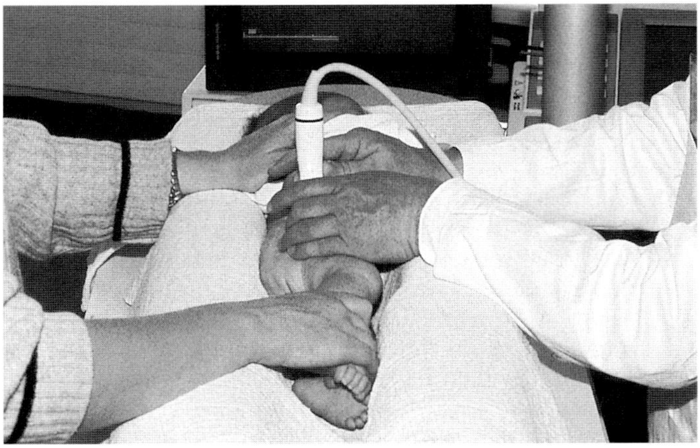

Abb. 5.**8 b** Falscher Abtastvorgang. Die Mutter zieht am Beinchen, streckt dadurch das Hüftgelenk, dies führt durch Schmerzreaktion zur Abwehrreaktion des Säuglings. Außerdem wird die leichte Innenrotation im Hüftgelenk durch die Streckung aufgehoben. Der Untersuchungsvorgang wird erschwert.

Varianz (Weitzel 1997) zusammen, sondern kann auch mit Linearschallköpfen provoziert werden.

Aufgrund von Kippungen des Schallkopfes und konsekutiven schrägen Einstrahlrichtungen des Ultraschalls in das Hüftgelenk kommt es durch verschiedene Laufgeschwindigkeiten im Gewebe zu typischen Verzerrungen des Bildes. Ähnliche oder noch viel schwerwiegendere Probleme ergeben sich beim Sektorscan.

Kippung in ventrodorsaler Richtung

Bei dieser Einstrahlrichtung wird zwar ein hüftähnliches Sonogramm erstellt, eine korrekte Beurteilung des Erkers ist durch die Verbreiterung des Perichondriums und des Os ilium kaum möglich. Gleichzeitig kann der Unterrand des Os ilium nicht scharf dargestellt werden. Ein korrektes Einzeichnen der Grundlinie ist nicht mehr möglich (Abb. 5.**9 a–c**).

Kippung in dorsoventraler Richtung

Bei dieser Einstrahlrichtung wird eine scheinbar dorsale Schnittebene dargestellt (Abb. 5.**10 a/b**). Zur Verwunderung der Untersucher verschwindet diese scheinbar dorsale Schnittebene auch dann nicht, wenn der Schallkopf am Pfannendach weiter nach ventral gedreht wird. Da sich die Krümmung der Os-ilium-Kontur in diesem Fall nicht ändert, wird schließlich eines dieser Bilder verwertet, weil sich eben keine bessere Schnittebene einstellen lässt. Fälschlicherweise nimmt der Untersucher an, dass hier eine Normvariante mit der typischen rabenschnabelartigen Ausziehung des Erkers (die es ja auch gibt) vorliegt.

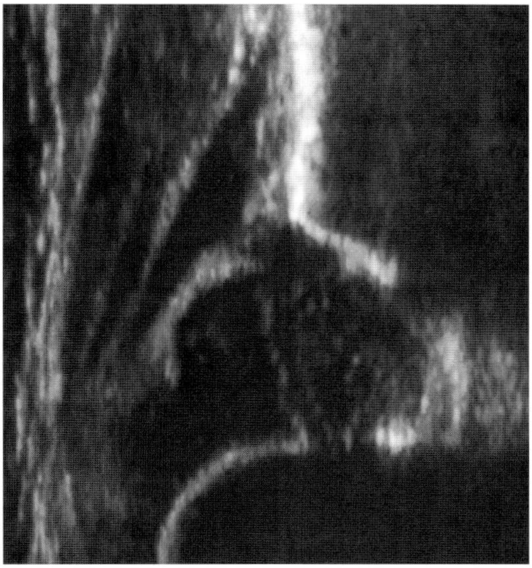

a

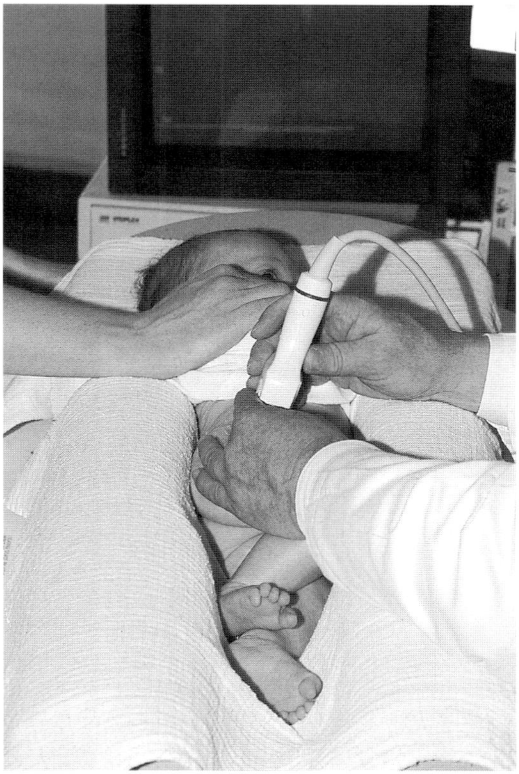

b

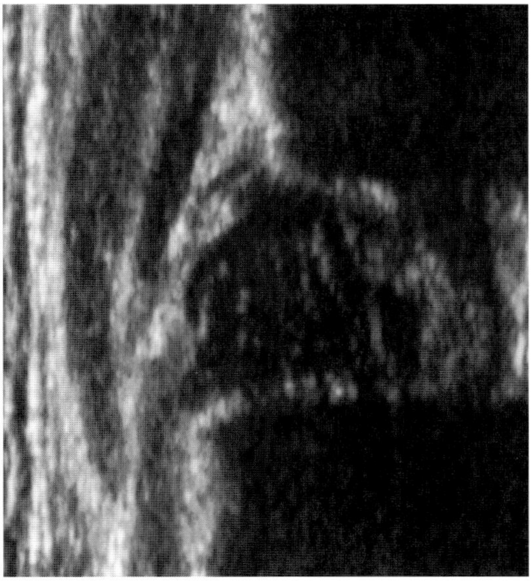

c

Abb. 5.**9 a–c** Kippung in ventrodorsaler Richtung.
a Korrektes Sonogramm noch ohne Kippfehler.
b Kippung des Schallkopfes in ventrodorsaler Richtung.
c Sonogramm mit ventrodorsaler Verkippung, erkennbar an der Verbreiterung des proximalen Perichondriums und relativer Unschärfe der Darmbeinsilhouette. Zum Vergleich siehe das korrekte Sonogramm in Abb. 5.**9 a**.

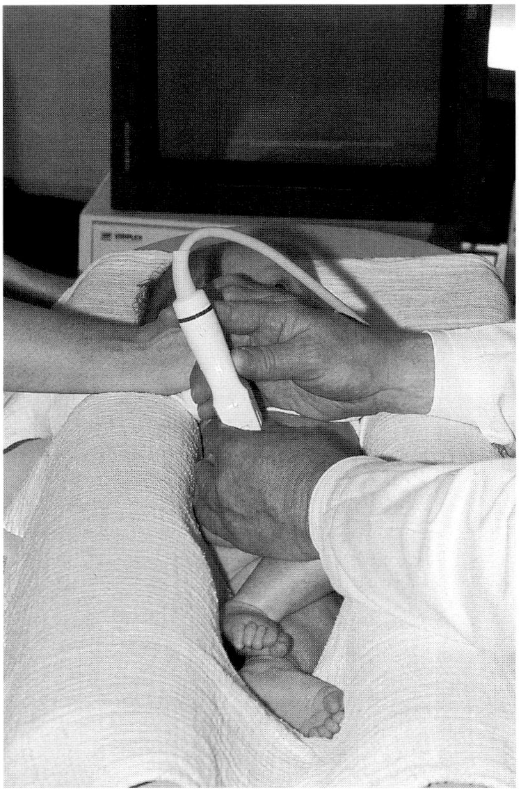

a

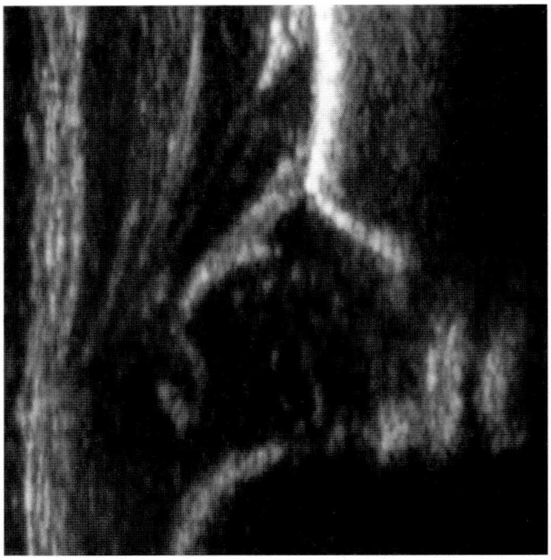

b

Abb. 5.**10 a** Kippung in dorsoventraler Richtung.

Abb. 5.**10 b** Sonogramm mit dorsoventralem Strahlengang. Die Verkippung ist an der muldenförmigen Darmbeinsilhouette, entsprechend dem dorsalen Schnitt, zu erkennen. Vergleiche korrektes Sonogramm in Abb. 5.**9 a**.

Kippung in kraniokaudaler Richtung

Bei dieser Einstrahlrichtung kann der Unterrand des Os ilium nicht scharf dargestellt werden. Meist kommt es zu unscharfer ausgefranster Echogebung, der Unterrand „verflattert" oder fehlt überhaupt Abb.5.**11 a/b**).

Kippung in kaudokranialer Richtung

Dies ist wohl der schwerwiegendste aller Fehler. Man könnte diesen Fehler auch als Summationsfehler bezeichnen (Abb. 5.**12 a/b**).

1. Durch kaudokraniale Schallkopfkippung wird der mittlere Pfannendachbereich als scheinbar dorsale Schnittebene dargestellt. Wird jetzt durch Schallkopfdrehung nach ventral versucht, den scheinbaren mittleren Pfannendachbereich dazustellen, so ist man anatomisch gesehen im ventralen Pfannendachbereich.
2. Durch die verschiedenen Schalllaufgeschwindigkeiten am Hüftgelenk und der schrägen Einstrahlung der Schallwellen kommt es zu vermehrter Beugung und Brechung.

Diese Summationsfehler können zur Darstellung je nach Verkippung (5°, 10°, 20°) von scheinbar pathologischen oder dezentrierten Hüften führen.

Beruhigend ist in diesem Zusammenhang folgender Grundsatz: Man kann zwar keine kranke Hüfte gesund schallen, jedoch sehr wohl eine gesunde Hüfte krank schallen.

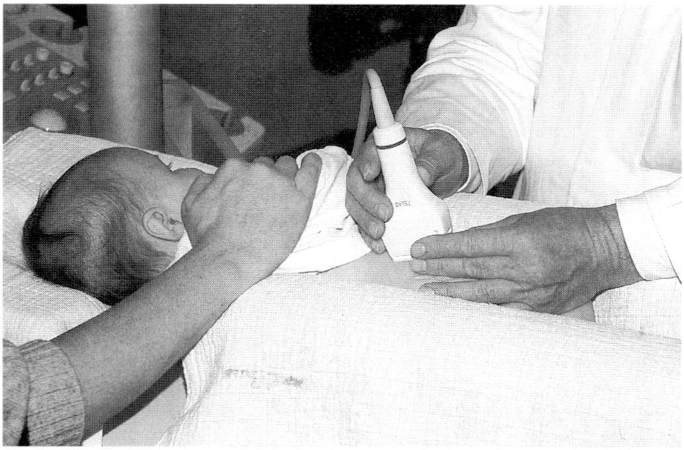

Abb. 5.**11 a** Kippung des Schallkopfes in kraniokaudaler Richtung.

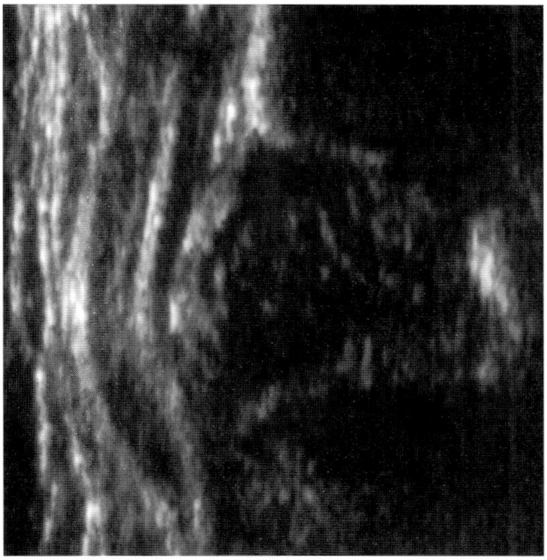

Abb. 5.**11 b** Sonogramm mit kraniokaudaler Einstrahlrichtung. Der Unterrand des Os ilium kann nicht mehr exakt dargestellt werden. Zum Vergleich das korrekte Sonogramm in Abb. 5.**9 a**.

5.5.3 Vermeidung von Handling- und Kippfehlern

Der Abtastvorgang ist auf wenige Bewegungsrichtungen beschränkt. Grundprinzip ist ein zur Körperachse möglichst senkrecht einfallender Schallstrahl. Zum Aufsuchen des Unterrandes des Os ilium genügen somit Parallelverschiebungen der Frontalebene („vor – zurück"). Nach Auffinden des Unterrandes des Os ilium folgt die Nachjustierung der Schnittebene am Pfannendach mittels einer Rotationsbewegung („nachdrehen"). Alle anderen frei wählbaren Einstrahlrichtungen, die aber konsekutiv zu erheblichen Kippfehlern führen können, sollten vermieden werden. Es ist daher naheliegend, eine Schallkopfführungsapparatur zu verwenden, die nur die gewünschten Bewegungen zulässt und alle anderen Bewegungsrichtungen blockiert.

Die neu entwickelte und bereits in der Praxis hervorragend bewährte Schallkopfführungsapparatur (Pat. angem.) besteht aus einem Stativ mit beweglichem Führungsarm, der mit Spezialgelenken extrem leichtgängig ist. Mit einer speziellen individuell anpassbaren Klemmvorrichtung können verschieden große

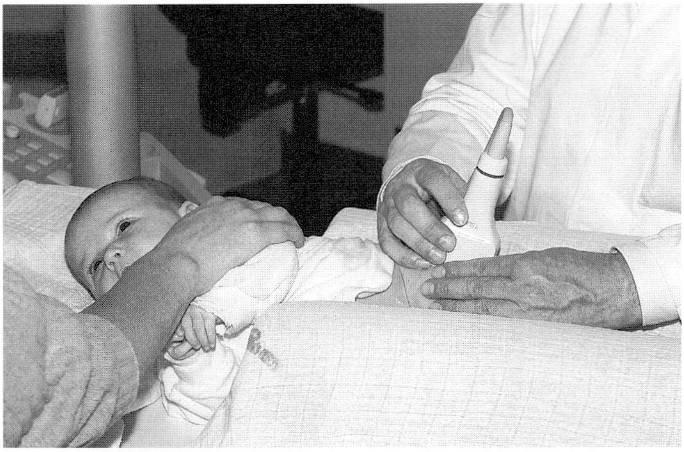

Abb. 5.**12 a** Verkippung des Schallkopfes mit kaudokranialer Einstrahlrichtung.

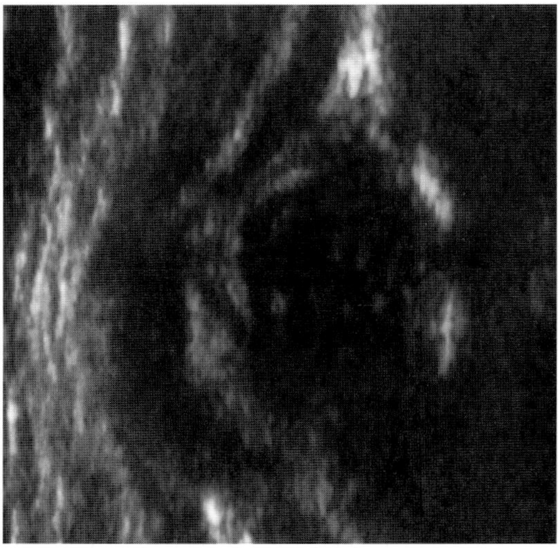

Abb. 5.**12 b** Sonogramm mit kaudokranialer Einstrahlrichtung, durch Laufzeitdifferenzen, Beugungen und Brechungen kommt es zur Bildverzerrung. Die kaudokraniale Einstrahlrichtung ist durch das Fehlen der Knorpel-Knochen-Grenze erkennbar. Zum Vergleich: korrektes Sonogramm in Abb. 5.**9 a**.

Schallköpfe von verschiedenen Herstellern fixiert werden. Bei Verwendung der Führungsapparatur zwingt diese den Untersucher die standardisierte schrittweise Untersuchungstechnik auf und vermeidet dadurch Kippfehler. Der Untersuchungsvorgang wird somit vom Geschick des Untersuchers unabhängig und garantiert nahezu verkippungs- und verzeichnungsfreie Sonogramme innerhalb kürzester Zeit.

6 Messtechnik und Messfehler

Zum Problem

Im Gegensatz zu den bisher gewohnten Röntgenbildern, bei denen die Messlinien an scharfen Konturen angelegt werden können, existieren im Sonogramm diese scharfen Konturen nicht. Wie nun die Erfahrung zeigt, werden immer wieder beim Anlegen der sonographischen Messlinien Fehler gemacht. Im folgenden Abschnitt soll daher auf Messtechnik und auf Messfehler besonders eingegangen werden. Prinzipiell muss festgestellt werden, dass die sonographischen Messlinien an unscharfen Echolinien des Sonogramms nur mit bedingter Genauigkeit angelegt werden können (Niethard u. Rössler 1987). Das Winkelmesssystem ist ein artifizielles Messsystem, d. h., die Messlinien sind sehr wohl im Sonogramm anzulegen, können aber nicht ohne weiteres auf einen histologischen Flachschnitt übertragen werden. Das vorgestellte Winkelmesssystem ist nur eines von vielen von uns getesteten Systemen. Es hat sich in der täglichen Praxis allen anderen als überlegen erwiesen, ohne Anspruch auf Perfektion. Der Versuch, weitere über den Knochenwinkel Alpha und Knorpelwinkel Beta hinausgehende Winkel oder Quotienten (Harcke, Terjesen, Suzuki) einzuführen (Zieger et al. 1987), konnte die Präzision des bisherigen Messsystems nicht verbessern. Die Vorteile des Winkelmesssystems bestehen darin, dass gleichgültig ob große oder kleine Hüftgelenke vermessen werden, die Pfannendachproportionen und das Verhältnis von Knorpel zu Knorpeldach gleichbleibend sind. Die biomechanischen Verhältnisse sind identisch, gleichgültig ob ein großes oder ein kleines Hüftgelenk vorliegt. Die Kenntnis und das Vermeiden von unnötigen Messfehlern können die Präzision der Messtechnik wesentlich erhöhen.

Knochenwinkel Alpha
Knorpelwinkel Beta

Die Definitionen der Messlinien wurden der sonographischen Praxis angepasst und entsprechen nicht denen aus der Mathematik üblichen Definitionen einer Strecke oder Linie. Die durch die Linien bestehenden 2 Winkel charakterisieren als Knochenwinkel Alpha die Ausformung der knöchernen Pfanne, als Knorpelwinkel Beta die Ausformung des knorpeligen Pfannendaches. Mit beiden Winkeln, die in gewissen Relationen zueinander stehen, lässt sich somit die Gesamtpfanne im knöchernen und knorpeligen Anteil mit ausreichender Genauigkeit einem Typ zuordnen. Das Messsystem mit Alpha- und Betawinkeln hat den Vorteil, lage- und projektionsunabhängig zu sein. Es ist nicht an die Position des Hüftkopfes gebunden, es ist somit unabhängig von der Position des Beinchens. Es ist auch unabhängig vom Vorhandensein eines Hüftkopfkerns. Andere Messsysteme mit Faktoren, Quotienten etc. bringen keine Verbesserung der Messergebnisse und der Präzision gegenüber dem herkömmlichen System.

6.1 Die Pfannendachlinie (Knochendachlinie)

Definition

Das Echo des Unterrandes des Os ilium stellt einen Drehpunkt dar, von dem aus eine Linie von lateral her an die knöcherne Pfanne angelegt wird („tangential" an die knöcherne Pfanne) (Abb. 6.**1 a/b**).

> **!** Aus praktischen Gründen lautet die Definition „tangential an die knöcherne Pfanne", nicht tangential an den knöchernen Erker!

Die Definition ist sowohl für eckige knöcherne Erker als auch für abgerundete oder abgeflachte Erkerkonturierungen allgemein gültig.

6.1.1 Messfehler

Messfehler entstehen meist dadurch, dass der Unterrand des Os ilium nicht klar und eindeutig dargestellt oder am Sonogramm falsch lokalisiert wird. Die anatomische Situation klärt diesen Fehler auf:

Am Unterrand des Os ilium

Auf dem Os ilium liegt im Bereich der Fossa acetabuli bereits Bindegewebe, welches die Fossa acetabuli auskleidet. Im Sonogramm liegt dieses Gewebe lateral des Os ilium (Abb. 6.**2 a**). Noch weiter lateral, zwischen Hüftkopf und dem Gewebe, kommt manchmal das einstrahlende Gewebe des Lig. capitis femoris zur Ansicht. Sowohl das Gewebe der Fossa acetabuli als auch die Echos der Fovea centralis dürfen nicht mit dem Unterrand des Os ilium verwechselt werden Abb 6.**2 b**). Bei schlechter Geräteabstimmung kann das Echo des Os ilium scheinbar durch die Echos des Gewebes der Fossa acetabuli nach kaudal verlängert werden. Um das Os ilium aufzusuchen gibt es folgende Hilfsmittel:

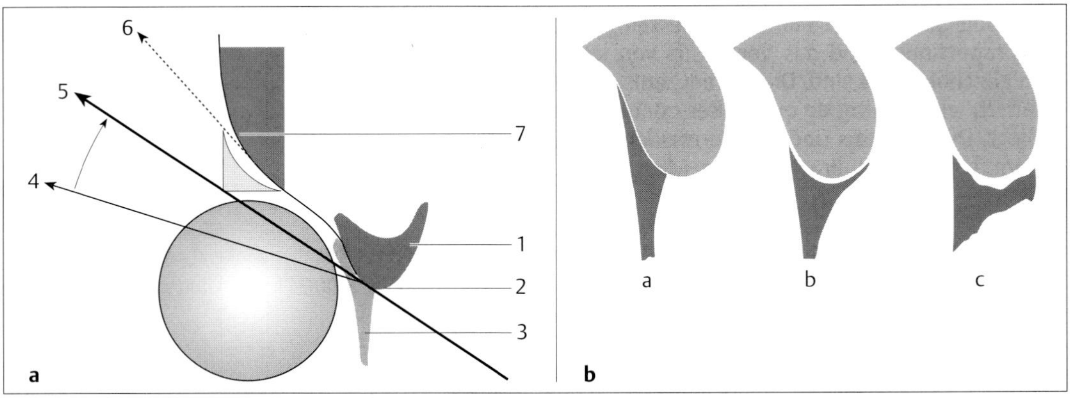

Abb. 6.**1 a** Schema zum Einzeichnen der Pfannendachlinie, bei eckigem Erker (5) und bei abgerundetem Erker (7).
1 Os ilium
2 Taillierung
3 Gewebe der Fossa acetabuli
Die Pfannendachlinie wird tangential an den Knochenerker angelegt. 4 → 5 bzw. 6 bei rundem Knochenerker.

Abb. 6.**1 b** Sonographische Formen des Unterrandes des Os ilium.
a klassische Form
b Kelchform
c der „ausgefranste" Typ

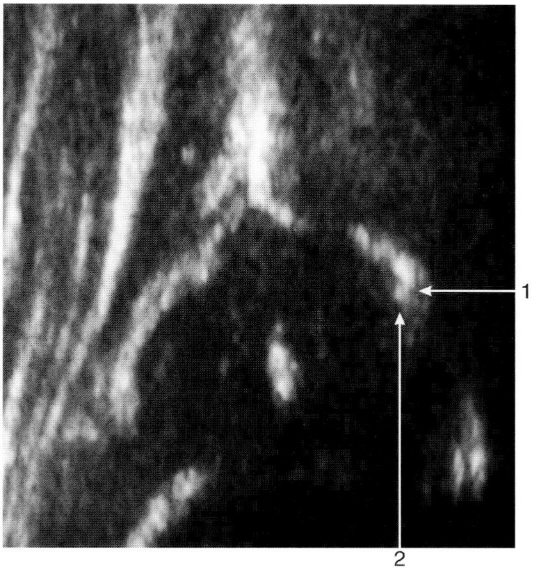

Abb. 6.**2 a** Abgrenzung des Unterrandes des Os ilium von Fettgewebe der Fossa acetabuli.
1 Unterrand des Os ilium
2 Fettgewebe der Fossa acetabuli

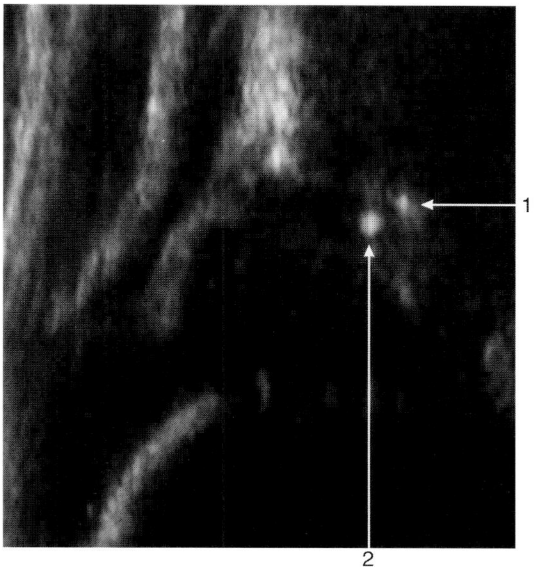

Abb. 6.**2 b** Verwechslungsmöglichkeit bei schlecht eingestelltem Unterrand des Os ilium, zwischen Unterrand des Os ilium (1) und Fovea centralis (2).

1. Der Echosprung
Das Knochenecho des Os ilium ist stärker echogen als das zarte Fettgewebe der Fossa acetabuli (Abb. 6.**3 a**).

2. Die Taillierung (Abb. 6.**3 b**)
Das Gewebe der Fossa acetabuli liegt am Schnittbild lateral (= vor) vom Unterrand des Os ilium. Kaudal des Knochenechos des Os ilium ist die echoarme Zone der Y-Fuge, die aus hyalinem Knorpel besteht, sichtbar. Es erscheint daher sonographisch der Echostreifen des Os-ilium-Gewebes der Fossa acetabuli von medial durch die echoarme Zone der Y-Fuge eingeschnürt: „tailliert".

Mit hochauflösenden Geräten können sonographisch drei verschiedene Formen des Os ilium differenziert werden (Graf u. Schuler 1986) (Abb. 6.**1 b**):

a) die klassische Form,
b) die Kelchform,
c) der „ausgefranste" Typ.

An der knöchernen Pfanne

Das Erkerartefakt. Bei schlechter Wahl des Sendefokus kommt es zu einer spitzen Ausziehung am knöchernen Erker. Dieses Erkerartefakt darf nicht mit dem tatsächlichen knöchernen Erker verwechselt werden.

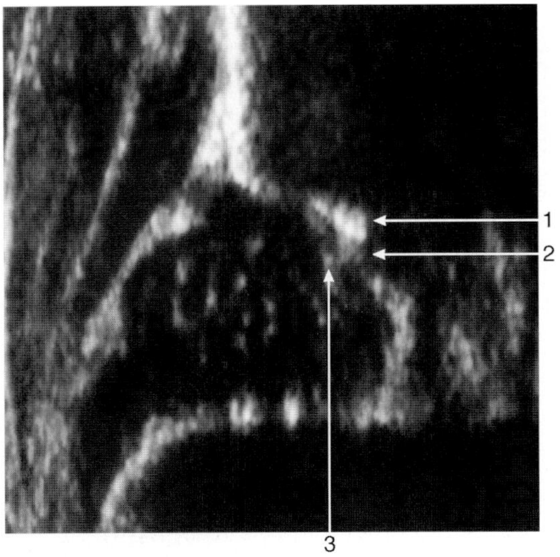

Abb. 6.**3a** Abgrenzung des Unterrandes des Os ilium (1) durch den „Echosprung" vom Fettgewebe der Fossa acetabuli (2). Teile des Lig. capitis femoris (3).

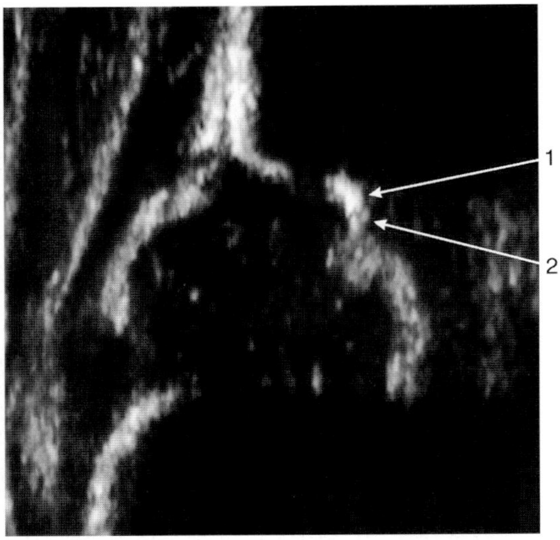

Abb. 6.**3b** Beispiel für die Taillierung zur Abgrenzung des Unterrandes des Os ilium.
1 Unterrand des Os ilium
2 Fettgewebe

6.2 Die Grundlinie (Abb. 6.**4a/b**)

Die Grundlinie, Basislinie oder auch manchmal Iliumwandlinie genannt, war ursprünglich auf dem Sonogramm als Basislinie für das knorpelige Pfannendach an der Knochenlamelle des Os ilium im Pfannendachbereich gedacht. Hinsichtlich der Definition der Grundlinie hat sich diese mehrmals zwar nur marginal, aber doch entsprechend der verbesserten Auflösung und vor allem der besseren anatomischen Identifizierung der Strukturen in diesem Bereich geändert. Ein wesentlicher Punkt für das Einzeichnen der Grundlinie ist der so genannte oberste Erkerpunkt, auch Z-Punkt genannt (Graf 1993). Wurde dieser Z- oder oberste Erkerpunkt aufgrund von weniger gut auflösenden Ultraschallgeräten als jener Punkt definiert, an dem das Perichondrium des hyalin-knorpelig präformierten Pfannendaches in Kontakt mit der knöchernen Lamelle des Os ilium tritt, so musste aufgrund verbesserter Auflösung und anatomischer Kenntnisse die Definition dieses Punktes geändert werden.

Definition

Der oberste Erkerpunkt (Z-Punkt) ist am Sonogramm jener Punkt, an dem das Echo des proximalen Perichondriums in Kontakt mit den Echos des Os ilium tritt. Anatomisch gesehen ist dies aber nicht das obere Ende des hyalin-knorpelig präformierten Pfannendachdaches, sondern jene Stelle, an der die Rektussehne am Os ilium ansetzt.

Es muss zuerst der „oberste Erkerpunkt" aufgesucht werden.

Von diesem Drehpunkt aus wird die Grundlinie von lateral her an das Echo des Os ilium nach distal angelegt. Diese Definition der Grundlinie trifft sowohl für eckige knöcherne Erker als auch für abgerundete oder abgeflachte zu.

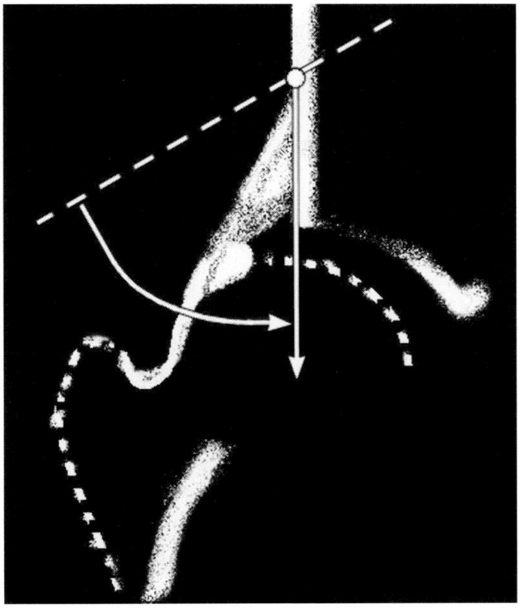

Abb. 6.**4 a** Einzeichnen der Grundlinie vom obersten Erkerpunkt, die Darmbeinsilhouette berührend („tangential zur Darmbeinsilhouette").

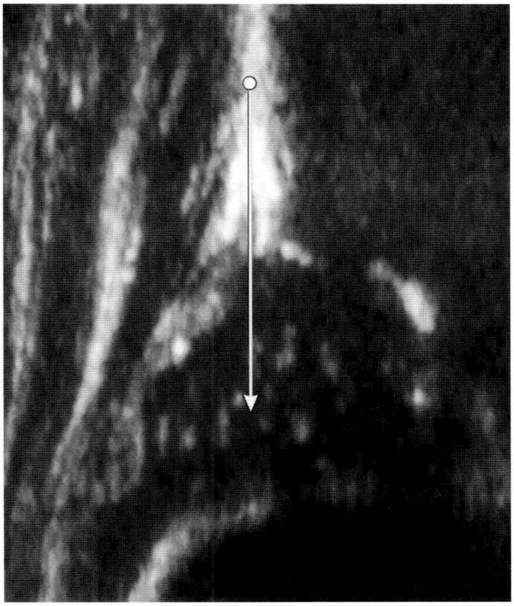

Abb. 6.**4 b** Sonogramm mit eingezeichneter Grundlinie.

6.2.1 Messfehler

Probleme

Die zur Verfügung stehende Messstrecke, an der die Grundlinie angelegt wird, ist sehr kurz. Dadurch steigt automatisch bei kleinen Bildmaßstäben die Ungenauigkeit.

Der so genannte „oberste Erkerpunkt" als notwendiger Ausgangspunkt für die Grundlinie kann nicht gefunden werden. Dies ist deshalb öfter der Fall, weil bereits eine Nachverknöcherung eingesetzt hat bzw. durch schlechte Geräteabstimmung zwischen proximalem Perichondrium und Os ilium Echos aufgetreten sind, die es unmöglich machen, den Messpunkt zu lokalisieren.

Grundlinienhilfslinie

Dieses Problem wird folgendermaßen gelöst:
Die Grundlinie ist die Basis und die Kontaktstelle zwischen dem Knochen und dem knorpelig präformierten Pfannendach. Bei lateraler Schalleinstrahlung wird an der Knochenlamelle die Schallwelle gleichmäßig ausgelöscht und es kommt medial der knöchernen Lamelle zu einer Schallschattenbildung, wobei der Übergang von echoreicher zu echoarmer Zone scheinbar den inneren Kortikalisrand darstellt. Diese Trennlinie ist ein Artefakt und entspricht nicht der inneren Kortikalis. Sie verdankt aber ihre Entstehung der Abbremsung der Schallwelle am äußeren Kortikalisrand und liegt daher folgerichtig parallel zur äußeren Kortikalis und somit zur Originalgrundlinie. Diese Linie wird auch als Hilfslinie entlang der dorsalen Schallauslöschung der Darmbeinsilhouette bezeichnet.

Das Einzeichnen der Messlinie kranial des Kontaktpunktes als tatsächliche Iliumwandlinie hat zu falschen Messergebnissen geführt und sollte daher vermieden werden.

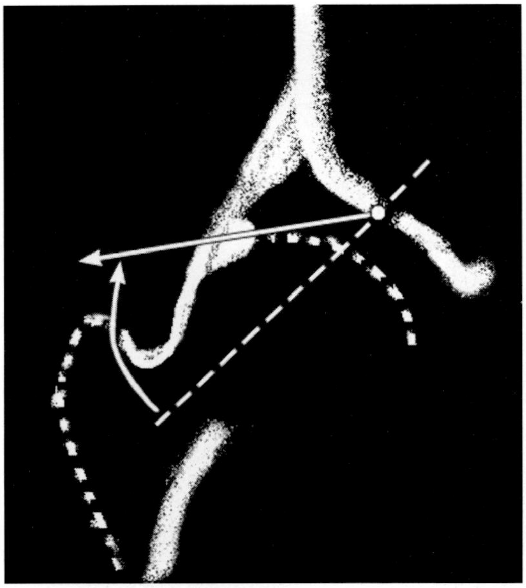

Abb. 6.5 **a** Die Ausstelllinie ist die Verbindung von köchernem Erker („Umschlagpunkt“) mit der Mitte des Labrum acetabulare.

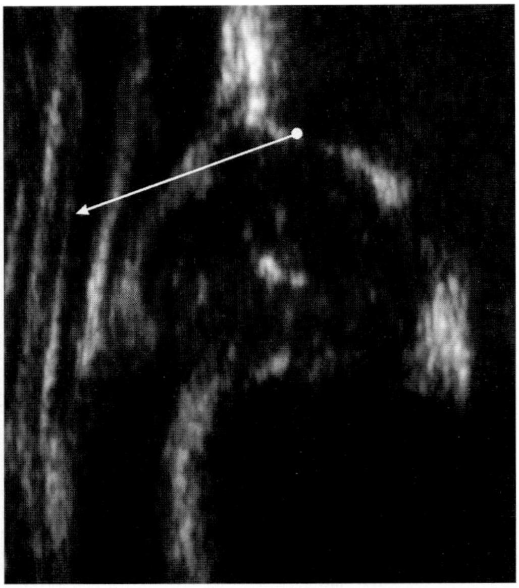

Abb. 6.5 **b** Eingezeichnete Ausstelllinie.

6.3 Die Ausstelllinie (Knorpeldachlinie) (Abb. 6.**5 a**/**b**)

Definition

Die Ausstelllinie (Knorpeldachlinie) ist die Verbindung von knöchernem Erker mit der Mitte des Labrum acetabulare.

Mit der Grundlinie schließt sie den Ausstellungswinkel Beta ein und charakterisiert dadurch die knorpeligen Verhältnisse des Pfannendaches.

6.3.1 Messfehler

Am knöchernen Erker

Der knöcherne Erker wird nicht punktgenau festgestellt, weil die Erkerdefinition „Konkavität zu Konvexität“ nicht richtig angewandt wird (Abb. 6.**6 a**). Der knöcherne Erker ist nicht automatisch der Schnittpunkt von Grund- und Pfannendachlinie. Grund- und Pfannendach, sowie Ausstelllinie schneiden sich meistens nicht im selben Punkt (Abb. 6.**6 b**). Nur bei Typ-I-Gelenken mit eckigem knöchernem Erker ist dies der Fall! In der Praxis ist es notwendig, den knöchernen Erker so aufzusuchen, dass immer mit der Konkavität der Pfanne begonnen wird, d.h., dass der knöcherne Erker an den Echos der knöchernen Lamelle von der Tiefe des Azetabulums nach kranial gesucht wird. Geht man den umgekehrten Weg, indem man von kranial nach kaudal entlang des Knochenechos den knöchernen Erker festlegen will, wird in der Regel der knöcherne Erker falsch, d.h. zu weit kranial festgelegt.

Am Labrum

Die „Mitte“ des Labrum acetabulare.
Ältere Definitionen legten als 2. Messpunkt die Spitze des Labrum acetabulare fest. Leider ist auch bei hoch auflösenden Geräten und guter Geräteeinstellung die Spitze des Labrums nicht immer zu erkennen. Daher wurde von dieser Pseudogenauigkeit abgegangen und als 2. Messpunkt die Mitte des Echos des Labrum aceta-

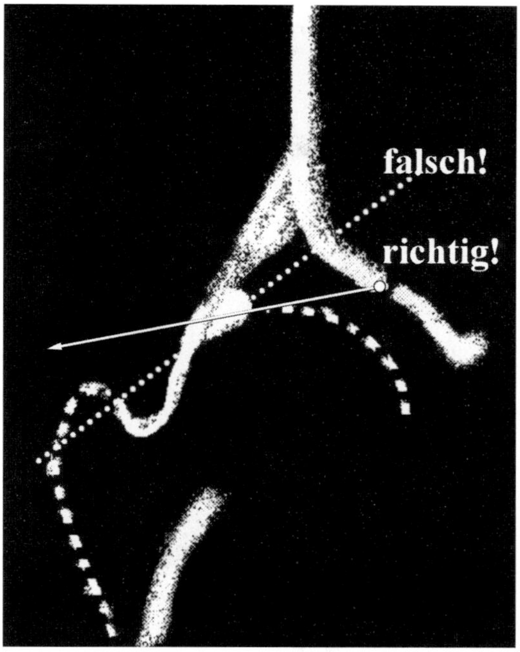

Abb. 6.**6 a** Beispiel mit richtig und falsch eingezeichneter Ausstelllinie bei falsch festgelegtem knöchernen Erker.

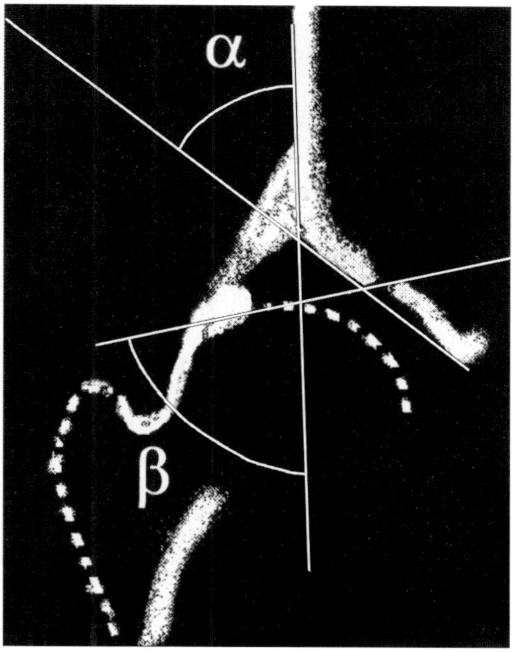

Abb. 6.**6 b** Die 3 Messlinien mit dem Knochenwinkel Alpha und dem Knorpelwinkel Beta sind eingezeichnet.

bulare definiert. Diese Definition beinhaltet natürlich eine kalkulierte Ungenauigkeit, die sich statistisch nur in einer größeren Streubreite des Betawerts bemerkbar macht, aber nach heutigem Wissensstand keinerlei therapeutische Konsequenzen hat.

6.4 Knochenwinkel Alpha
(Abb. 6.**6 b**)

Zwischen der Pfannendachlinie und der Grundlinie befindet sich der Knochenwinkel Alpha, der ein Maß für die Ausbildung der knöchernen Pfanne ist. Durch Winkelparallelität kann der Knochenwinkel Alpha sowohl zwischen Grund- und Pfannendachlinie gemessen werden als auch zwischen der Hilfslinie und der Pfannendachlinie.

6.5 Knorpelwinkel Beta
(Abb. 6.**6 b**)

Grund- und Ausstelllinie schließen den Knorpelwinkel Beta ein. Dieser ist ein Maß für Größe und Ausformung des knorpeligen Pfannendaches. Einige typische Beispiele sind in Abb. 6.**7 a–c** demonstriert.

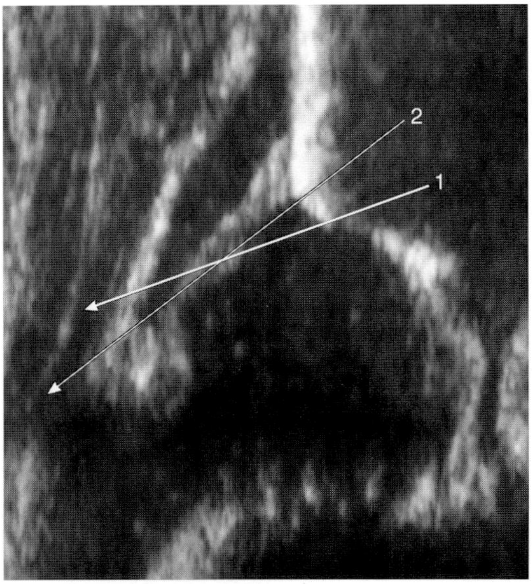

a

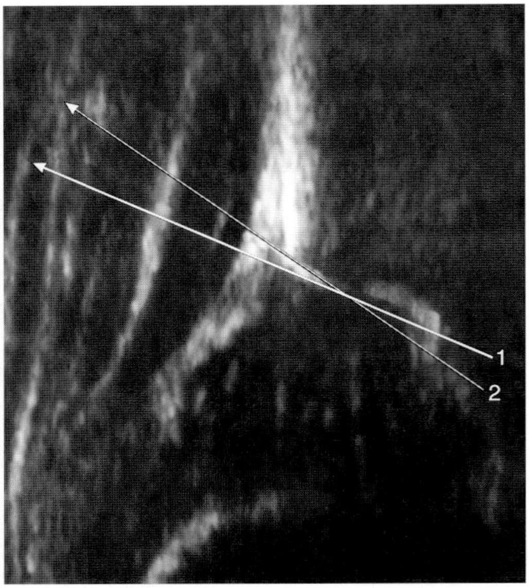

b

Abb. 6.**7 a** Beispiel für richtig und falsch eingezeichnete Ausstelllinie.
1 richtig
2 falsch

Abb. 6.**7 b** Beispiel für richtig und falsch eingezeichnete Pfannendachlinie.
1 richtig
2 falsch

Abb. 6.**7 c** Korrekt eingezeichnete Messlinien. Die 3 Linien schneiden sich nicht zwangsweise in einem Punkt!

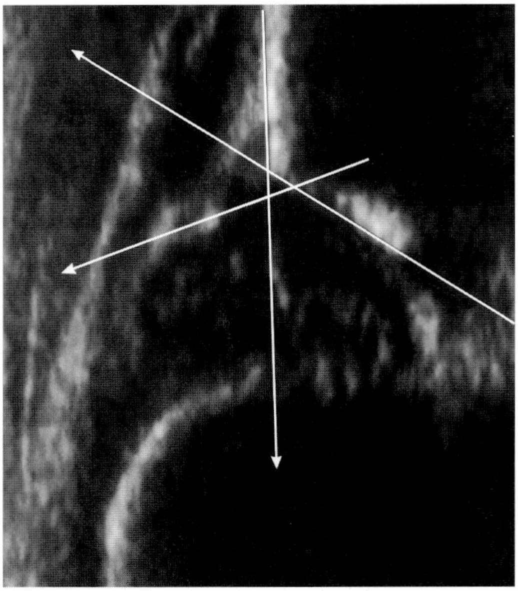

c

7 Typisierung sonographischer Hüftgelenkbefunde

7.1 Grundprinzipien der sonographischen Typisierung

Die Bezeichnung Hüftdysplasie bezieht sich eigentlich nur auf die Wachstumsstörungen der Hüftgelenkpfanne. Um eine Hüftdysplasie zu diagnostizieren und zu klassifizieren, ist es daher eigentlich nur notwendig, die Veränderungen am knöchernen und am knorpeligen Anteil der Hüftpfanne genau festzuhalten. Da sich das Hüftkopf-Pfannen-System gegenseitig beeinflusst, hinterlässt der Hüftkopf seine Spuren bei Luxationsvorgängen an der Hüftpfanne. Es ist sonographisch möglich, besonders diesen Wachstumsbereich in seiner knöchernen und knorpeligen Ausprägung zu klassifizieren, deshalb können sämtliche Spuren des luxierenden Hüftkopfes an der Hüftpfanne abgelesen werden. Es ist daher sonographisch nicht notwendig, die Stellung des koxalen Femurendes ähnlich wie in der Röntgentechnik mit in das diagnostische Konzept einzubeziehen. Sämtliche vom Röntgen-Projektionsbild bekannten stellungs- und lagerungbedingten Fehler, die Anlass zu Fehlinterpretationen des Röntgenbildes geben können, sind am sonographischen Schnittbild nicht vorhanden.

7.1.1 Tipps für die Praxis, Bildorientierung

In der Praxis ist es günstig, sich vor allem das Sonogramm einer ausgereiften Hüfte (Typ I) einzuprägen (Abb. 7.**1**). Hat sich der Untersucher erst einmal diesen Normalbefund eingeprägt, fallen ihm sämtliche Abweichungen von dieser Norm sofort auf. Dies hat zur Folge, dass der Untersucher in der Regel vom Monitor – auch bei dynamischen Untersuchungen – dem Hüftgelenk einen Typ zuordnen kann.

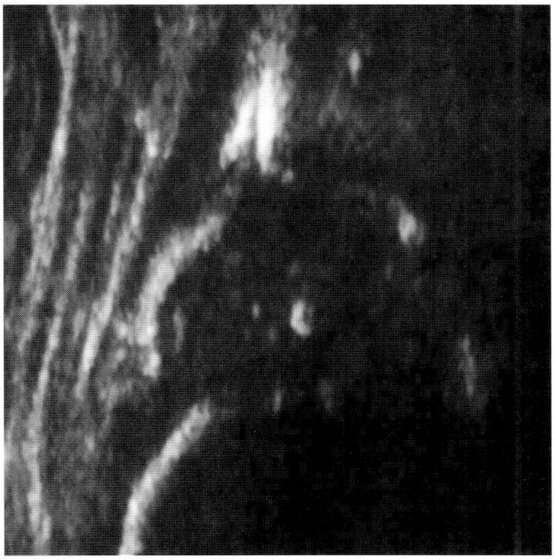

Abb. 7.**1** Hüftsonogramm eines 12 Wochen alten Kindes mit Typ I.

> Wir haben daher folgenden Satz geprägt:
> Alles, was nicht wie Typ I aussieht, ist verdächtig!

Anatomische Bildprojektion

Um diese Blickdiagnosen noch zu unterstützen und das Auge weiterhin zu schulen, haben wir die Erfahrung gemacht, dass es sehr nützlich ist, nicht rechte und linke Hüftsonogramme anzufertigen, sondern alle Bilder, auch die linken, auf rechts zu projizieren. Die Hüftsonogramme sind unabhängig, ob sie rechte oder linke Hüften darstellen, röntgenologisch a.-p. Bildern einer rechten Hüfte ähnlich (anatomische Projektion).

Der Untersucher gewinnt dadurch immer denselben Bildeindruck und findet sich daher in der Vielzahl der Feindifferenzierungen wesentlich leichter zurecht. Die Unterscheidung zwischen rechts und links ist an den Ultraschallgeräten durch ein Symbol oder durch eine Rechts-Links-Bezeichnung in der Regel ohne Schwierigkeiten möglich.

7.2 Morphologie

Die Hüfttypisierung erfolgte primär nur nach morphologischen Kriterien durch die Beschreibung der knöchernen Pfanne („knöcherne Formsicherung"), des knöchernen Erkers und des knorpeligen Pfannendaches. Mit der Notwendigkeit zunehmender Präzision und Feintypisierung hat die Deskription mit ihrer doch sehr untersucherabhängigen Befundung vordergründig an Bedeutung verloren und wurde durch die zunehmend verbesserte messtechnische Auswertung übertroffen. Nach wie vor liegt aber der Wert der Deskription darin, dass sich der Untersucher mit dem Hüftsonogramm auseinandersetzen muss, um die entsprechenden Termini den anatomischen Strukturen zuordnen zu können. Die Deskription sollte bei den Ausbildungskursen aus didaktischen Gründen weiterhin gelehrt und gelernt werden. Sie zwingt bei der Beurteilung der Hüftgelenksituation zu systematischem Vorgehen und veranlasst den Beurteiler, Form und Struktur von drei wesentlichen anatomischen Strukturen in ein System, das schließlich zur vorläufigen Diagnose führt, zu pressen (Abb. 7.**2**).

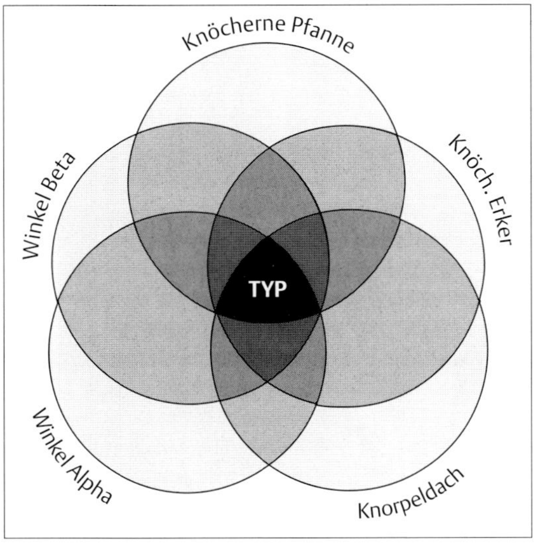

Abb. 7.**2** Eingrenzung des Typs zur Fehlerminimierung durch möglichst viel Input.

Die Strukturen sind:
1. knöchernes Pfannendach,
2. Erkerkonturierung (prognostische Aussage über das weitere Pfannendachwachstum möglich) und
3. das knorpelige Pfannendach.

Eine große Bedeutung bei der Typeneinteilung kommt dem Alter des Säuglings zu. Durch Gegenüberstellung von röntgenologischen Befunden und Sonogrammen konnten für verschiedene Altersgruppen typische Werte für die sonographischen Messwerte

7.3 Sonometer und Reifungskurve
(Abb. 7.**3**, 7.**4**)

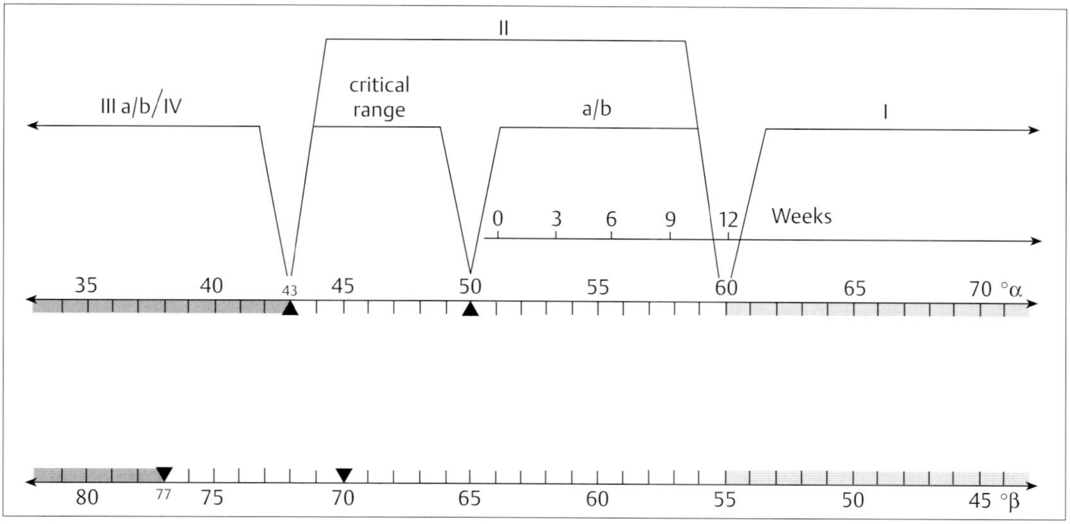

Abb. 7.**3** Sonometer: lineare Anordnung von Alpha und gegenläufiger Anordnung von Beta, Einteilung der Hüfttypen. Rechts Typ I, links dezentrierte Hüften, Typ IIIa/b und IV. In der Mitte Typ II mit der Unterteilung in Typ IIa und Typ IIb sowie Typ IIc. Zeitskala für Neugeborene: der Geburtstermin O steht Alpha 50/51 ° gegenüber. Die 12-Wochen-Grenze steht bei Alpha 60 °.

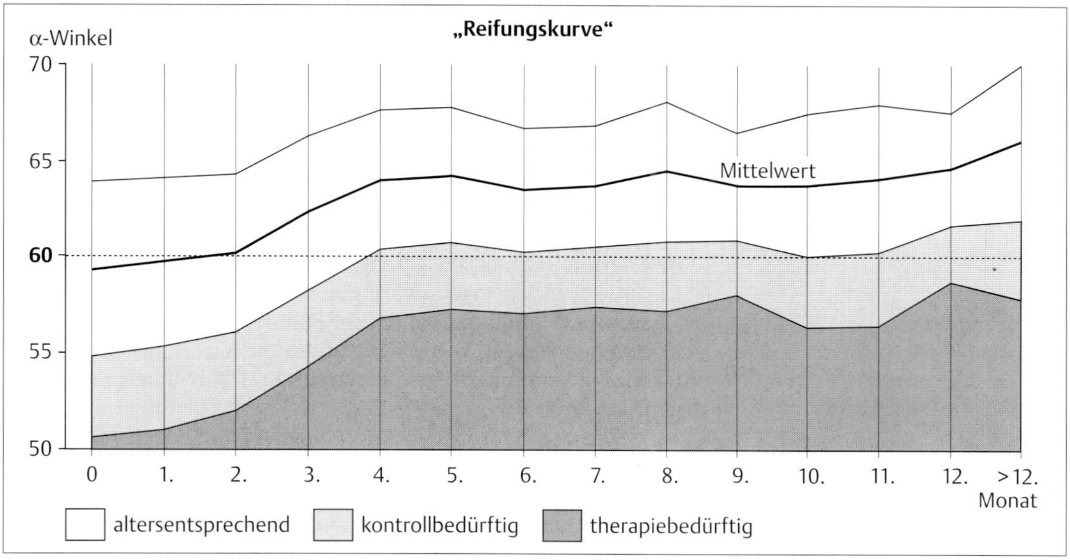

Abb. 7.**4** Zur Erhaltung des Alphawertes in einer Längsschnittuntersuchung bei gesunden Säuglingen. Der Kontrollbereich liegt in der einfachen Standardabweichung, der Therapiebereich in der doppelten Standardabweichung.

Alpha und Beta ermittelt werden. So entstand eine Grafik, welche als Sonometer bezeichnet wird. Mit dieser können bei gegebenen Alpha- und Beta-Winkeln die Hüfttypen bestimmt werden. Der Alphawert der Sonogramme und der AC-Winkel im Röntgen stehen in einem bestimmten Verhältnis zueinander (Melzer 1997):

Sono und Röntgen

Faustregel: Alpha (Sono) + AC-Wert (Röntgen) = 90 °

Unter Voraussetzung eines Mindestmaßes der enchondralen Ossifikation entwickelt sich unter hoher Wachstumsgeschwindigkeit in der postpartalen Phase das Pfannendach nach Sonometerwerten, ausgehend von der Geburt mit einem Minimal-Alphawert von 50 ° bis zum 3. Lebensmonat mit einem Alpha-Winkel von minimal 60 °. Statistische Untersuchungen (Tschauner et al. 1990 u. 1994) zeigten, dass der Alphamittelwert (nicht zu verwechseln mit dem Minimalwert von 60 °) bei Typ-I–Gelenken im 3. Lebensmonat bei 64,4 ° liegt. Unter der Voraussetzung einer linearen Reifung (schlechteste Annahme, um auf jeden Fall auf der sichern Seite zu liegen) errechnet sich daraus der optimale Alphawert bei der Geburt mit 55 ° (nicht zu verwechseln mit dem Mindestreifungsgrad von 50 °) (Matthiessen 1997).

Die Reifungskurve (Tschauner et al. 1994) zeigt, dass der Mittelwert spontan ausreifender unbehandelter Hüftgelenke in der 4. Lebenswoche bereits 59 ° erreicht. Zwischen der 4. und 16. Lebenswoche steigen die Mittelwerte sowie die Standardabweichung nur um 4 ° an. Nach dem 4. Lebensmonat zeigt sich ein typischer plateauartiger Verlauf zwischen 64 ° und 65 °, der bis ca. zum 11. Lebensmonat verbleibt. Bis zum 13. Lebensmonat steigen die Alphamittelwerte auf 66 °. Die weitere Reifung des Pfannendaches wird danach durch den radiologischen AC-Winkel nach Tönnis (Tönnis 1984) beschrieben (Matthiessen 1997). Dies bedeutet, dass bei hoher Wachstumspotenz die Formdifferenzierung in den ersten 6 Lebenswochen extrem hoch ist, bereits bis zur 12. Lebenswoche abflacht und sich mit der 16. Lebenswoche auf ein proportionales Größenwachstum von Hüftkopf und Pfanne einpendelt (Matthiessen 1997).

7.4 Die sonographischen Hüfttypen und ihre Feindifferenzierung

7.4.1 Hüfttypen

Typ I (Abb. 7.**5 a–c**)
Entspricht einem „ausgereiften“, klinisch und sonographisch altersentsprechenden gesunden Hüftgelenk. „Ausgereift“ bedeutet, dass das Hüftgelenk am Ende des 3. Lebensmonats einen genau definierten Ossifikationsgrad der knöchernen Pfanne erreicht hat. Die knöcherne Formgebung ist gut, der Erker ist eckig oder stumpf („geschweift“) und das knorpelige Pfannendach übergreifend. Der Knochenwinkel Alpha beträgt mindestens 60 °. Eine weitere Unterteilung kann durch Ausmessen des Knorpelwinkels Beta erfolgen:

Typ Ia – Beta < 55 ° (knorpeliges Pfannendach reicht weit über den Hüftkopf).

Typ Ib – Beta > 55 ° (relativ kurzes knorpeliges Pfannendach).

Die Unterscheidungen Typ Ia und Typ Ib hat derzeit noch keine praktische Bedeutung. Möglicherweise entstehen verschieden große Pfannendächer am Ende des Wachstums, deren Bedeu-

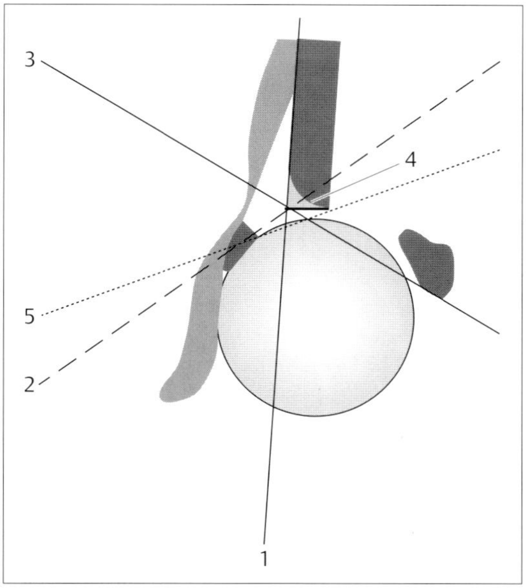

a

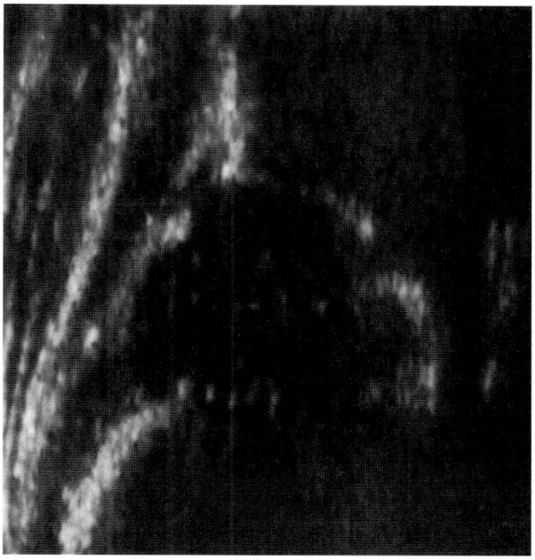
b

Abb. 7.**5 a** Schematische Zeichnung eines Hüftgelenkes Typ I mit eckigem und geschweiftem knöchernen Erker.
1 Grundlinie
2 Ausstelllinie bei eckigem knöchernen Erker
3 Pfannendachlinie
4 geschweifter knöcherner Erker
5 Ausstelllinie bei geschweiftem knöchernen Erker.

Abb. 7.**5 b** Typ I mit eckigem knöchernen Erker.

Abb. 7.**5 c** Hüfttyp I mit stumpfen Erker.
1 Umschlagfalte
2 Labrum acetabulare
3 geschweifter („stumpfer") Erker
4 Unterrand des Os ilium

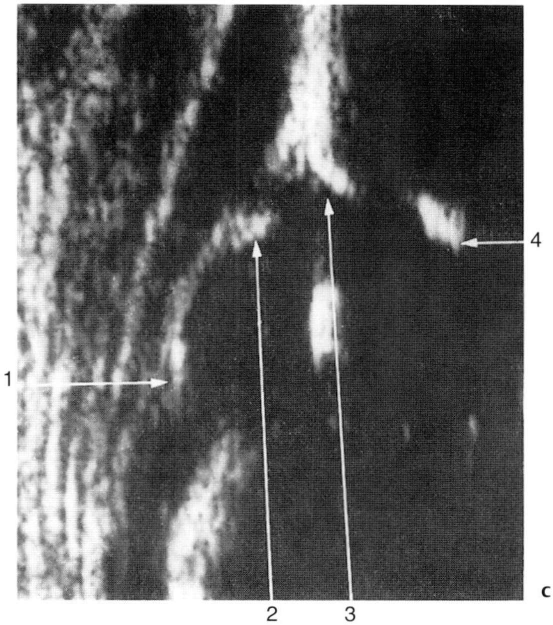

c

tung hinsichtlich der Präarthrose spätere Forschungsarbeiten zeigen müssen (Graf 1993).

Typ II (Abb. 7.**6 a–c**)
Beinhaltet Hüftgelenke mit verschiedenen Varianten der physiologischen und pathologischen Verknöcherungsverzögerungen im Erkerbereich. Eine Unterteilung erfolgt in Abhängigkeit vom Alter des Säuglings (jünger bzw. älter als 12 Wochen) und vom Ausmaß der Ossifikationsverzögerung oder -störung.

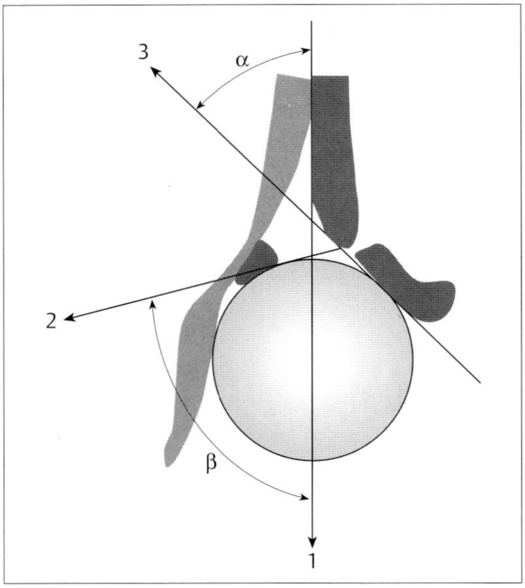

a

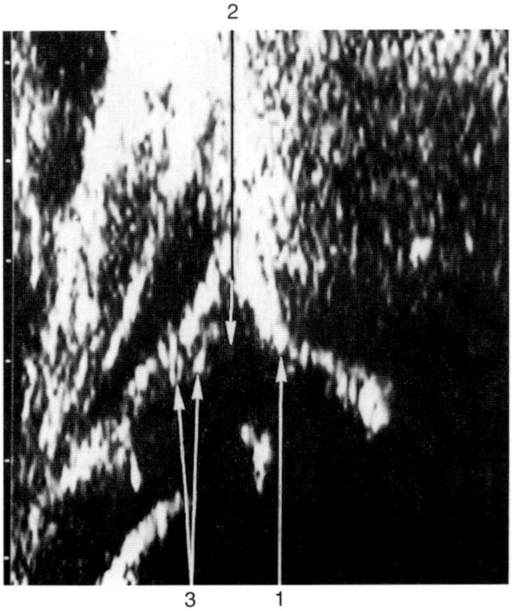

b

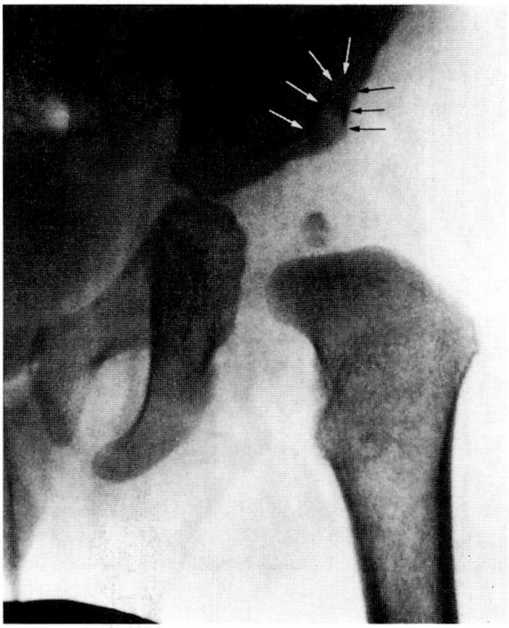
c

Abb. 7.**6 a** Schematische Zeichnung, rechte Hüfte: Typ II. Gesamtüberdachung mangelhaft. Das Verhältnis zwischen Knorpeldach zu knöcherner Überdachung zugunsten des Knorpels gestört.
1 Grundlinie
2 Ausstelllinie
3 Pfannendachlinie
α Knochenwinkel
β Knorpelwinkel

Abb. 7.**6 b** Linkes Hüftgelenk, 9 Monate. Der knöcherne Erker ist abgerundet bei mangelnder knöcherner Formgebung. Der Knorpelerker ist übergreifend: Typ II. Der Schnitt verläuft durch den knöchernen Erkerdefekt, entsprechend dem Röntgenbild in Abb. 7.**6 c**.
1 Umschlagpunkt
2 Knorpelerker
3 Labrum acetabulare

Abb. 7.**6 c** Hüftdysplasie links, Erkerdefekt zwischen vorderem und hinterem Pfannendachrand, mit Pfeilen markiert.

Typ IIa (Abb. 7.**7**)
Alphawerte zwischen 50° und 59°, jünger als 12 Wochen. Dieser Hüfttyp entspricht einem physiologisch unreifen Gelenk. Typ IIa Gelenke generell als prämorbiden Zustand zu deklarieren (Weitzel 1997) und ihnen die Bezeichnung „physiologisch unreif" abzusprechen (Weitzel et al. 1994) ist problematisch. Typ-IIa-Gelenke können in den Typ IIa(+) und Typ IIa(-) unterteilt werden (Graf 1997). Mit dieser Unterteilung kann die Wachstumspotenz abgeschätzt und so eine einsetzende Reifungsverzögerung bereits frühestmöglich erkannt werden. So gesehen wäre nur für die Typ-IIa(−)-Hüfte die Bezeichnung „prämorbider Zustand" gerechtfertigt.

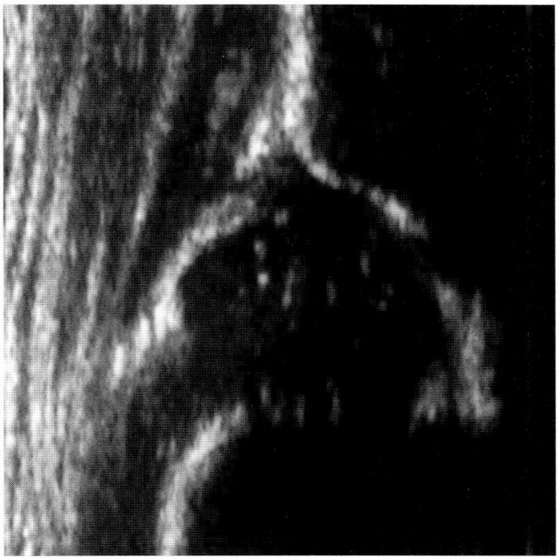

Abb. 7.**7** Beispiel für ein Typ-IIa-Gelenk, 4 Wochen altes Hüftgelenk: Die knöcherne Formgebung ist ausreichend, der knöcherne Erker ist rund, das knorpelige Pfannendach ist den Hüftkopf übergreifend.

Typ IIb (Abb. 7.**8 a–d**)
Das Hüftgelenk ist älter als 3 Monate. Der Alphawert liegt zwischen 50° und 59°. Dieses Hüftgelenk entspricht in diesem Alter einem eindeutig dysplastischen Gelenk. Die knöcherne Pfanne ist mangelhaft, der knöcherne Erker rund, das Knorpeldach den Hüftkopf übergreifend. Stellt sich der knöcherne Erker statt rund „eckig" dar, ist dies ein Zeichen der Nachverknöcherung und prognostisch günstig zu werten (siehe auch Kapitel 8.2).

> **!** Typ IIa und Typ IIb unterscheiden sich nur hinsichtlich des Alters. Überdachungsverhältnisse, wie sie für ein 4 Wochen altes Gelenk durchaus noch akzeptabel sind, entsprechen bei einem 4 Monate alten Kind aufgrund altersbedingter, verminderter Ossifikationspotenzen einer Hüftdysplasie.

Typ IIc (Abb. 7.**9**)
„Kritische Hüfte, Hüfte im Gefährdungsbereich" (Gefahr der progredienten Dezentrierung = „schwere Dysplasie") – jedes Alter!

Formgebung hochgradig mangelhaft, Erker rund bis flach, Knorpeldach verbreitert und noch übergreifend. Knochenwinkel

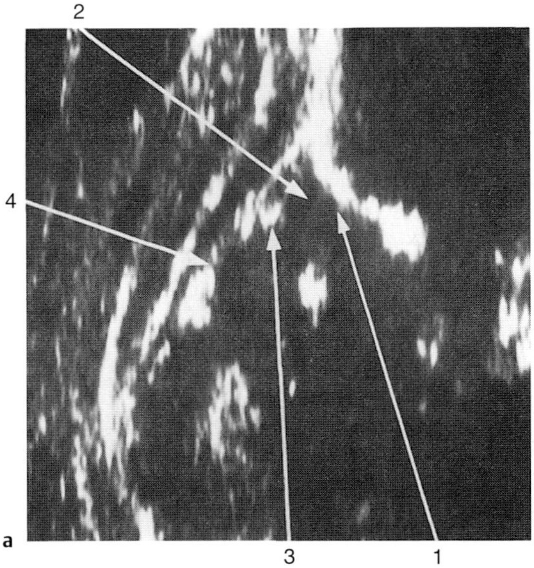

a

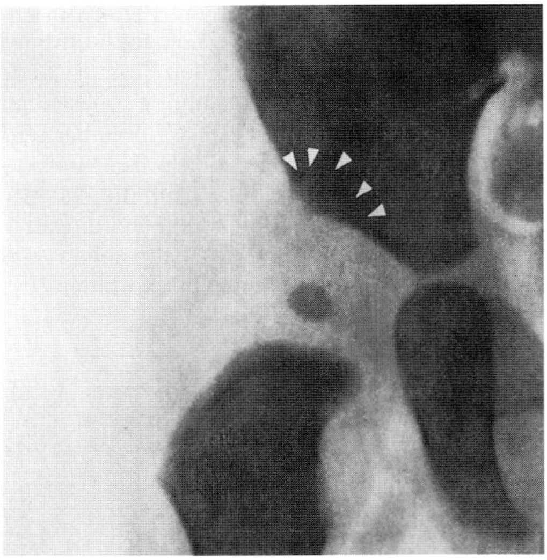

b

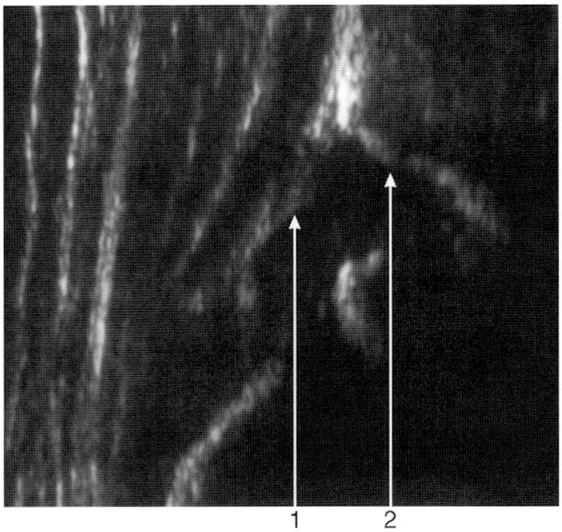

c

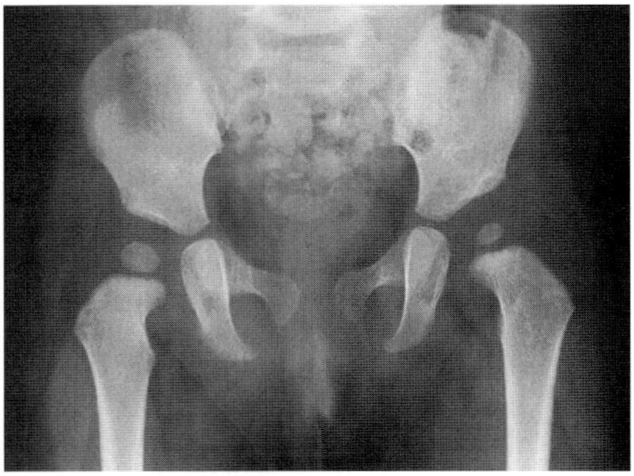

d

Abb. 7.**8a** 3 Monate altes Gelenk, die knöcherne Formgebung ist mangelhaft, der knöcherne Erker ist rund, das knorpelige Pfannendach ist den Hüftkopf übergreifend.
1 knöcherner Erker
2 knorpeliges Pfannendach
3 Labrum acetabulare
4 Gelenkkapsel
Anmerkung: das Bild stammt aus dem Jahre 1987 mit dem damaligen Präzisionsstand.

Abb. 7.**8b** Röntgen korrespondierend mit Abb. 7.**8a**. Es besteht ein schwerer Erkerdefekt. Nur der hintere Pfannenerker ist gut ausgebildet. Der Erkerdefekt ist mit Pfeilen markiert. Dieser Defekt wird durch Knorpel kompensiert.

Abb. 7.**8c** 10 Monate altes linkes Hüftgelenk. Die knöcherne Formgebung ist mangelhaft, der knöcherne Erker ist rund, das knorpelige Pfannendach ist den Hüftkopf übergreifend. Typ IIb.
1 Labrum acetabulare
2 metrischer knöcherner Erker
Das Sonogramm korrespondiert zum Röntgenbild in Abb. 7.**8d**.

Abb. 7.**8d** Röntgenbild korrespondierend zum Sonogramm in Abb. 7.**8c**.

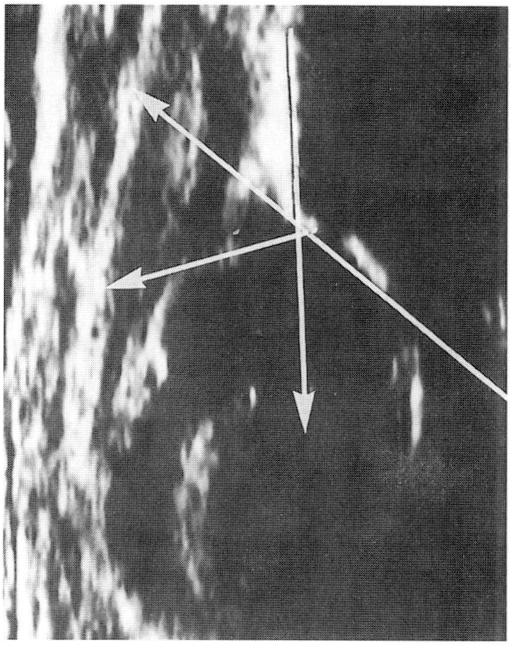

Abb. 7.**9** Neugeborenenhüftgelenk. Die knöcherne Formgebung ist hochgradig mangelhaft, der knöcherne Erker stark abgerundet, das knorpelige Pfannendach breit, gerade noch übergreifend. α = 48°, β = 75° Hüfttyp (= IIc).

Alpha = 43°–49° (= Gefährdungsbereich), Knorpelwinkel Beta < 77° (Messung zur Unterscheidung von einer D-Hüfte unbedingt notwendig). Lässt sich eine IIc Hüfte im sonographischen Stresstest (der hier immer durchgeführt werden muss!) in eine D-Hüfte überführen (knorpeliges Pfannendach läßt sich mit dem Labrum acetabulare durch Druck nach oben verdrängen = Beta > 77°), wird sie als „IIc instabil" bezeichnet, gelingt dies nicht, spricht man von „IIc stabil".

Typ D

Hüftgelenk „am Dezentrieren" (Abb. 7.**10 a/b**).

Der Knochenwinkel Alpha beträgt, wie bei der IIc-Hüfte 43°–49° (= Alpha im Gefährdungsbereich), der Betawinkel ist aber > 77°! (Abb. 7.**10 c**)

Der Hüfttyp D ist das 1. Stadium einer Dezentrierung. Er sollte daher aus systematischen Gründen nicht mehr wie früher und irrtümlich als Typ IId bezeichnet werden, da alle Typ-II-Gelenke zentrierte Hüftgelenke sind, während der Hüfttyp D das 1. Stadium eines dezentrierten Gelenkes ist. Aus diesem Grunde sind Hüftgelenke vom Typ D von Haus aus instabil und brauchen daher nicht zusätzlich einem Stresstest unterzogen zu werden.

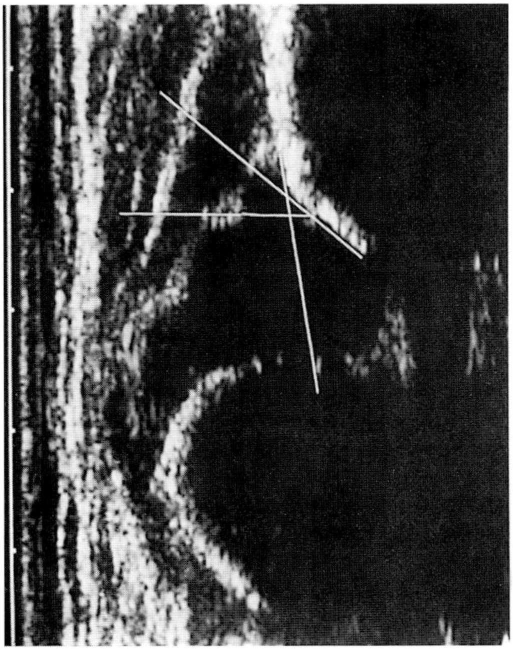

a

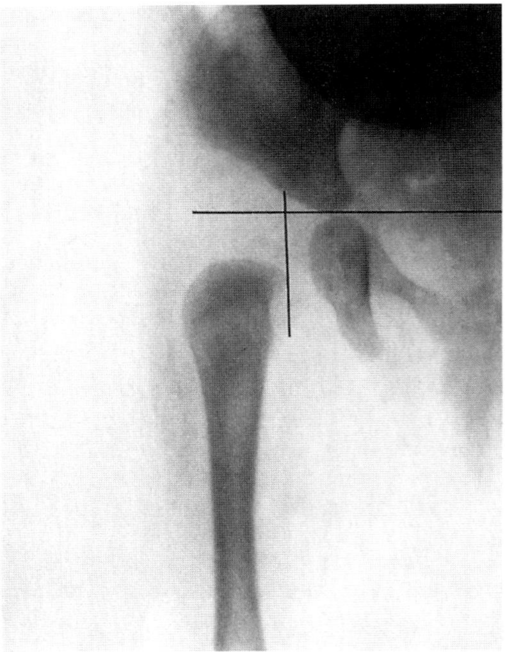

b

Abb. 7.**10 a** 4 Wochen altes Hüftgelenk, die knöcherne Formgebung ist hochgradig mangelhaft, der knöcherne Erker ist stark abgerundet, das knorpelige Pfannendach ist etwas nach kranial verdrängt. Alpha = 45°, Beta = 105°: Hüfttyp D. Anmerkung: Das Sonogramm entstand 1988 und entsprach den damaligen Qualitätskriterien.

Abb. 7.**10 b** Röntgenbild korrespondierend zu Abb. 7.**10 a**.

Abb. 7.**10 c** Unterscheidung von Typ IIc und Typ D. α ist bei beiden Typen im IIc-Bereich: $\beta < 77$ = IIc, $\beta > 77$ = D.

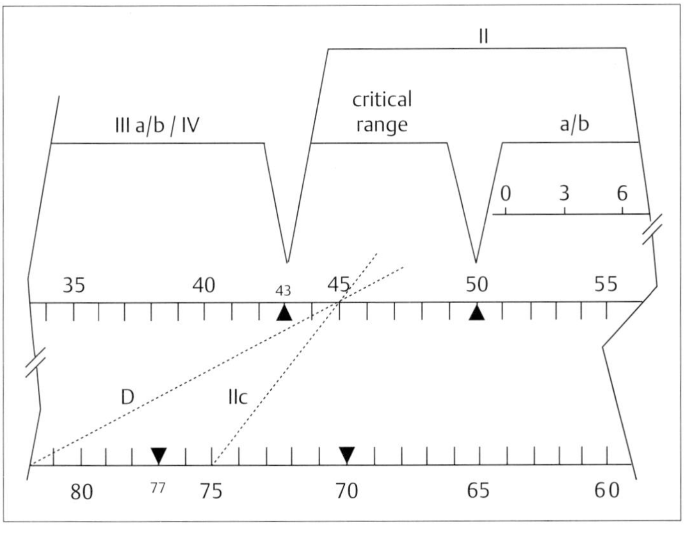

c

Typ III (Abb. 7.**11 a/b**)
Der Hüftkopf ist dezentriert. Durch die schlechte knöcherne Formgebung und den flachen Erker kann der Hüftkopf nicht mehr in der Pfanne gehalten werden und das knorpelige Pfannendach wird nach kranial verdrängt.

Gering dezentrierte Typ-III-Gelenke sind manchmal gerade noch in der Standardebene darzustellen. In diesen Fällen können sie auch ausgemessen werden, der Alphawert beträgt weniger als 43 °. Ist die Dezentrierung höheren Grades, verlässt der Hüftkopf meist die Standardebene, sodass diese Gelenke nicht mehr gemessen werden dürfen, sehr wohl aber beurteilt werden können, da die Diagnose durch die Verdrängungsrichtung des knorpeligen Pfannendaches (Unterscheidung Typ III von Typ IV) morphologisch erfolgt. Das besondere morphologische Kennzeichen von Typ-III-Gelenken ist, dass der Großteil des Pfannendachknorpels nach kranial verschoben ist und somit das Perichondrium nach kranial zieht. Sehr oft ist auch das Labrum in Relation zum knöchernen Erker höher stehend.

Eine Unterteilung der Typ-III-Hüfte erfolgt entsprechend der Echogenität des knorpeligen Pfannendaches:

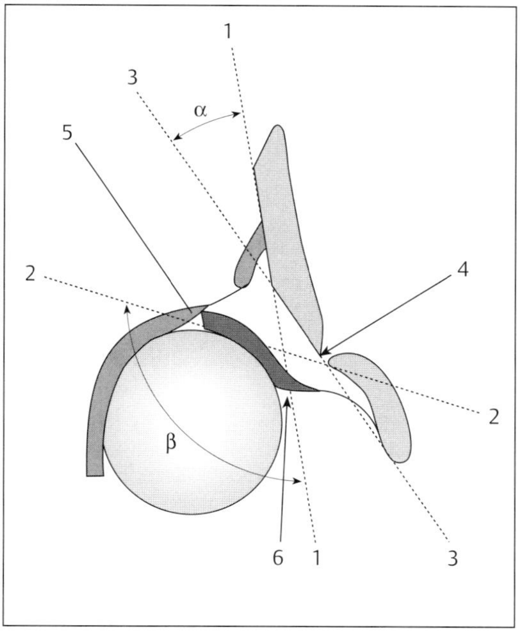

Abb. 7.**11 a** Schematische Zeichnung der rechten Hüfte. Dezentrierung Typ IIIa (ohne histologische Gefügestörung, die hyaline Pfannendachknorpel ist schallarm).
1 Grundlinie
2 Ausstellungslinie
3 Pfannendachlinie
α Knochenwinkel
β Knorpelwinkel
4 Umschlagpunkt
5 nach kranial elongiertes Labrum
6 Hypomochlion

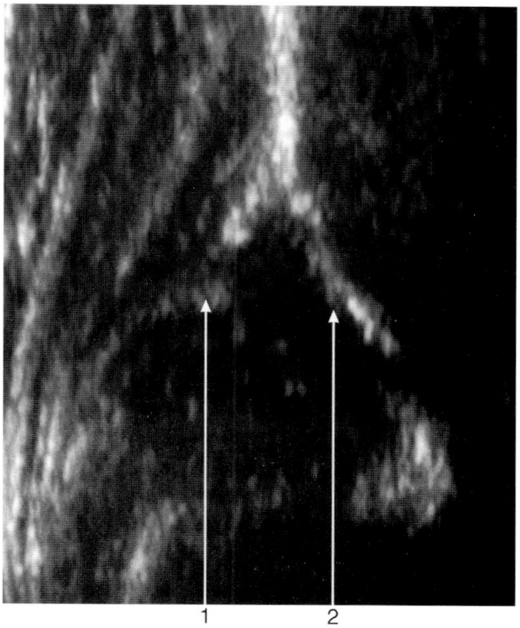

Abb. 7.**11 b** 8 Wochen altes Hüftgelenk, die knöcherne Formgebung ist schlecht, der knöcherne Erker ist flach, das knorpelige Pfannendach nach kranial verdrängt, echoarm. Typ IIIa.
1 Labrum
2 knöcherner Erker
Achtung: der Unterrand des Os ilium ist nicht mehr sicher darstellbar, weil der Hüftkopf bereits die Standardebene verlassen hat.

Typ IIIa
Pfannendachknorpel ohne Strukturstörungen; es zeigt sich der typische, sonographisch echofreie, hyaline Knorpel des Pfannendaches.

Typ IIIb (Abb. 7.**12 a–c**)
Pfannendachknorpel mit Strukturstörungen, welche sich in einer Echogenität des Pfannendachknorpels äußern. Ursache ist die pathologische Druck- und Scherbelastung des dezentrierten Hüftkopfes auf den hyalinen Knorpel der Pfanne, die schließlich zu einer, auch histologisch nachweisbaren, faserknorpeligen Degeneration des verdrängten Pfannendachknorpels führt. Nur bei inadäquaten Therapiemaßnahmen sieht man heute noch vereinzelt IIIb-Hüften, sie sind Raritäten geworden!

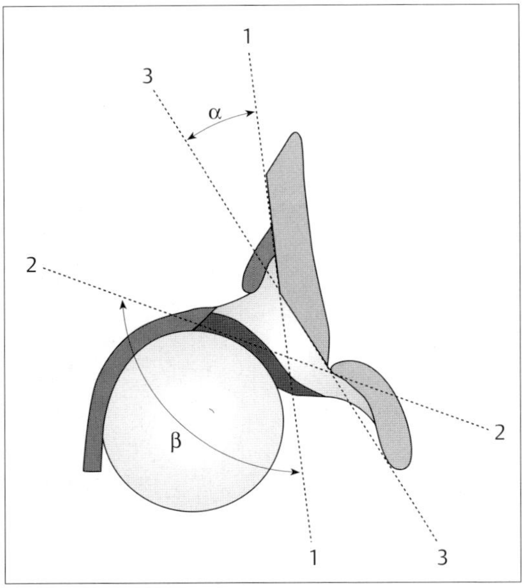

a

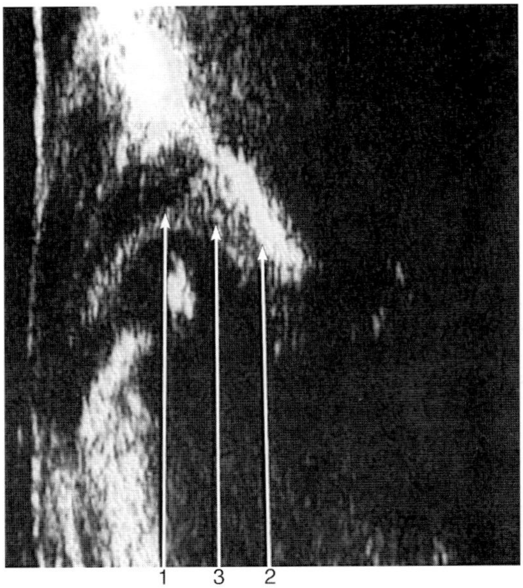

b

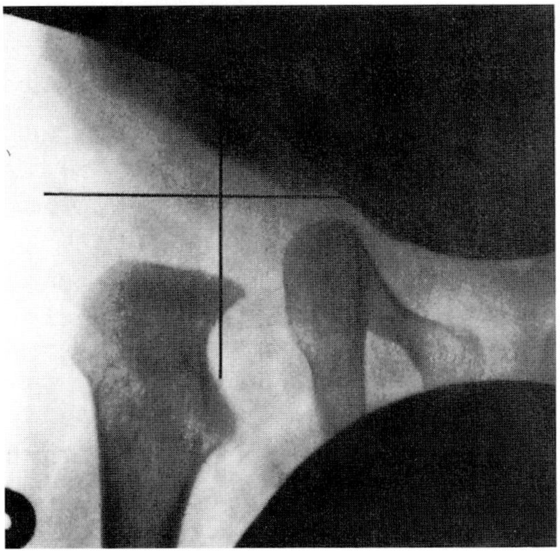

c

Abb. 7.**12 a** Rechtes Hüftgelenk Typ IIIb, schematisch. Der Knorpel wird durch den Druck histologisch verändert und echogen („Strukturstörung"). Bezeichnung wie in Abb. 7.**11 a**.

Abb. 7.**12 b** Sonogramm rechte Hüfte, 6 Monate, mit deutlicher Echoverdichtung (3) des knorpeligen Pfannendaches. Die knöcherne Formgebung hochgradig mangelhaft, der knöcherne Erker stark abgerundet bis abgeflacht (2), knorpeliger Erker (3) echogen, verbreitert und mit dem Labrum acetabulare (1) verdrängt. Der Unterrand des Os ilium liegt außerhalb der Standardebene und ist nicht sichtbar.

Abb. 7.**12 c** Röntgen zu Abb. 7.**12 b**.

Typ IV (Abb. 7.**13 a–c**)
Der Hüftkopf ist dezentriert. Das knorpelige Pfannendach ist zwischen Hüftkopf und Os ilium eingequetscht und in mediokaudaler Richtung zur Urpfanne hinuntergedrückt. Das bedeutet, dass der Weg des Kopfes zurück in die Pfanne durch den verdrängten Knorpel erheblich behindert sein kann. Die Prognose eines Typ-IV-Gelenkes ist deutlich schlechter als bei einem Typ-III-Gelenk und hängt wesentlich von der Frühestdiagnose ab.

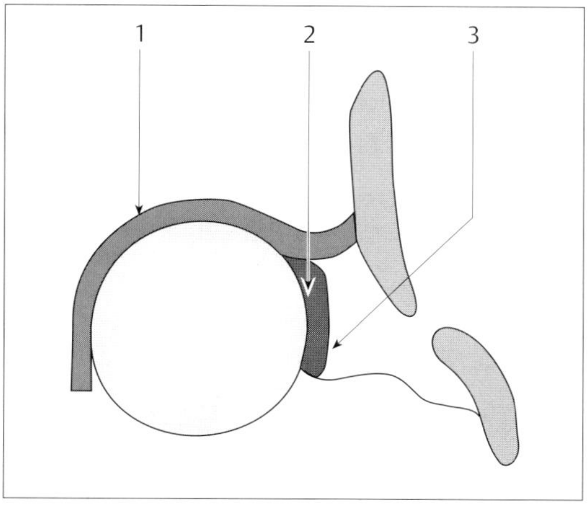

a

Abb. 7.**13 a** Hüfttyp IV, schematisch. Der Hüftkopf hat das hyaline Pfannendach mit dem elongierten Labrum acetabulare zwischen sich und der knöchernen Pfanne komprimiert.
1 Gelenkkapsel („Kapselhaube")
2 elongiertes und komprimiertes Labrum
3 nach mediokaudal komprimierte Anteile des knorpeligen Pfannendaches, die dem luxierten Hüftkopf als „Hypomochlion" dienten.

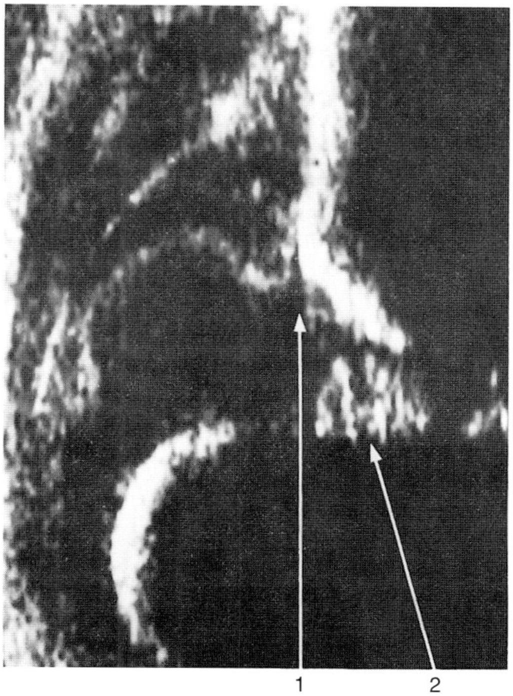

b

Abb. 7.**13 b** 4 Wochen altes Hüftgelenk, Typ IV. Das Sonogramm korrespondiert mit Abb. 7.**13 a**. Der Hüftkopf ist deutlich dezentriert, mehr lateralisiert als kranialisiert. Das Knorpeldach ist zwischen Hüftkopf und Knochenlamelle komprimiert (1), kranial des Hüftkopfes und außerhalb des Kapsel-Perichondrium-Streifens befindet sich kein Knorpeldach. In der Tiefe der Fossa acetabuli vermehrte Echos als Ausdruck des Vakatgewebes (2).

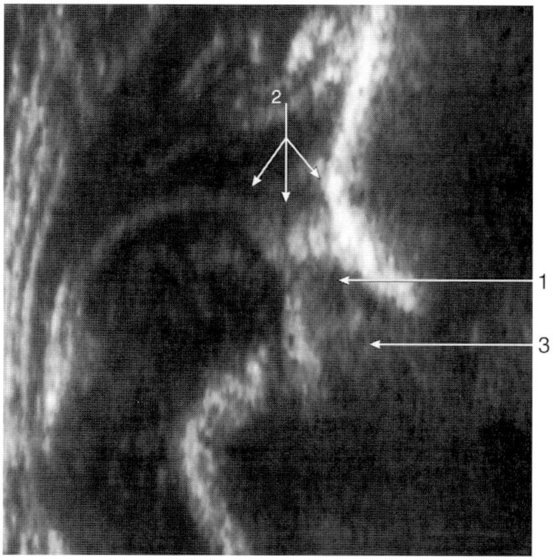

c

Abb. 7.**13 c** Hüfttyp IV. Der Hüftkopf hat den Pfannendachknorpel zwischen sich und der knöchernen Lamelle eingequetscht (1). Der Kapsel-Perichondrium-Streifen ist muldenförmig (2). Die Tiefe der Fossa acetabuli mit Fettgewebe ausgefüllt (3).

Unterscheidung Typ-III- von Typ-IV-Gelenken (Abb. 7.**14 a–c**): Methodisch lassen sich Typ-III- von Typ-IV-Gelenken unter Beachtung des Perichondriumverlaufs differenzieren. Das Perichondrium ist der Indikator, wo sich das hyalin-knorpelig präformierte Pfannendach befindet; kranial oder kaudal? Die Stellung des Labrums ist dabei irrelevant. Zieht das Perichondrium nach kranial, so handelt es sich um ein Typ-III-Gelenk, zieht das Prichondrium horizontal zur knöchernen Pfanne oder muldenförmig und dann erst ansteigend zum knöchernen Pfannendach, so liegt ein Typ-IV-Gelenk vor.

Typ-III- und Typ-IV-Gelenke sind beide definitionsgemäß als dezentriert Gelenke zu bezeichnen. Der Begriff „Subluxation" ist ein klinischer Begriff und darf nicht in der sonographischen Typologie verwendet werden.

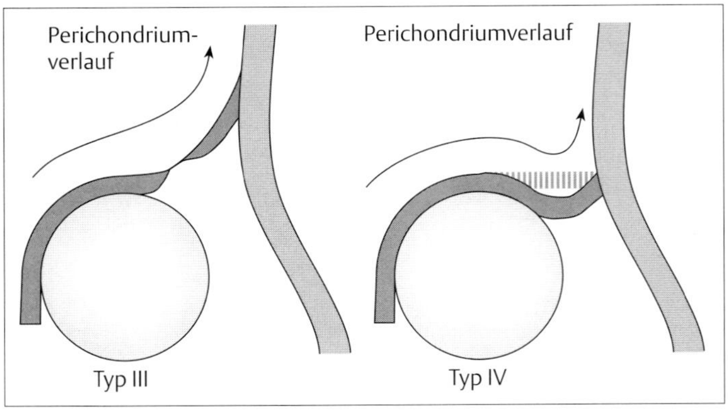

Abb. 7.**14 a** Unterscheidung von Typ III und Typ IV nach Richtung und Verlauf des Perichondriums am Pfannendachknorpel.

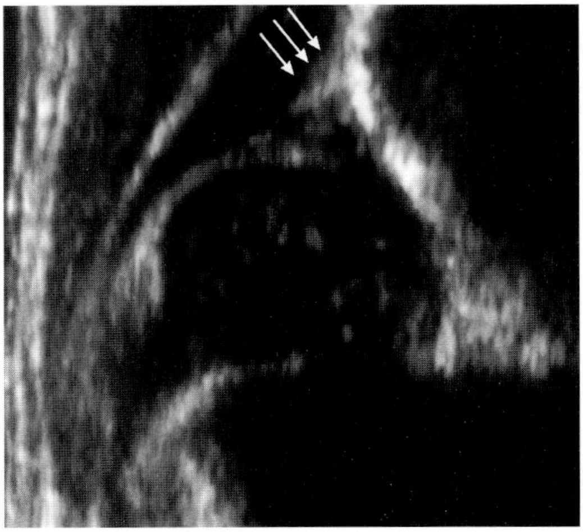

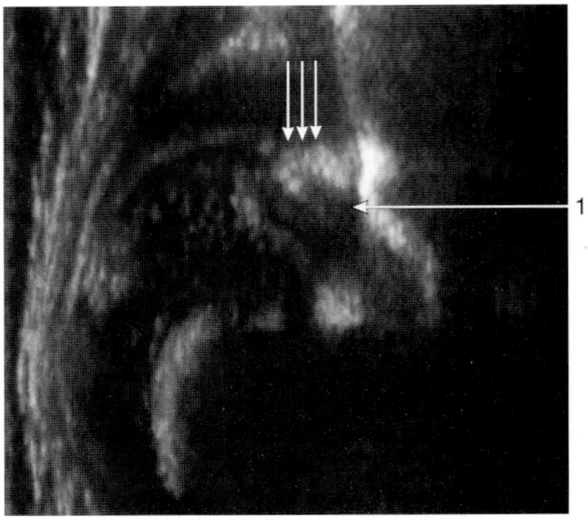

Abb. 7.**14 b/c** Vergleich zwischen Typ III und Typ IV und Unterscheidung mit dem Kapsel-Perichondrium-Streifen.

b Hüfttyp III mit nach kranial verdrängtem Pfannendachknorpel, sichtbar an dem nach kranial ziehendem Perichondrium (Pfeile).

c Hüfttyp IV mit nach kaudal verdrängtem Pfannendachknorpel (1) und dem muldenförmigen Kapsel-Perichondrium-Streifen (Pfeile).

7.4.2 Unterscheidung von Artefakten und strukturbedingter Echogenität

Die Unterscheidung, ob die Echogenität im Pfannendachknorpel durch eine echte Strukturstörung bedingt ist oder ob ein Artefakt vorliegt, ist nach folgenden Kriterien möglich:

1. Vergleich mit dem unmittelbar benachbarten hyalinen Hüftkopfbereich – bei einer Strukturstörung müssen deutlich mehr Reflexe im knorpeligen Pfannenteil vorhanden sein als im Hüftkopf.
2. Die Reflexe müssen über die ganze Ausdehnung des Pfannendachknorpels verteilt sein. Die zwischen proximalen Perichondrium und Darmbeinecho auftretenden Echos sind Pendelechos und dürfen nicht als „beginnende" Strukturstörung fehlinterpretiert werden.

7.4.3 Unterscheidung zwischen Strukturstörung und Nachverknöcherung

Die physiologische Nachverknöcherung der Pfanne kann zu ähnlichen Reflexen wie bei der pathologischen Strukturstörung führen.

Nachverknöcherungen finden sich bei zentrierten Gelenken (Abb. 7.**15 a–d**), Strukturstörungen nur bei dezentrierten (Typ III u. IV) Gelenken (Abb. 7.**16**)! Die Unterscheidung ist also anhand der Hüfttypisierung leicht möglich (zentriert – dezentriert).

Nachverknöcherung bedeutet immer Pfannenwachstum. Pfannenwachstum bei luxierten Hüften würde bedeuten, dass sich eine regelrechte Pfanne über dem luxierten Gelenk bildet – so etwas gibt es jedoch nie! Eine physiologische Nachverknöcherung kann also bei luxierten Gelenken nicht vorkommen!

> echogenes Pfannendach bei zentrierten Hüften = Nachverknöcherung, echogenes Pfannendach bei dezentrierten Hüften = Strukturstörung.

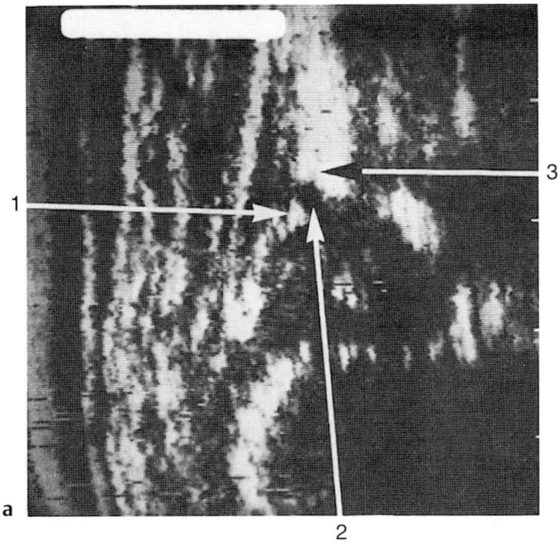

a

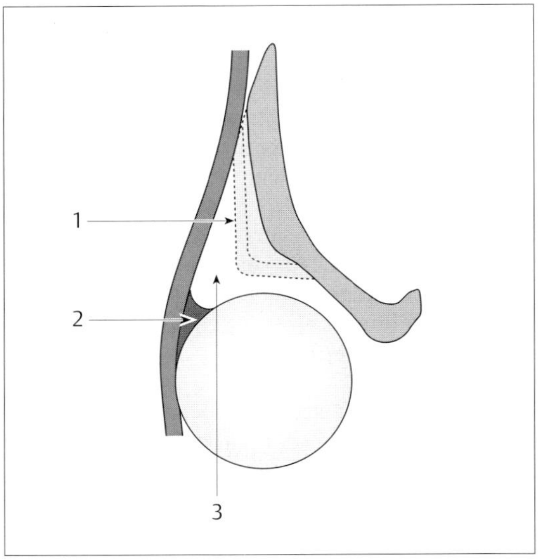

b

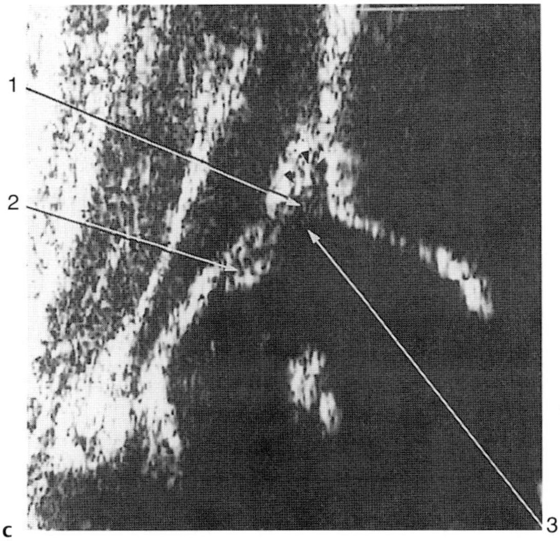

c

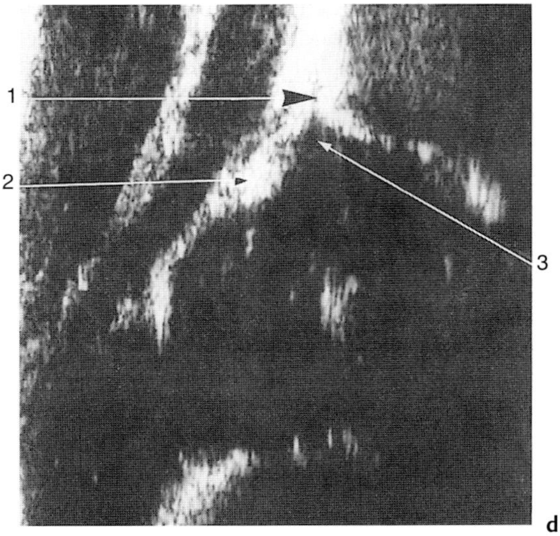

d

Abb. 7.**15 a** Historisches Compoundbild aus dem Jahre 1982. Ausgereiftes Hüftgelenk Typ I. Gut ausgebildeter eckiger Knochenerker. Das Knorpeldach übergreifend.
1 Labrum acetabulare
2 physiologisches „U" (Wachstumszone)
3 weit verknöcherter knorpeliger Erker

Abb. 7.**15 b** Schema der Nachverknöcherung.
1 Von proximal nach distal zunehmende sonographische Echogenität
2 Labrum acetabulare
3 noch nicht verknöchertes knorpeliges Pfannendach

Abb. 7.**15 c** 9 Monate altes Hüftgelenk mit mangelnder knöcherner Formgebung, abgerundeten Knochenerker und übergreifendem knorpeligen Pfannendach. Der breite knorpelige Erker wird im proximalen Anteil bereits echogen (1), Bezeichnung wie in Abb. 7.**15 b**.

Abb. 7.**15 d** Derselbe Patient wie in Abb. 7.**15 c**, 2 Monate später, Beispiel einer Nachverknöcherung. Die knöcherne Formgebung ist deutlich besser, das knorpelige Pfannendach ist gegenüber dem Status in Abb. 7.**15 c** deutlich schmäler und weiter verknöchert. Bezeichnungen wie in Abb. 7.**15 b**.

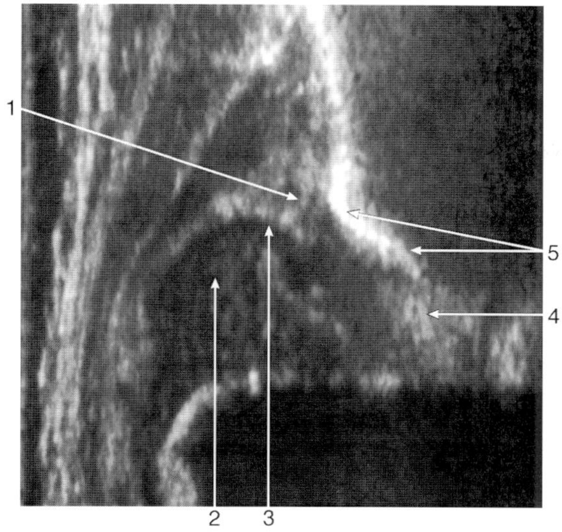

Abb. 7.**16** Hüftgelenktyp IIIb. Das nach kranial verdrängte knorpelige Pfannendach weist deutlich mehr Echos als der darunter liegende hyaline Hüftkopf auf.

1 echogenes nach kranial verdrängtes Knorpeldach
2 Hüftkopf
3 Labrum acetabulare
4 Vakatgewebe in der Tiefe der Fossa acetabuli
5 knöcherne Pfannendachanteile

8 Die Befundung von Hüftsonogrammen

Für die Befundung von Hüftsonogrammen sollten bestimmte Richtlinien eingehalten werden. Die Kongruenz vieler in die Befundung einfließender Daten und Fakten engt die Diagnose zunehmend ein, sodass letztendlich die Typisierung sicher wird. So werden zum Beispiel durch die Bezugnahme auf das Alter von vornherein die in Frage kommenden Typen reduziert. Inkongruente Befundungen dürfen nicht akzeptiert, sondern müssen überprüft werden. Eine Deskription „Pfannendach nach kranial verdrängt“ und gleichzeitig ein Alphawert von 62° ist inkongruent und muss zu einer Überprüfung des Hüftsonogramms führen. Eine alleinige Klassifizierung anhand eines Einzelwertes, wie zum Beispiel des Alpha-Winkels allein, wird notgedrungenermaßen zu größeren Fehlerquellen und Ungenauigkeiten führen.

8.1 Taktisches Vorgehen in der Praxis

Um Fehler zu vermeiden bzw. zu minimieren, ist die Reihenfolge des taktischen Vorgehens bei der Befunderhebung wichtig und es wird empfohlen, diese auch strikt einzuhalten.

1. Name, Geburtsdatum, rechtes, linkes Gelenk, Alter des Patienten
Die Altersangabe sollte dem Befund unbedingt vorangestellt werden. Sie engt automatisch die Möglichkeit der in Frage kommenden Hüfttypen ein (ein 4 Monate altes Gelenk kann nicht als Typ IIa klassifiziert werden!).

2. Anatomische Identifizierung
Die anatomische Identifizierung sollte aus praktischen Gründen immer vor der Brauchbarkeitsprüfung durchgeführt werden, um bei der Brauchbarkeitsprüfung nicht irrtümlich durch anatomische Fehlinterpretationen der Echos ein nicht korrektes Hüftsonogramm als befundtauglich zu werten.

3. Brauchbarkeitsprüfung
Sind alle Landmarks in der richtigen Reihenfolge vorhanden?

4. Deskription (Kap. 8.2)
Sie umfasst die morphologische Beschreibung der knöchernen und knorpeligen Anteile des Pfannendaches mit einheitlichen Termini. Auch wenn sie weitgehend subjektiv ist, zwingt sie zur analytischen Vorgangsweise und engt die in Frage kommenden Typen ein. Die Beschreibung führt zu einer vorläufigen Typisierung, die durch die Messtechnik abgesichert wird.

5. Messtechnische Bewertung

6. Angabe des finalen Typs

„Kongruente Beurteilung“

Die Deskription und die messtechnische Auswertung müssen kongruent sein. Inkongruenz zwischen Beschreibung und Messtechnik müssen zur neuerlichen Überprüfung der anatomischen Identifizierung und zur nochmaligen Brauchbarkeitsprüfung Anlass geben. Da die Deskription subjektiv ist, entscheidet in Grenzfällen die messtechnische Auswertung über den Typ. Eine inkongruente, also nicht „stimmige“ Beurteilung sollte Anlass sein, einerseits auch die Deskription, andererseits die Messlinie auf ihre Richtigkeit zu überprüfen.

7. Therapeutische Konsequenz

Kann das Kind entlassen werden, sind Kontrolle oder gar eine Therapie erforderlich?

8.2 Deskriptive Befunde

Es werden prinzipiell die knöchernen und knorpeligen Verhältnisse des Pfannendaches getrennt beschrieben. Bestimmte sonographische Termini haben sich eingebürgert. Bei korrekter Beschreibung des knöchernen und knorpeligen Pfannendaches ergibt sich zwangsweise auch der richtige Hüfttyp. Zur verbesserten Diagnostik und Feindifferenzierung wird die Ausformung der knöchernen Pfanne („knöcherne Formgebung“) und der knöcherne Erker („Erkerkonturierung“) getrennt beschrieben. Das knorpelige Pfannendach wird hinsichtlich seiner Ausformung und seiner sonographischen Struktur beschrieben. Die Erkerkonturierung geht nicht zwangsweise mit der Ausformung der knöchernen Pfanne Hand in Hand. Meistens ist zwar ein eckig konturierter knöcherner Erker mit einer guten Ausformung der Pfanne (großer Pfannendachwinkel = gute knöcherne Formgebung) kombiniert. Im Extremfall kann aber eine schlechte knöcherne Formgebung (Knochenwinkel Alpha ist klein = röntgenologische Flachpfanne) bei Ausheilung bereits eine eckige Erkerkonturierung als Zeichen einer zunehmenden Besserung der Pfannenverhältnisse zeigen. In diesem Fall beginnt der Knochenerker sich auszuformen, obwohl noch immer eine flache Pfanne besteht. Die zunehmende Erkerkonturierung, die sonographisch bereits im Frühstadium erkennbar ist, ist ein prognostisch günstiges Zeichen, auch wenn die Formgebung noch mangelhaft ist. Die Begriffe für knöcherne Formgebung, knöcherne Erker und die Beschreibung des knorpeligen Pfannendaches sind in Tab. 8.**1** ersichtlich.

Besondere Hinweise

Bei Hüfttyp I, insbesondere bei Typ Ib–Hüften findet man nicht immer den klassisch scharf konturierten eckigen Erker. Stattdessen ist der knöcherne Erker oft angedeutet abgerundet. Man nennt diese Erkerform „geschweift“, „stumpf“ oder „minimal gerundet“. Dieser Umstand hat insofern Bedeutung, da kaudal der minimalen Rundung des an und für sich gut konturierten knöchernen Erkers Knorpel vorhanden ist. Liegt auch nur eine minimale Rundung des gut konturierten knöchernen Erkers vor, so ist eine größere Knorpelauflage vorhanden, die sich in einem höheren Betawert niederschlägt (Abb. 8.**1 a/b**).

Wird der Begriff „verdrängt“ verwendet, so ist automatisch eine dezentrierte Hüfte gemeint. Der Begriff „übergreifend“ ist ausschließlich für zentrierte Hüften reserviert.

Tabelle 8.1 Beschreibung der Hüfttypen (LWo = Lebenswoche).

Hüfttyp	Knöcherne Formgebung Knochenwinkel α	Knöcherner Erker	Knorpelig präform. Pfannendach Knorpelwinkel β
TYP I reifes Hüftgelenk jedes Alter	gut α = 60 ° oder größer	eckig / stumpf	übergreifend Ia → β < 55 ° Ib → β > 55 °
TYP IIa (plus) physiologisch unreif → altersentsprechend < 12 LWo	ausreichend α = 50–59 ° (lt. Sonometer altersentsprechend)	rund	übergreifend
TYP IIa (minus) physiologisch unreif → mit Reifungsdefizit < 12 LWo	mangelhaft α = 50–59 ° (lt. Sonometer zu klein) nicht altersentsprechend)	rund	übergreifend
TYP IIb Verknöcherungsverzögerung > 12 LWo	mangelhaft α = 50–59 °	rund	übergreifend
TYP IIc Gefährdungsbereich jedes Alter	hochgradig mangelhaft α = 43–49 °	rund bis flach	noch übergreifend β < 77 °
TYP D am Dezentrieren jedes Alter	hochgradig mangelhaft α = 43–49 °	rund bis flach	verdrängt β > 77 °
TYP IIIa Dezentriertes Gelenk	schlecht α < 43 °	flach	nach kranial verdrängt – ohne Strukturstörungen
TYP IIIb Dezentriertes Gelenk	schlecht α < 43 °	flach	nach kranial verdrängt – mit Strukturstörungen
TYP IV Dezentriertes Gelenk	schlecht α < 43 °	flach	nach mediokaudal verdrängt
Ausnahme: Typ II mit Nachreifung	mangelhaft bzw. ausreichend	eckig (als Zeichen der Nachreifung)	übergreifend

Es muss nochmals darauf hingewiesen werden, dass die Deskription einer gewissen Subjektivität, die auch von der Erfahrung des Untersuchers abhängt, unterliegt. Sie zwingt aber den Untersucher durch Einschätzen der einzelnen Pfannendachkomponenten zu schrittweisen analytischen Vorgehen und sollte zumindest bei widersprüchlicher Deskription zur Befundüberprüfung führen.

Es ist z.B. nicht möglich, die knöcherne Formgebung als „gut", den knöchernen Erker als „eckig" und „gut ausgeprägt" zu beschreiben und das knorpelige Pfannendach aber als „breit und verdrängt" zu klassifizieren. Die gleichzeitige Benützung dieser Begriffe ist widersprüchlich („inkongruent") und kann bei korrektem Befunddiktat Hinweise auf eine Fehldiagnose liefern.

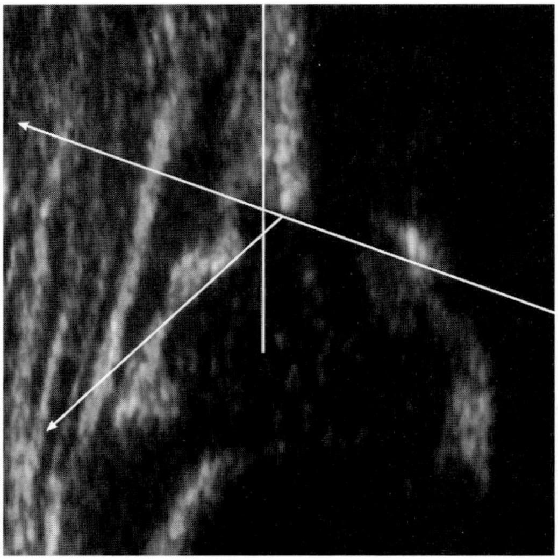

Abb. 8.**1 a** 5 Wochen altes Hüftgelenk, knöcherne Formgebung ist gut, der knöcherne Erker ist eckig, das knorpelige Pfannendach ist den Hüftkopf übergreifend. Winkel Alpha 72 °, Winkel Beta 50 ° = Typ Ia.

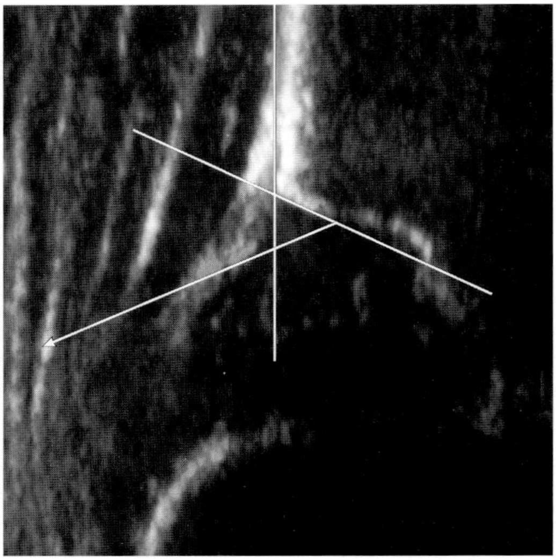

Abb. 8.**1 b** 5 Wochen altes Hüftgelenk, die knöcherne Formgebung ist gut, der knöcherne Erker ist stumpf, das knorpelige Pfannendach ist den Hüftkopf übergreifend. Alpha 66 °, Beta 69 ° = Typ Ib.

Ausnahme bei Typ-II-Gelenken

Werden die Begriffe in der Tab. 8.**1** in der horizontalen Reihe verwendet, so sind sie kongruent und schlüssig. Prinzipiell wird daher die entsprechende Zeile in der Deskription nicht verlassen. Die einzige Ausnahme ist bei Typ-II-Gelenken mit beginnender Nachossifikation: aufgrund der Ossifikation und der zunehmenden Erkerbildung kann es sein, dass der knöcherne Erker statt rund bereits eckig ausgeformt ist. Dies kann als prognostisch günstiges Zeichen, nämlich als Zeichen des beginnenden Pfannendachwachstums („Nachossifikation"), gewertet werden (Abb. 8.**2**).

Abb. 8.**2** Beispiel einer Nachverknöcherung. 6 Wochen altes Hüftgelenk. Die knöcherne Formgebung ist ausreichend, der knöcherne Erker beginnt sich eckig zu konturieren, das knorpelige Pfannendach ist den Hüftkopf übergreifend. Alpha 59 °, Beta 66 ° = Typ IIa (+)

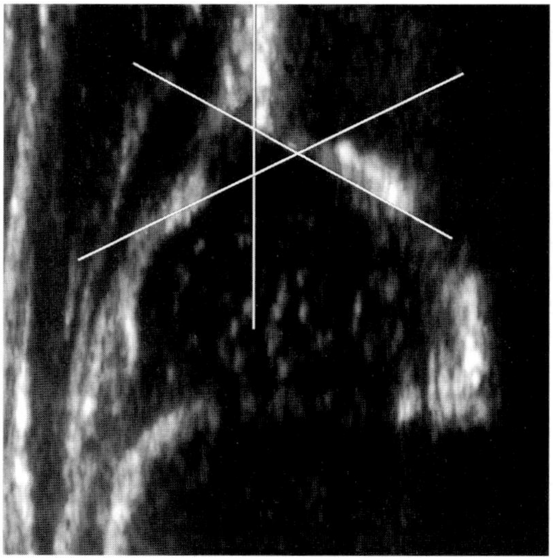

9 Die („dynamische“) Stressuntersuchung

Bei Druck auf das Femur in kaudokranialer Richtung, aber auch bei Rotationsbewegungen allein kann es zu Verbiegungen und Verdrängungen der nicht ossifizierten Knorpeldachanteile kommen. Zweifellos ist die Frage von Bedeutung, inwieweit dieses Hin- und Hergleiten in der Pfanne mit konsekutivem Verbiegen des Pfannendachknorpels akzeptabel und im Normbereich ist (elastische Federung) und ab welchem Stadium diese Relativbewegungen pathologisch und somit hüftgelenkzerstörend (echte pathologische Instabilität) sind. Ferner ist zwischen klinischer Instabilität und sonographischer Instabilität zu unterscheiden.

9.1 Klinische und sonographische Instabilität

Definitionen

Unter klinischer Instabilität versteht man Ertasten von Relativbewegungen des Hüftkopfes im Hüftgelenk und über den Pfannendachrand hinaus, ausgelöst durch verschiedene Untersuchungsmanöver (Ortolani-Phänomen, Barlow-Zeichen, Aus- und Einrenkbewegungen, etc.). Umfangreiche Literatur existiert zu den verschiedensten manuellen Untersuchungstechniken (Graf 1997, Tönnis 1984, Niethard 1997), wobei Einigkeit darüber herrscht, dass die Reproduzierbarkeit verschiedenster Gleit- und Schnappphänomene sowie Instabilitätszeichen im hohen Maße von der Untersuchungstechnik, der Geschicklichkeit und der Erfahrung des Untersuchers abhängen. Der Reproduzierbarkeit sind dadurch erhebliche Grenzen gesetzt. Unabhängig davon muss ein gewisses Maß an Pathologie, zumindest eine Ausweitung des Azetabulums bereits vorliegen, um dies im günstigsten Falle durch eine klinische Untersuchung erkennen zu können. Nicht erfasst werden können mit der klinischen Untersuchung noch zentrierte, aber bereits ossifikationsverzögerte oder im Präluxationsstadium (Typ II c) sich befindende Hüftgelenke.

Unter sonographischer Instabilität versteht man das direkt am Monitor zu beobachtende Herausgleiten des Hüftkopfes aus der Pfanne mit konsekutiven Pfannendachverbiegungen, wobei letztere durch entsprechende Messungen quantifizierbar sind. Die sonographische Instabilität kann somit quantifizierbar und somit unabhängig vom persönlichen Geschick und Tastsinn des Untersuchers jederzeit reproduzierbar und messtechnisch nachgewiesen werden.

9.2 Praktische Durchführung des Stresstests

Der sonographische Stresstest erfolgt in ähnlicher Weise wie die klinische Untersuchung, lediglich in Seiten- statt Rückenlage des Kindes. Nach üblicher Lagerung wird der Schallkopf korrekt appliziert. Es ist dabei darauf zu achten, dass beide Hände auf den Randwülsten der Lagerungsschale abgestützt sind. (Abb. 9.**1**) Nach Aufsuchen der Standardebene wird der Schallkopf in dieser Stellung mit der rechten Hand gehalten, während die linke Hand

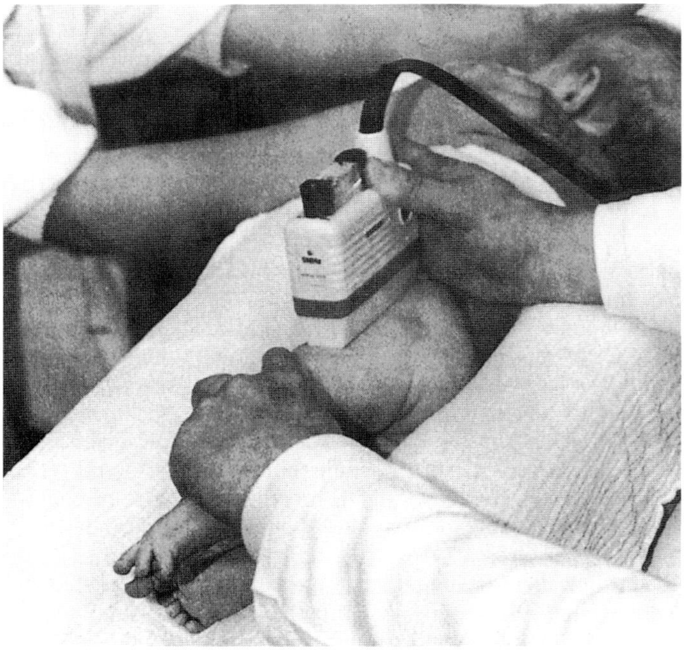

Abb. 9.**1** Stressuntersuchung des li. Hüftgelenkes. Das re. Handgelenk liegt auf der Polsterung der Halteschale auf, um eine sichere Führung des Transducers zu gewährleisten. Die li. Hand umfasst das zu untersuchende Beinchen und kann das Hüftgelenk zur Stressuntersuchung unter Zug und Druck setzen.

zum Kniegelenk greift und einen axialen Druck in kaudokranialer Richtung ausübt. Wichtig ist dabei, dass unbedingt das rechte Handgelenk auf dem Randpolster abgestützt wird, da man anderenfalls die Standardebene nur allzu leicht verliert. Während des Stresstestes ist es oft notwendig, den Schallkopf in Richtung des luxierenden Hüftkopfes nachzujustieren. Dies gelingt leicht, wenn das rechte Handgelenk abgestützt wird.

Leichte Adduktionsstellung macht die Instabilität, wenn vorhanden, noch eindrucksvoller. Bei sonographisch instabilen Hüften tritt der Hüftkopf unter Mitnahme des Labrum acetabulare höher (Abb. 9.**2 a/b**) wird der Druck vom Hüftkopf weggenommen, so federt dieser wieder in seine Ausgangsposition zurück. Das Hochdrängen des Hüftkopfes kann sonographisch bei hochgradigen Reifungsmängeln der Hüfte bereits gesehen werden, wenn der Säugling das Beinchen spontan anzieht. Durch den Adduktorenzug wird der Hüftkopf nach kranial gedrängt.

9.3 Die elastische Federung (Abb. 9.3 a–c)

Auch bei vollkommen ausgereiften Hüften kann bei Bewegung des koxalen Femurendes ein leichtes Hochfedern des Labrum acetabulare mit dem oft nur klein darstellbaren knorpeligen Erker beobachtet werden. Dieses Hochfedern ist ein Anpassungsvorgang und Ausdruck physiologischer Inkongruenzen der gelenkbildenden Anteile, die durch die akzessorischen Gelenksanteile der Pfanne ausgeglichen werden. Das Hüftgelenk entspricht biomechanisch und anatomisch einem Nuss- und nicht einem Kugelgelenk! Selbstverständlich kann die Position des Hüftkopfes bei Ad- und leichter Abduktion mitbeurteilt werden. Bei der elastischen Federung ändert sich die Typenzugehörigkeit des Hüftgelenkes nicht.

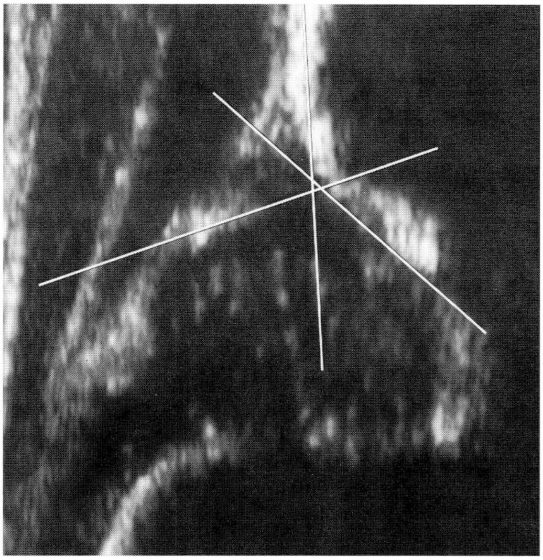

Abb. 9.**2 a** 3 Wochen altes Hüftgelenk, knöcherne Formgebung ist hochgradig mangelhaft, der knöcherne Erker stark gerundet, das knorpelige Pfannendach erscheint den Hüftkopf noch übergreifend. Alpha 45°, Beta 74° = Hüfttyp IIc. Die Untersuchung erfolgte ohne Stress.

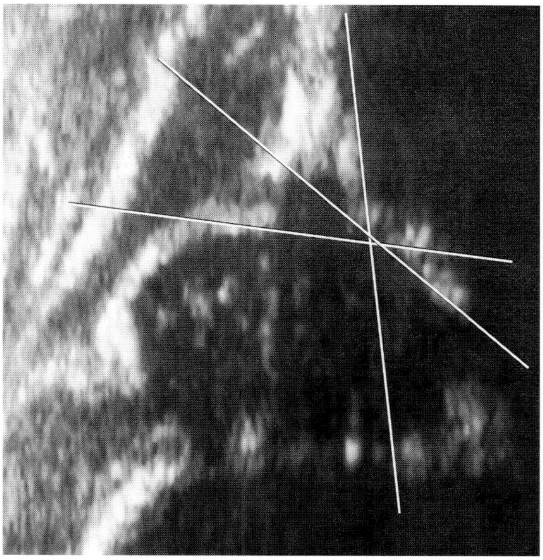

Abb. 9.**2 b** Dasselbe Hüftgelenk wie in Abb. 9.**2 a**, nun mit Stressuntersuchung. Unter Druck tritt der Hüftkopf deutlich höher. Alpha 45°, Beta 105°. Der Hüfttyp entspricht messtechnisch einem Hüfttyp D. Finale Klassifikation: Typ IIc-instabil (!).

9.4 Typologie des sonographisch instabilen Hüftgelenkes

Selbstverständlich sind dezentrierte Hüftgelenke von Haus aus instabil (Typ D, IIIa, IIIb, Typ IV).

Es ist allerdings die wichtige Frage zu klären, ab welchem Zeitpunkt ein Hüftgelenk tatsächlich instabil ist; inwieweit kann der Grenzbereich zwischen stabiler, eventuell nur von einer elastischen Federung betroffenem Gelenk und instabiler Hüfte abgegrenzt werden?

In diesem Zusammenhang kommt dem Typ-IIc-Bereich eine besondere Bedeutung zu.

Definition

Ein Hüftgelenk beginnt sonographisch dann instabil zu werden, wenn es gelingt ein Typ-IIc-Gelenk unter Druck messtechnisch in einen Hüfttyp D überzuführen.

Ist dies der Fall, bezeichnet man dieses Hüftgelenk als Typ IIc-instabil (vergleiche Abb. 9.**2 a** mit 9.**2 b**).

Kann ein Typ IIc unter Druck nicht dezentriert werden und verbiegt sich dabei das knorpelige Pfannendach nicht über das definierte Maß von 77° Beta, so wird dieses Hüftgelenk als Typ IIc-stabil bezeichnet.

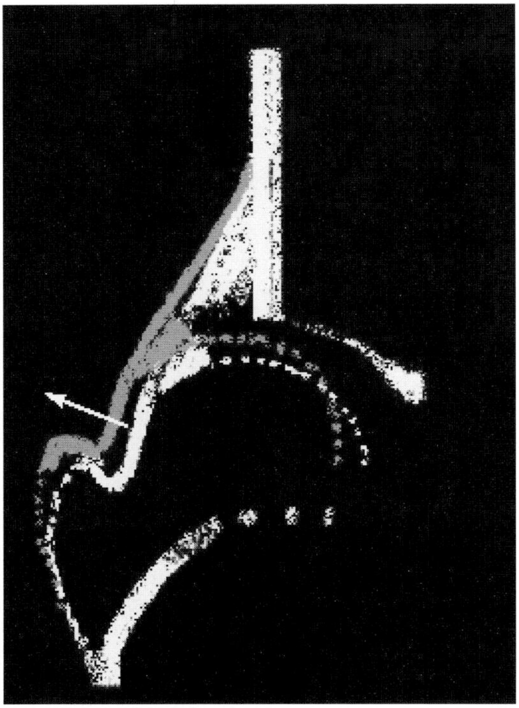

a

Abb. 9.**3a** Beispiel einer elastischen Federung. Auch bei gutem Knochensockel kann es unter Druck zur Verdrängung des knorpeligen Pfannendaches kommen. Diese ist bei guter knöcherner Pfannenüberdachung nicht als pathologisch zu werten.

Abb. 9.**3b** Beispiel einer elastischen Federung. Alpha 55°, Beta 74°. Hüftgelenk ohne Stress. Vergleich Abb. 9.**3c**.

Abb. 9.**3c** Dasselbe Hüftgelenk wie in Abb. 9.**3b**, nun unter Stress. Bei gleich bleibendem Knochenwinkel (Alpha 55°) kommt es zum Höhertreten des knorpeligen Pfannendaches mit dem Labrum (Beta 89°): elastische Federung (!).

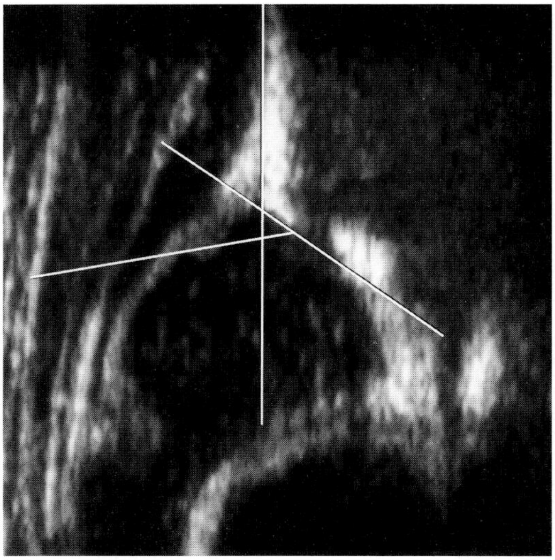

b

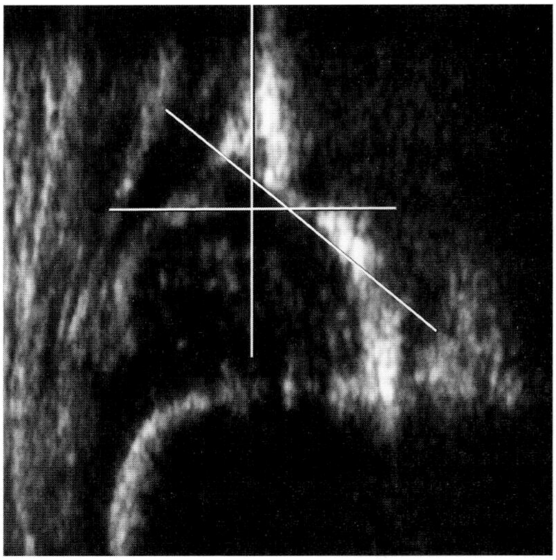

c

Durch die Unterscheidung von Typ IIc-stabil und Typ IIc-instabil ist es möglich, messtechnisch, objektivierbar und unabhängig von subjektiven klinischen Eindrücken die Instabilität zu definieren.

Die mancherorts praktizierte Gewohnheit, die Knorpeldachlinie nicht einzuzeichnen und den Betawert nicht zu messen, beraubt den Untersucher nicht nur einer Qualitätskontrolle, da der Winkel Alpha und der Winkel Beta in einem bestimmten Verhältnis zueinander stehen, sondern macht die Klassifizierung von Typ IIc-stabil, Typ IIc-instabil und Hüfttyp D unmöglich. Dadurch wird die nahezu historisch Chance vertan, die pathologische und für die Therapie wichtige Instabilität von physiologischen Wackelbewegungen (elastische Federung) abzugrenzen und unabhängig von der Erfahrung und dem Geschick des klinischen Untersuchers zu machen.

Gegenüberstellung elastische Federung und Instabilität

Vergleicht man elastische Federung mit echter Instabilität, so ist beiden Phänomenen gemeinsam, dass durch Krafteinwirkung auf das koxale Femurende der Hüftkopf mehr oder weniger aus der Pfanne gedrängt werden kann. Nach heutigen Wissensstand ist die dabei auftretende Deformierung der knorpeligen Pfannenanteile und die damit konsekutiv auftretende Ausweitung der Gelenkkapsel so lange nicht von Bedeutung und daher als nicht pathologisch zu werten, solange der knöcherne Sockel, nämlich die knöcherne Pfanne, in einem bestimmten Ausmaß den Hüftkopf überdacht. Der Verdrängungsprozess erlangt aber dann eine Bedeutung, wenn das Ausmaß der Verbiegung ein definiertes Maß überschreitet und zusätzlich der knöcherne, stabile Pfannendachsockel unzureichend ausgebildet ist. Dies ist ab einem Typ IIc und schlechter, entsprechend einem Alpha-Wert von 49° und weniger, der Fall.

9.5 Typenzuordnung von instabilen Gelenken

Die Typisierung des Hüftgelenkes erfolgt prinzipiell im Ruhestadium, d. h. ohne „Stress".

Sonographisch instabile Hüften liegen in ihrer Ausgangsposition im Gefährdungsbereich, im Hüfttyp D oder Typ III bzw. Typ IV. Selbstverständlich können sie bei der dynamischen Untersuchung noch weiter disloziert werden. So kann ein hochdisloziertes Typ-III-Hüftgelenk, wenn zusätzlich der Hüftkopf nach kranial geschoben wird, in einen Hüfttyp IV übergehen, wenn das Knorpeldach vom Hüftkopf völlig herunterrutscht und zwischen Hüftkopf und Os ilium eingequetscht wird. Definitionsgemäß erfolgt die Typisierung in Ruhe, daher wäre dieses Hüftgelenk nach wie vor dem Typ III zuzuordnen.

Weitere Beispiele

a) Ein Hüftgelenk Typ IIc wird unter Druck messtechnisch in einen Hüfttyp D übergeführt. Typ IIc-instabil.
b) Ein Hüftgelenk Typ IIc wird unter Druck gesetzt, messtechnisch lässt es sich aber nicht in einen Hüfttyp D überführen. Resultat: Hüfttyp-IIc-stabil.
c) Ein Hüfttyp D wird versucht zu reponieren. Unter Zug gelingt es zu reponieren, in dieser Stellung wäre das Sonogramm ausgemessen Typ IIc. Da die Hüftgelenke ohne Stress klassifiziert werden, ist die Diagnose Typ D.
d) Ein Hüfttyp D wird unter Druck gesetzt. Das Hüftgelenk verschlechtert sich, der Betawert steigt, der Alphawert bleibt aber im Typ-IIc-Bereich. Diagnose: Hüfttyp D.

10 Besonderheiten, Fehlerquellen

In der täglich Praxis zeigen sich immer wieder typische häufig wiederkehrende Fehler und besondere Fragestellungen. Im folgenden Abschnitt sollen die wichtigsten Probleme nochmals zusammengefasst, wiederholt und durch spezielle Anmerkungen ergänzt werden.

10.1 Fragen der Nomenklatur

Luxation, Subluxation

Der Begriff der Luxation beschreibt definitionsgemäß einen Zustand, bei dem die Gelenkpartner bleibend getrennt sind (zum Unterschied zur temporären Trennung, wie bei der Distorsion!).

Der Begriff der Luxation ist ein Sammelbegriff und geht nicht näher auf die pathoanatomischen Deformierungen der Hüftgelenkpfanne ein. Der Begriff Subluxation bedeutet bestenfalls „ein bisschen luxiert", ihm ist ebenfalls kein pathoanatomisches Äquivalent zuzuordnen. Der Terminus „subluxiert" kann daher bestenfalls in Zusammenhang mit einer klinischen Untersuchung gebraucht werden.

Hüftdysplasie, Hüftreifungsstörung

Der Begriff Hüftdysplasie bezieht sich auf den Fehlbau der Pfanne, ohne Beziehung zum Alter. Da diese Begriffe für eine pathoanatomische Statuserhebung mit entsprechenden therapeutischen Konsequenzen nicht mehr ausreichend sind, wird entsprechend den heutigen Erkenntnissen der sich entwickelnden Ossifikationsstörung wechselnden Ausmaßes empfohlen, generell den Begriff **„Hüftreifungsstörung"** als Oberbegriff für die Gesamtproblematik zu verwenden.

Zentrierte, dezentrierte Gelenke

Je nachdem, ob der Hüftkopf formschlüssig in der Pfanne steht oder diese Kongruenz nicht mehr erhalten ist, wird empfohlen, von zentrierten und dezentrierten Gelenken zu sprechen.

Dezentrierte Gelenke wären somit:
Hüfttyp D, Hüfttyp IIIa, IIIb und Hüfttyp IV.

Zentrierte Gelenke:
Typ I, Typ IIa, IIb und Typ IIc.

Gelingt es, die zentrierte Hüfte Typ IIc unter Druck in das erste Dezentrierungsstadium, nämlich Hüfttyp D, überzuführen, so wird dieses Gelenk definitionsgemäß als Typ IIc-instabil bezeichnet und charakterisiert somit den Übergang von zentrierten in dezentrierte Gelenke.

Dringend wird empfohlen den Begriff „Limbus" am Säuglingshüftgelenk nicht zu verwenden (siehe auch Kap. 3.4.2).

10.2 Zusammenfassung von Regelabweichungen

Unterrand des Os ilium

Das Fehlen des Unterrandes des Os ilium, Schnittebenenabweichungen

Der Unterrand des Os ilium als integrierender Bestandteil jedes Sonogramms kann bei dezentrierten Hüftgelenken je nach Ausmaß der Dezentrierung und der Luxationsrichtung nicht immer dargestellt werden. Der Hüftkopf hat meist in kraniodorsaler Richtung die Pfanne verlassen und befindet sich somit nicht mehr in der Standardebene, sodass der Unterrand des Os ilium nicht dargestellt werden kann. Gleichzeitig folgt man mit der Schnittebene dem luxierenden Hüftkopf in seine Luxationsrichtung nach dorsal. Man verlässt somit auch den Schnittebenenbereich am Pfannendach, sodass bei hochgradig dezentrierten Gelenken der Unterrand des Os ilium nicht mehr dargestellt werden kann und der Schnittebenenverlauf meist dorsal ist. Eine Messung dieser Sonogramme darf nicht erfolgen, sehr wohl ist aber eine Typisierung aufgrund der Verdrängungsrichtung des knorpeligen Pfannendaches möglich.

Deskriptionsabweichungen

In der Regel gilt für ein Typ-II-Gelenk die Beschreibung: knöcherne Pfanne mangelhaft oder ausreichend, der knöcherne Erker rund, das knorpelige Pfannendach den Hüftkopf übergreifend. In Fällen der Nachreifung konturiert sich als erstes Zeichen der beginnenden Pfannendachossifikation der knöcherne Erker eckig. Der Befund knöcherne Pfanne mangelhaft bzw. ausreichend, der knöcherne Erker eckig (Ausnahme), das knorpelige Pfannendach übergreifend, signalisiert ein Typ-II-Gelenk mit beginnender Ossifikation! Die im Deutschen gebräuchlichen Begriffe für die knöcherne Pfanne „mangelhaft“ und „ausreichend“ werden je nach Sprachverständnis verschieden gehandhabt: mangelhaft soll im Sinne von zu wenig, nicht akzeptabel, nicht tolerabel verwendet werden. Ausreichend im Sinne von altersgemäß, akzeptabel (Typ-IIa, bzw. Typ-IIa(+)-Gelenke) (Abb. 10.**1**).

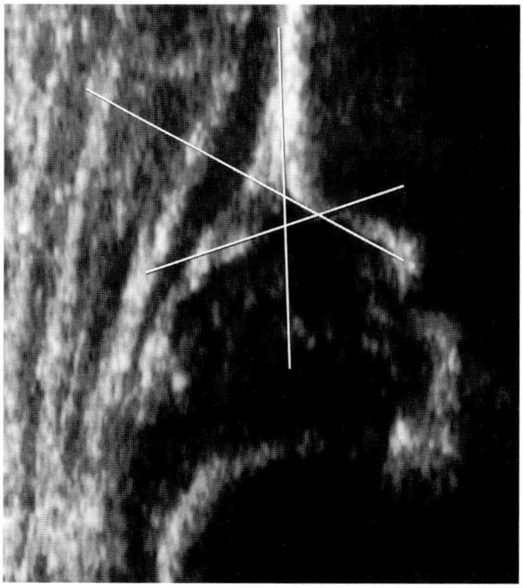

Abb. 10.**1** 6 Wochen altes Hüftgelenk. Knöcherne Formgebung ist ausreichend, der knöcherne Erker rund, das knorpelige Pfannendach den Hüftkopf übergreifend. Alpha 57 °, Beta 75 ° = Hüfttyp IIa(+), (im Sinne von „akzeptabel“).

10.3 Die häufigsten Fehler in der Praxis

Die in der täglichen Praxis am häufigsten vorkommenden Fehler sollen entsprechend ihrer Wertigkeit nochmals erwähnt werden. Sie werden in der Reihenfolge des methodischen Vorgehens und entsprechender Wichtigkeit ihrer Bedeutung gereiht.

Handlingfehler

Es wird der Faktor Zeit bei der Untersuchung nicht berücksichtigt und kein systematisches Vorgehen gewählt. Zuerst muss immer der Unterrand des Os ilium und dann anschließend der mittlere Pfannendachbereich eingestellt werden. Bei der empfohlenen Abtasttechnik ist meist automatisch das Labrum acetabulare gleichzeitig sichtbar. Wird die empfohlene Abtasttechnik nicht eingehalten, ist es meist unmöglich, die 3 Landmarks gleichzeitig darzustellen. Kippfehler sind strikt zu vermeiden, daher muss das Nachjustieren der Schnittebene unter Augenkontrolle erfolgen bzw. es sollte zusätzlich zur Lagerungsschale eine Schallkopfführungsapparatur verwendet werden.

Identifizierungsfehler und Fehler in der Brauchbarkeitsprüfung

Am fertigen Sonogramm muss unbedingt die anatomische Identifizierung der Echos vor der Brauchbarkeitsprüfung durchgeführt werden. Niemals umgekehrt! Wird zuerst die Brauchbarkeitsprüfung durchgeführt, kann es sein, dass ein Echo in der Tiefe der Fossa acetabuli oder das Labrum fehlinterpretiert wird und ein korrektes Sonogramm mit dem Vorhandensein aller 3 Landmarks vorgetäuscht wird. Klassische Verwechslungsfehler sind, dass der Unterrand des Os ilium von seinen Umgebungsstrukturen und der Fovea centralis nicht abgegrenzt wird (Abb. 10.**2**) und das Labrum acetabulare mit dem proximalen Perichondrium (Abb. 10.**3**) oder der Umschlagfalte verwechselt wird.

> Identifizierungsfehler stehen an erster Stelle als Ursache für Fehldiagnosen!!!

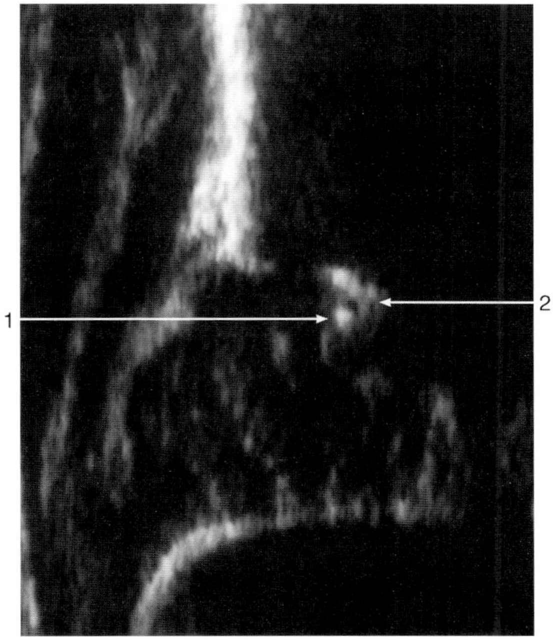

Abb. 10.**2** Verwechslungsmöglichkeit des Unterrandes des Os ilium (2) mit der Fovea centralis (1).

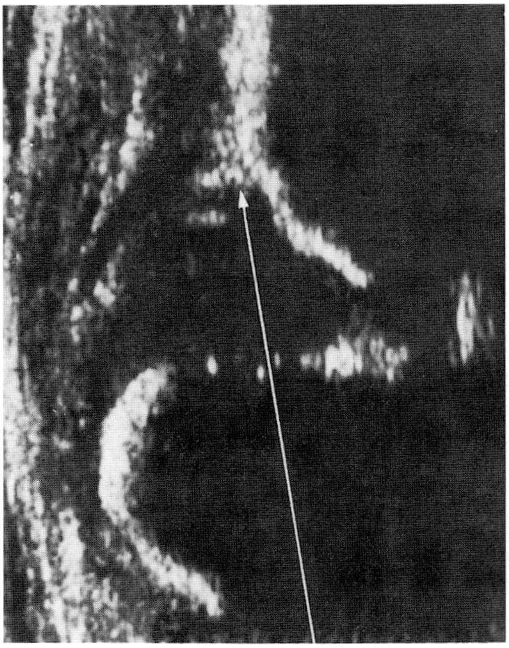

Abb. 10.**3** Cave: Verwechslungsmöglichkeit des Labrum acetabulare mit dem komprimierten proximalen Perichondrium (1).

In der Gruppe der Beurteilungsfehler sollen die häufigsten Fehler zusammengefasst werden, die erfahrungsgemäß keine Anfängerfehler, sondern Fehler von zum Teil langjährig in der Hüftsonographie Tätigen sind.

Nachverknöcherung und Strukturstörung

Die Echogenität im Pfannendachknorpel ist hinsichtlich ihrer Charakteristik sowohl bei der Nachverknöcherung als auch bei der Strukturstörung gleich. Strukturstörung und Nachverknöcherung werden über den Typ unterschieden. Strukturstörung tritt bei dezentrierten Gelenken, die Nachverknöcherung bei zentrierten Gelenken auf (siehe Kap. 7.4.3). Die Fehlinterpretation einer Strukturstörung kann dazu führen, dass aus einem Typ-IIIb- ein zentriertes, eventuell sogar ein Typ-I-Hüftgelenk gemacht wird.

Unterscheidung Typ III, Typ IV

Therapeutisch und prognostisch wichtig ist die Lage des deformierten Pfannendachknorpels, nicht die des Labrum acetabulare! Um die Lage des deformierten Knorpels zu bestimmen, muss das am Knorpel adhärente Perichondrium zu Hilfe genommen werden:

ansteigender Verlauf des Perichondriums = Typ III,
horizontaler bzw. muldenförmiger Verlauf des Perichondriums = Typ IV (siehe Kap. 7.4.1).

Erkerdefinition

Der knöcherne Erker ist der Umschlagpunkt der Pfannenkonkavität zur Konvexität (= Gegenkrümmung). Der knöcherne Erker muss somit topographisch-sonographisch aus der Konkavität des Azetabulums heraus, d. h. vom Unterrand des Os ilium nach kranial aufgesucht und festgelegt werden; niemals von kranial nach kaudal! (Abb. 10.**4**) Der knöcherne Erker ist meist nicht identisch mit dem Schnittpunkt von Grund- und Pfannendachlinie !

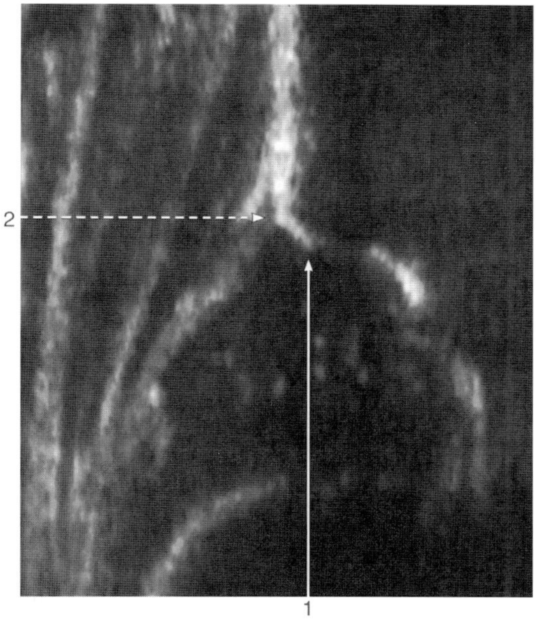

Abb. 10.**4** Fehlermöglichkeiten bei der Feststellung des knöchernen Erkers. Die richtige Definition Konkavität zu Konvexität führt zur korrekten Festlegung des knöchernen Erkers (1). Bei Aufsuchen des knöchernen Erkers in falscher Reihenfolge würde der knöcherne Erker zu hoch und somit falsch festgelegt werden (2).

Vergleich: Sonogramm – Röntgen

Ein Röntgenbild bietet nicht mehr, sondern weniger Information als ein Sonogramm. Zwischen Sonogramm und Röntgenbild besteht eine Zeitdifferenz aufgrund der differenten Bildentstehung (6–8 Wochen!). Es darf daher niemals ein Sonogramm und ein Röntgenbild am gleichen Tag miteinander verglichen werden. Das Sonogramm eilt somit im Vergleich zum Röntgenbild diesem bis zu 8 Wochen voraus.

Als **Faustregel** kann gelten:
AC + Alpha = 90 °.

10.4 Kippfehler

Sie haben mit steigenden Präzisionsansprüchen enorm an Bedeutung gewonnen und können Fehldiagnosen verursachen. Sie sollen daher nochmals exemplarisch wiederholt und ergänzend zu Kap. 5.5.2 kommentiert werden. Bedingt durch differente Schalllaufgeschwindigkeiten im Gewebe kommt es je nach Einstrahlrichtung des Schallstrahles durch Beugungen und Brechungen zum Teil zu erheblichen Abweichungen des Schallstrahles mit konsekutiven Bildverzeichnungen. Diese können, wie eigene Untersuchungen zeigten, durch schräg einfallende Schallstrahlen, wie sie bei Sektorscannern von Haus aus vorhanden sind, auch durch Verkippungen des Transducers bei Linearschallköpfen provoziert werden und zu erheblichen Fehldiagnosen führen. Es ist daher absolut notwendig, den Schallkopf beim liegenden Kind verkippungsfrei aufzusetzen.

Kippung in ventrodorsaler Richtung

Bei der Einstrahlrichtung wird zwar ein standardschnittähnliches Sonogramm produziert, eine korrekte Beurteilung des Erkers und ein Einzeichnen der Grundlinie sind durch die Verbreiterung des Perichondriums und des Os ilium kaum möglich. Gleichzeitig kann oft der Unterrand des Os ilium nicht scharf dargestellt werden, ein „Verflattern" führt zu falsch eingezeichneten Knochendachlinien.

Kippung in dorsoventraler Richtung

Bei dieser Einstrahlrichtung wird eine scheinbar dorsale Schnittebene dargestellt. Zur Verwunderung der Untersucher verschwindet diese scheinbar dorsale Schnittebene auch dann nicht, wenn der Schallkopf am Pfannendach weiter nach ventral gedreht wird. Da sich die Krümmung der Os-ilium-Kontur in diesem Fall nicht ändert, wird schließlich eines dieser Bilder verwertet, weil sich eben keine bessere Schnittebene einstellen ließ. Fälschlicherweise nimmt der Untersucher an, dass hier eine Normvariante mit der typischen rabenschnabelartigen Ausziehung des Erkers (die es ja auch gibt) vorliegt.

Kippung in kraniokaudaler Richtung

Bei dieser Einstrahlrichtung kann meist der Unterrand des Os ilium nicht scharf dargestellt werden. Meist kommt es zu unscharfer, ausgefranster Echogebung, der Unterrand „verflattert" oder wird gar nicht dagestellt.

Kippung in kaudokranialer Richtung

Dies ist wohl der schwerwiegendste aller Fehler.
Verantwortlich, dass scheinbar dysplastische oder sogar dezentrierte Gelenke zur Darstellung kommen, sind 2 Phänomene:

1. Durch kaudokraniale Schallkopfkippung wird der mittlere Pfannendachbereich als scheinbar dorsale Schnittebene dargestellt.
2. Durch die großen Schalllaufgeschwindigkeitensunterschiede am Hüftgelenk und der schrägen Anschallung von Grenzschichten kommt es zur Beugung und Brechung.

Faustregel: Um den gleichen Winkelwert der Verkippung nimmt auch der Winkel Alpha ab.

Wichtiger Hinweis

Die typischen Verkippungseffekte lassen sich somit an charakteristischen Veränderungen der Landmarks erkennen. Bei strikter Beachtung der Kriterien bei der so genannten Brauchbarkeitsprüfung können durch Verkippungseffekte unbrauchbare Sonogramme eliminiert werden. Beim schwerwiegendsten aller Fehler, der Kippung in kaudokraniale Richtung, kann es für Ungeübte manchmal schwer sein, diesen Verzerrungsfehler zu erkennen. In diesem Fall kann die Knorpel-Knochen-Grenze am Schenkelhals weiterhelfen. Bei kaudokranialer Einstrahlrichtung kommen die Knorpel-Knochen-Grenze und der Schenkelhals nicht mehr bzw. in untypischer Form zur Darstellung! (Abb. 10.**5 a/b**) Die Knorpel-Knochen-Grenze ist zwar für die Typisierung nicht wichtig, hat aber somit einerseits Bedeutung für die Bildorientierung, andererseits kann man an ihr den klassischen kaudokranialen Kippfehler erkennen! Bei der von uns propagierten Abtasttechnik werden durch das spezielle Handling die Kippfehler weitgehend ausgeschlossen.

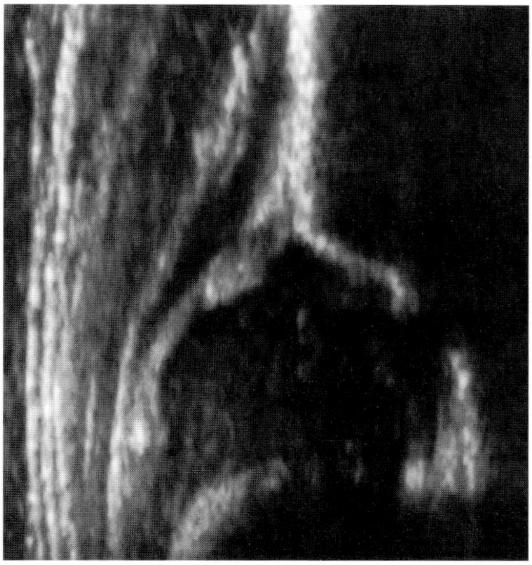

Abb. 10.**5 a** Beispiel von typischen Kippfehlern. Korrektes Sonogramm. Die 3 Landmarks sind deutlich sichtbar, die Knorpel-Knochen-Grenze zum Ausschuss eines kaudokranialen Kippfehlers ist ebenfalls erkennbar. Eine Verbreitung der Darmbeinsilhouette und eine Verplumpung des proximalen Prichondriums liegen nicht vor. Somit kann ein ventrodorsaler Kippfehler ebenfalls ausgeschlossen werden.

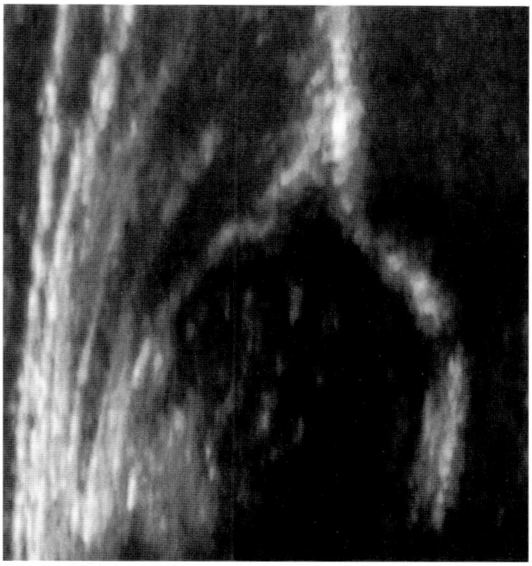

Abb. 10.**5 b** Dasselbe Hüftgelenk wie in Abb. 10.**5 a**. Klassischer kaudokranialer Kippfehler. Dadurch erscheint das Hüftgelenk oval in die Länge gezogen und scheinbar dezentriert. Erkennbar ist der Kippfehler an der nicht dargestellten Knorpel-Knochen-Grenze.

10.5 Lagerungsschale und Schallkopfführungsapparatur

Um ein rasches, zügiges und standardisietes Abtastverfahren zu ermöglichen, ist eine standardisierte Lagerung und ein standardisierter Abtastvorgang notwendig. In Kombination mit der Lagerungsschale hat sich eine von uns konstruierte Schallkopfführungsapparatur bewährt. Sie ist für alle herkömmlichen Schallköpfe geeignet und lässt nur jene Scanvorgänge zu, die für das Hüftgelenk notwendig sind. Bewegungsrichtungen, die zu Verkippungen in der Schallkopflängs- oder -querachse führen, sind automatisch gesperrt. Die Lagerungsschale in Kombination mit der Schallkopfführungsapparatur erleichtert nicht nur Ungeübten das Scannen von Säuglingshüften enorm, sie reduziert den Untersuchungsvorgang auf wenige Sekunden und hebt den Präzisionsstandard der Sonogramme wesentlich.

10.6 Altersgrenze

Die Anwendung der Sonographie bei der Säuglingshüfte wird durch zunehmende Ossifikation der knorpeligen Anteile limitiert.

Hüftkopfkern

Als limitierender Faktor erweist sich der Hüftkopfkern, der durch seinen Schallschatten den Unterrand des Os ilium abdeckt. Limitierend ist somit nicht das Alter, sondern der Ossifikationsgrad des Hüftkopfkernes. Unserer Erfahrung nach ist die Hüftsonographie von Geburt an bis ca. zum 12. Lebensmonat hervorragend einsetzbar. Ab dem 12. Lebensmonat ist die Hüftsonographie zwar ebenfalls noch einsetzbar, wird aber zunehmend durch das Röntgen verdrängt. Auch bei älteren Kindern kann die Sonographie zur Beurteilung des Wachstumsbereichs am Pfannenerker in Einzelfällen noch herangezogen werden. Der Pfannenerker wird auch bei größeren Kindern durch keine total reflektierenden Strukturen abgedeckt und ist daher einsehbar. Durch den bereits gut ausgebildeten knöchernen Hüftkopf kann die Tiefe des Azetabulums nicht dargestellt werden. Bei der gezielten Fragestellung, inwieweit das knöcherne Pfannendach noch knorpelig präformiert ist, kann die Sonographie bei dieser speziellen Fragestellung statt der invasiven Arthrographie ebenfalls erfolgreich eingesetzt werden.

Frühgeborene

Frühgeborene weisen zwar eine erhöhte Rate von unreifen Gelenken, aber keine erhöhte Pathologie der Gelenke auf. Eigene Untersuchungen zeigten, dass bei bereits bei der Geburt behandlungsbedürftigen Gelenken unter Behandlung eine überproportionale Ausreifung vor der 6. Woche einsetzt. Hüftgelenke Frühgeborener werden typologisch nach Kalenderalter klassifiziert. Hinsichtlich ihrer therapeutischen Konsequenz aber nach Gestationsalter beurteilt.

Beispiel: 15 Wochen alter Säugling mit Alpha 58° und Beta 72° wird als Typ IIb (Verknöcherungsverzögerung) klassifiziert. Aufgrund einer Frühgeburtlichkeit von 6 Wochen würde das Hüftreifungsalter aber auf die 9. Woche zurückfallen und ist daher in diesem Falle nicht therapiewürdig, sollte allerdings in ca. 6 Wochen hinsichtlich seiner Ausreifung nachkontrolliert werden.

11 Die sonographiegesteuerte Therapie

11.1 Reifungskurve
(Abb. 7.**4**)

Veränderungen des Alpha-Winkels

Längsschnittuntersuchungen des Alpha-Winkels haben die Veränderungen des Alpha-Wertes in Abhängigkeit des Alters gezeigt (Tschauner et al. 1994). Der Kurvenverlauf lässt Rückschlüsse auf die Wachstums- und Ossifikationspotenz des Pfannendaches zu. Im Wesentlichen bedeutet dies, dass das Hüftgelenk in den ersten 6 Lebenswochen eine enorme Reifungspotenz aufweist, die in der 2. Periode von der 6. bis zur 12. Woche zwar ebenfalls noch vorhanden ist, aber nach der 12. Woche deutlich abnimmt und sich mit der 16. Lebenswoche auf eine gewisse Konstanz einpendelt und wenig ändert. Dieses Verhalten deckt sich auch mit der klinischen Erfahrung, dass selbst dezentrierte Gelenke, die in der Ersten 6-Wochen-Periode der Therapie zugeführt werden, sehr gute Ausheilungstendenz aufweisen, bei IIc-Hüftgelenken die Ausheilungsrate sogar noch immer 100% beträgt (Merk 1992 in Graf 1993).

11.2 Neugeborenenscreening
(Abb. 11.**1**)

Bis zur 4. Lebenswoche durchführen

Will man in Regionen, in denen Hüftreifungsstörungen ein Problem sind, dieses lösen, so ist ein allgemeines Screening aller Säuglinge erforderlich. Nahezu ausnahmslos fordern sämtliche Autoren ein Neugeborenenscreening. Lediglich Autoren, die sich auf die sonographische Diagnostik von ausschließlich luxierten Gelenken beschränken (Clarke 1986), halten ein generelles Screening für nicht notwendig. Unter Berücksichtigung der Wachstumspotenzen des Säuglingsgelenkes sollte die Erstuntersuchung bis zur 4. Lebenwoche, allerspätestens zu Beginn der 6. Lebenswoche durchgeführt werden. Der günstigste Zeitpunkt ist allerdings nach wie vor gleich nach der Geburt! Behandlungsfälle kön-

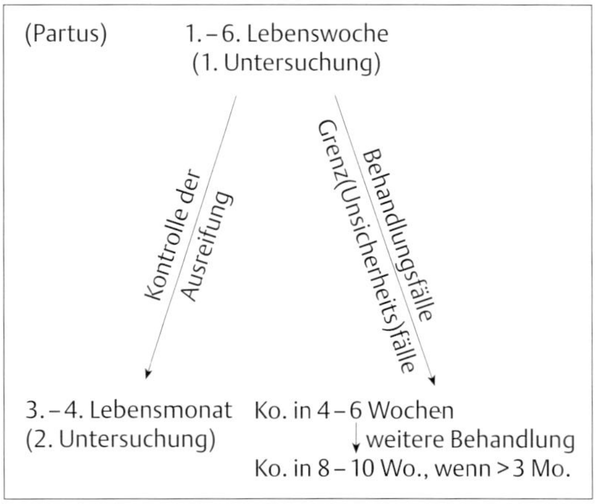

Abb. 11.**1** Untersuchungsschema für Screening- und Behandlungsfälle.

nen sofort der entsprechenden Therapie zugeführt werden. Im 3. bis 4. Lebensmonat wäre eine routinemäßige Zweituntersuchung dringend anzuraten. Zu diesem Zeitpunkt sind die noch bei der Erstuntersuchung physiologisch unreifen Gelenke auf ihre Ausreifung hin sicherheitshalber zu überprüfen, andererseits könnten diagnostische Unsicherheiten bei der Erstuntersuchung noch abgefangen werden. Dieses System zieht ein lückenloses Netz über Hüftreifungsstörungen.

11.3 Grundprinzip der Behandlung nach biomechanischen Gesichtspunkten

Nicht zuletzt wird der Wert der Sonographie auch an der Behandlungsrate gemessen (Grill u. Müller 1997). Pauschaldiagnosen, wie „Hüftluxation", oder „Subluxation" (= „ein bisschen luxiert") oder der allgemeine Begriff „Hüftdysplasie" geben den pathoanatomischen Zustand des Hüftgelenkes nur ungenügend wieder. Dieses Problem soll an einem sehr banalen Beispiel erklärt werden:

Fieber ist keine Diagnose. Niemand würde ein hoch fieberndes Kind ohne entsprechende Abklärung mit einem Breitbandantibiotikum behandeln. Dies wäre zwar prinzipiell möglich, die Trefferquote wahrscheinlich gering, der Schaden höchstwahrscheinlich groß. Erst nach Abklärung (Hüftsonographie) und Diagnose (Typisierung) kann anhand dieses Antibiogramms, das für den jeweils krankmachenden Faktor bestmöglich wirksamste Medikament (Extension, Spreizhose etc.) ausgewählt werden.

Analyse des pathoanatomischen Substrats

Der Ausgangspunkt für jegliche Therapie muss somit die Analyse des pathoanatomischen Substrats des Kopf-Pfannen-Systems sein. Je nach Leistungsfähigkeit des Diagnoseinstrumentes werden sich unter Ausnützung der altersentsprechenden Wachstumspotenzen bei Berücksichtigung biomechanischer Therapieprinzipien die entsprechenden therapeutischen Erfolge einstellen. Die Korrelation der sonographischen Befunde mit pathoanatomischen Veränderungen des Hüft-Pfannen-Systems sollte daher unter Einhaltung bekannter und bewährter Therapieprinzipien auch adäquate Therapieresultate bringen. Basieren die früheren Therapieprinzipien meist auf klinischen oder radiologischen Befunden, so liegt der sonographiegesteuerten Behandlung das pathoanatomische Substrat der knöchernen und knorpelig präformierten Pfanne zugrunde.

„nil nocere"

Das Einleiten einer Therapie ohne vorherige Abklärung durch eine bildgebende Methode ist obsolet. Auch in der Therapie der Hüftreifungsstörung gilt das Prinzip „nil nocere" (Weitzel 1997). Da jede Übertherapie nicht nur dem Gelenk selbst Schaden zufügen kann, sondern für das Kind als Ganzes eine Beeinträchtigung, eine erhebliche psychische Belastung für die Eltern und nicht zuletzt eine finanzielle für die Allgemeinheit darstellt, ist eine so genannte „vorsorgliche Abspreizbehandlung" genauso obsolet wie eine vorsorgliche Antibiotikatherapie. Eine optimale Kombination von Diagnose und Therapie bringt einen nicht unerheblichen organisatorischen Aufwand mit sich und erfordert auch eine intensive Interaktion von Pädiatern und Orthopäden.

11.4 Therapieziel

1. Rückführung der pathoanatomischen Veränderungen in den altersentsprechenden anatomischen Normalzustand des Gelenkes.
2. Nutzung des Ossifikationspotentials des Hüftgelenkes. Entsprechend dem heutigen Wissensstand ist das Wachstums- und Ossifikationspotenzial der Hüftgelenkpfanne altersabhängig. Eine sichere Diagnose und – wenn notwendig – eine Therapieeinleitung so rasch wie möglich nach der Geburt ist anzustreben.
3. Vermeidung von Schädigung bestehender Strukturen, insbesondere der Wachstumszonen an der Hüftpfanne, sowie Vermeidung von Hüftkopfnekrosen.

11.5 Behandlungsphasen

Erste Maßnahme muss die Analyse des pathoanatomischen Zustands des Hüftgelenkes sein. Die sonographische Typisierung lässt Rückschlüsse auf die pathobiomechanische Situation des Gelenkes zu. Durch das Herausgleiten des Hüftkopfes ist es mechanisch zu einer Deformierung der Pfanne gekommen. Es müssen daher Therapiemittel ausgewählt werden, die aufgrund ihrer Konstruktion in der Lage sind, die Kräfte im Hüftgelenk so umzuleiten, dass diese Deformierungen der Gelenkpfanne wieder in den altersgemäßen Normalzustand rückzuführen sind. Im Wesentlichen durchläuft das Hüftgelenk, ausgehend von der schlechtesten Variante, nämlich einem dezentrierten Gelenk, eine Vorbereitungs- und 3 Behandlungsphasen.

11.5.1 Vorbereitungsphase

Wie noch später im Abschnitt über die Repositionsphase erklärt wird, kann durch die sonographische Frühestdiagnostik der Behandlungsweg erheblich abgekürzt werden. Es kommt leider immer noch, aus welchen Gründen auch immer, zu verspätetem Therapiebeginn (Katthagen et al. 1988), sodass sich ein luxierter Hüftkopf nicht sofort manuell oder durch einen Behelf in der Urpfanne zentrisch einstellen lässt. Es sind dies meist ältere Kinder, die bereits eine deutliche Bewegungseinschränkung und Adduktorenverkürzung haben. In diesen Fällen muss das Hüftpfannensystem gelockert werden. Dies ist je nach Schweregrad durch eine entsprechend geschulte und ärztlich kontrollierte Krankengymnastik, in schweren Fällen durch eine Extensionsbehandlung oder Adduktorentenotomie möglich.

11.5.2 Repositionsphase (Abb. 11.**2**)

Bei dezentrierten Gelenken, entsprechend den sonographischen Typen D, IIIa, IIIb und Typ IV ist die Reposition des Hüftkopfes notwendig. Welches Therapiemittel zur Anwendung kommt, ist irrelevant, wenn nur das Grundprinzip, nämlich, dass durch den Behandlungsmechanismus der Hüftkopf wieder in der Urpfanne zentrisch eingestellt wird, eingehalten wird. Einige Repositionsmittel sind aufgrund ihrer mechanischen Konzeption dafür besser, einige wahrscheinlich weniger gut geeignet. Prinzipiell muss es sich jedoch im weitesten Sinne des Wortes um eine „Repositionsorthese" handeln.

Mit der immer früher einsetzenden Diagnose mittels Hüftultraschall erfolgt die Diagnosestellung auch einer luxierten Hüfte in der Regel gleich nach der Geburt. Man diagnostiziert somit meist Hüftreifunggstörungen mit wesentlich geringeren Schwe-

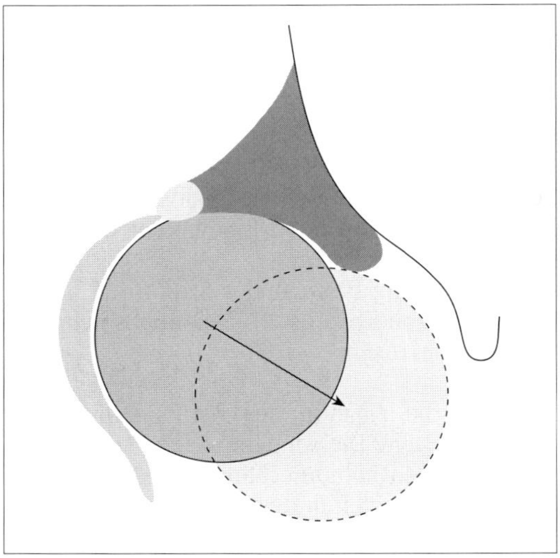

Abb. 11.2 Repositionsphase. Ziel dieser Behandlungsphase ist es, den Hüftkopf vor die Urpfanne zu stellen bzw. wenn dies möglich ist, den Hüftkopf sofort tief in der Urpfanne zu platzieren.

regraden als noch Jahre zuvor. Somit sind auch die pathoanatomischen Veränderungen in der Gelenkpfanne noch nicht so gravierend, sodass meist eine manuelle Reposition (fälschlich auch als „Spontanreposition" bezeichnet) ohne Vorbereitungsphase möglich ist. Bei älteren Kindern und bei jenen, bei denen sich die Reposition nicht sofort manuell erzielen lässt, ist die Vorbereitungsphase notwendig.

Durch die dynamische sonographische Untersuchung (Stressuntersuchung) unter Zug, leichter Abduktion und Innenrotation, kann in Zweifelsfällen leicht abgeschätzt werden, ob eine primäre manuelle Reposition möglich ist oder doch extendiert werden muss (Abb. 11.**3 a/b**).

Wichtig ist darauf hinzuweisen, dass, bedingt durch die pathoanatomischen Verformungen des hyalin-knorpelig präformierten Pfannendaches in Abhängigkeit vom sonographischen Typ, eine formschlüssige Einstellung des Hüftkopfes in der Urpfanne nicht immer möglich ist. Der je nach Hüfttyp mehr oder weniger nach kaudal gepresste Anteil des hyalin-knorpelig präformierten Pfannendaches („Neolimbus nach Ortolani") kann manchmal das Eintreten des Hüftkopfes in die Tiefe der Urpfanne blockieren. Arthrographisch sieht man daher in diesen Fällen in der Tiefe der Urpfanne einen verstärkten Kontrastmittelsee (Tönnis 1984). Es wäre unserer Meinung nach falsch den Hüftkopf mit Gewalt in die Tiefe der Pfanne einstellen zu wollen.

Der unnötige Druck auf den Hüftkopf würde lediglich den Hüftkopf selbst, aber auch den nach kaudal gedrückten knorpeligen Pfannendachanteil komprimieren. Aus diesem Grund sind forcierte Repositionsmanöver oder aber auch eine Abduktion über 45°–50°, die eine axiale Drucksteigerung mit sich bringen würde, zu vermeiden. Die zentrische Einstellung des Hüftkopfes in die Tiefe der Urpfanne ist in diesen Fällen ein dynamischer Prozess, bei dem der Hüftkopf den nach kaudal gedrückten hyalinknorpelig präformierten Pfannendachanteil vorsichtig durch Minimalbewegungen wieder remodelliert, ohne die Wachstumszo-

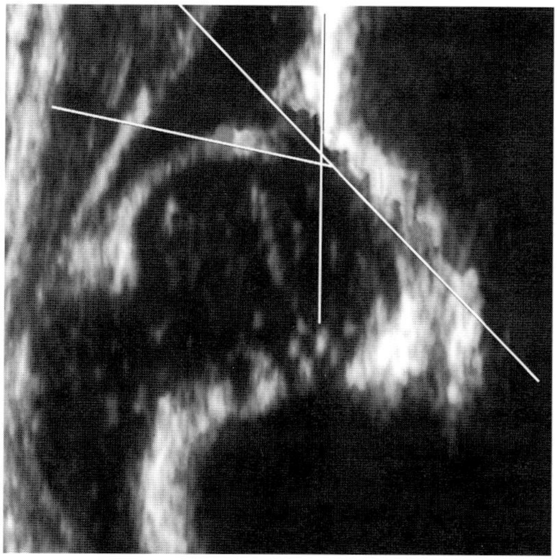

Abb. 11.**3 a** Beispiel einer dynamischen, „Stressuntersuchung" zur Testung, ob eine Reposition möglich ist. Knöcherne Formgebung ist hochgradig mangelhaft, der knöcherne Erker stark abgerundet bis flach, das knorpelige Pfannendach erscheint nach kranial verdrängt. Alpha 48 °, Beta 103 ° = Hüfttyp D. Vergleich Abb. 11.**3 b**.

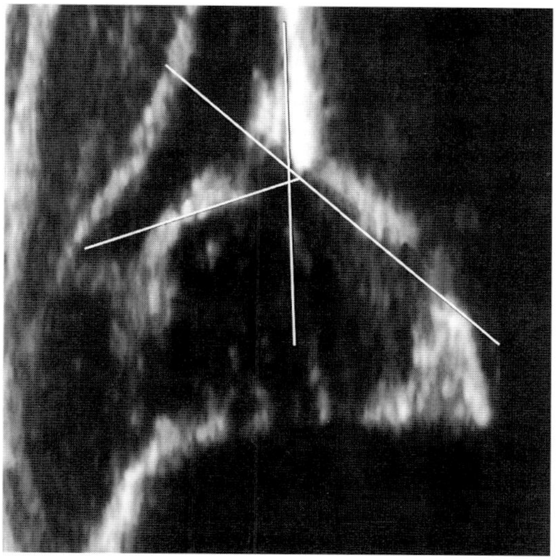

Abb. 11.**3 b** Dasselbe Hüftgelenk wie in Abb. 11.**3 a**, nun unter Zug zur Simulierung der Reposition. Bei gleichem Alphawinkel sinkt der Betawert deutlich. Auch optisch erscheint das Hüftgelenk nun zentriert. Alpha 48 °, Beta 75 ° = messtechnischer Hüfttyp unter Stress (Zug) Typ IIc.

ne an der Knorpel-Knochen-Grenze des Azetabulums zu zerstören.

Je länger die Hüftkopfdislokation besteht, desto gravierender werden die Deformierungen der knorpeligen Pfannendachanteile sein und umso schwieriger und länger dauert die Rückführung in einen altersentsprechenden Normalzustand. Dem Diagnosezeitpunkt kommt somit eine wesentliche Rolle zu:

Resümee

Von medizinischer Seite sollte das Screening so früh wie möglich durchgeführt werden (Weitzel 1997), alles andere ist nur ein medizinisch-politisch-finanzieller-organisatorischer Kompromiss.

11.5.3 Retentionsphase (Abb. 11.**4**)

Ist der Hüftkopf sicher in der Urpfanne platziert oder steht zumindest zentrisch vor dem Eingang der Urpfanne, gilt es, diese Stellung in der Retentionsphase zu halten. Die pathobiomechanische Situation ist folgende: das hyalin-knorpelig präformierte Pfannendach ist deformiert, das Kopf-Pfannen-System ist inkongruent, in das hyalin-knorpelig präformierte Pfannendach hat der Hüftkopf eine Sekundärmulde gepresst. Die Gelenkkapsel ist ausgeweitet und schlaff. Das inkongruente, deformierte, hyalin-knorpelig präformierte Pfannendach und der schlaffe Gelenkkapselsack können den Hüftkopf in der Primärpfanne nicht fixieren. Der Hüftkopf neigt zur Reluxation in die Sekundärmulde. Das Gelenk ist instabil.

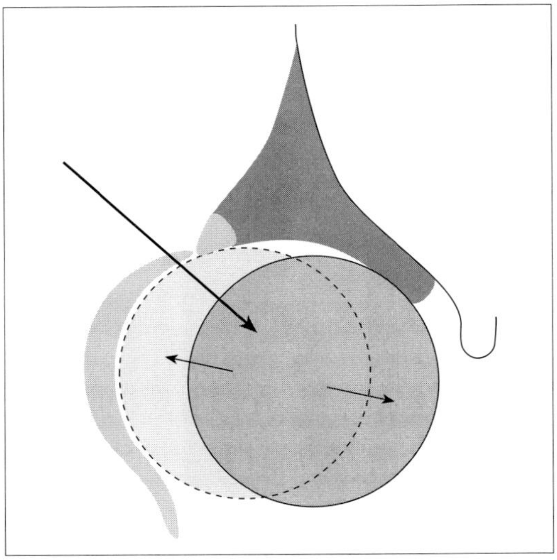

Abb. 11.**4** Retentionsphase. Der Hüftkopf ist instabil, kann zwar reponiert werden, neigt aber zur Reluxation in die Sekundärmulde. Das knorpelige Pfannendach ist noch deformiert, die Gelenkkapsel ist ausgeweitet. Die notwendige Kopftiefeinstellung ist mit dem großen Pfeil angedeutet.

Platzieren des Hüftkopfs in der Primärpfanne

Das Behandlungsprinzip muss darin bestehen, den Hüftkopf sicher in der Primärpfanne zu platzieren. Auf keinen Fall darf er reluxieren, da anderenfalls durch die Druck- und Scherkräfte auf das knorpelige Pfannendach die Reorganisation des hyalin-knorpelig präformierten Pfannendaches nicht möglich ist. Scherdruckkräfte auf das knorpelige Pfannendach, die in kraniale Richtung wirken, sind daher strikt zu vermeiden (Matthiessen 1997). Sie würden zur Reluxation mit allen Konsequenzen führen.

„Kopftiefeinstellung"

Der Hüftkopf muss in der Pfanne in eine pfannendachentlastende Stellung gebracht werden. Dies kann durch die Kopftiefeinstellung in einer Sitzhockposition erreicht werden. Dies bedeutet eine Flexion im Hüftgelenk von mindestens 90 °, besser noch 100 °. Die Stabilisierung des Hüftkopfes in der Pfanne erfolgt durch eine Abduktion bis 45 °–max. 50 °. Ein Mehr an Abduktion sollte unbedingt vermieden werden, weil sonst der axiale Druck des Hüftkopfes in die Pfanne steigt und durch diesen die Blutgefäßversorgung im Knorpel durch direkte Druckeinwirkung oder durch die Zerrung der Schenkelhalsgefäße beeinträchtigt werden kann (Tönnis 1984).

Mit anderen Worten: Mit zunehmender Abduktion wird der Hüftkopf mit zunehmender Kraft in axialer Richtung in die Pfanne gepresst: Der Hüftkopf wird dadurch stabiler, aber die direkte Druckeinwirkung wird dadurch auch größer.

„Relative Ruhe"

Neben dieser pfannendachentlastenden Stellung durch Kopftiefeinstellung muss zusätzlich das Reluxieren des Hüftkopfes in die Sekundärmulde strikt vermieden werden. Anderenfalls hat nicht nur das deformierte hyalin-knorpelig präformierte Pfannendach keine Chance, sich kongruent über den Hüftkopf zu legen, sondern die ausgeweitete Gelenkkapsel kann nicht schrumpfen und so zur Stabilität des Gelenkes beitragen. Es ist daher eine stabile Retention mit relativer Ruhe im Kopf-Pfannen-System erforderlich. Es ist verständlich, dass gerade in dieser heiklen Retentionsphase ein ständiges Hin- und Hergleiten des Kopfes von der Primär- in die Sekundärmulde eine Remodellierung und den Gelenkkapselschrumpfungsprozess nicht zulässt (Tönnis 1984).

„Zeit"

Sowohl Remodellierung des deformierten hyalin-knorpelig präformierten Pfannendaches, aber auch der Schrumpfungsprozess der Gelenkkapsel bedarf Zeit. Der Zeitraum für die Retentionsphase beträgt in Abhängigkeit der Deformierung des Pfannendaches und des Alters des Patienten erfahrungsgemäß 2–4 Wochen.

Hüftgelenke, die einer sicheren Retention bedürfen, sind prinzipiell instabile Gelenke. Verwendet man die sonographische Typologie, so sind dies ehemals dezentrierte Gelenke vom Typ D, IIIa, IIIb und Typ IV, die reponiert wurden und nun in die Retentionsphase eintreten, oder von Haus aus instabile Gelenke vom Typ IIc-instabil.

Sitz-Hock-Gips

Die Behandlung in dieser Phase muss durch eine Retentionsorthese, die die biomechanischen Bedingungen: (Sitz-Hock-Stellung mit Kopftiefeinstellung und sichere Stabilisierung), erfüllt, erfolgen. Aus später noch zu erläuternden Gründen sind wir Verfechter einer sicheren Retention und verwenden für diesen Zweck den Sitz-Hock-Gips. Dieser „Fettweis-Gips" wurde etwas modifiziert, sodass die Unterschenkel und die Kniegelenke nicht mitfixiert werden. Dadurch sind, außer dem Hüftgelenk, alle anderen Gelenke frei beweglich. Durch die Polsterung des Gipsverbandes sind auch kleine Mikrobewegungen zur Knorpelernährung im Hüftgelenk möglich. Selbst Neugeborene werden mit diesem Gips versorgt, wobei die Retentionsphase bei Neugeborenen meist nur 2 Wochen beträgt, bei älteren Kindern aber bis zu 4 Wochen dauern kann. Bei kleinen Kindern mit noch verminderter Spontanmotorik wird der Gips ambulant ohne Narkose, bei älteren in Kurznarkose, ebenfalls ambulant oder in Form einer Tagesklinik, wenn nicht zuvor eine stationäre Overhead-Extension notwendig war, angelegt.

Leider hat der Gips völlig zu Unrecht ein schlechtes Image: Nachdrücklich muss darauf hingewiesen werden, dass nicht der Gips selbst wie in historischen Behandlungszeiten das Hüftgelenk schädigt, sondern die falsche (Lorenz-)Stellung (Tönnis 1984)! 90°-Abduktion stellt in jedem Fall eine Gefahr für das Gelenk dar, unabhängig vom gewählten Fixationsbehelf. Der Gipsverband hat aber den unschätzbaren Vorteil, dass er von den Eltern nicht wie ein verstell- oder abnehmbarer Behelf manipuliert werden kann!

Ausnahme: Von diesem Schema ist unserer Erfahrung nach nur eine einzige Ausnahme akzeptabel:

Bei instabilen Typ-IIc-Gelenken innerhalb der ersten Lebenswoche verwenden wir eine straff sitzende Spreizhose vom Typ Mittelmeier-Graf (Abb. 11.**5**) mit parallel eingestellten Zügelchen in Sitz-Hock-Stellung. Durch die geringe Eigenmotorik des Kindes in diesem Alter erscheint eine straff sitzende Spreizhose zur sicheren Retention ausreichend. Die Kontrolle erfolgt bereits in 4 Wochen. Sollte nach diesem Zeitraum das Hüftgelenk sich nicht stabilisiert und zumindest in einen Typ IIc-stabil übergegangen sein, erfolgt die sofortige Fixierung im Sitz-Hock-Gips

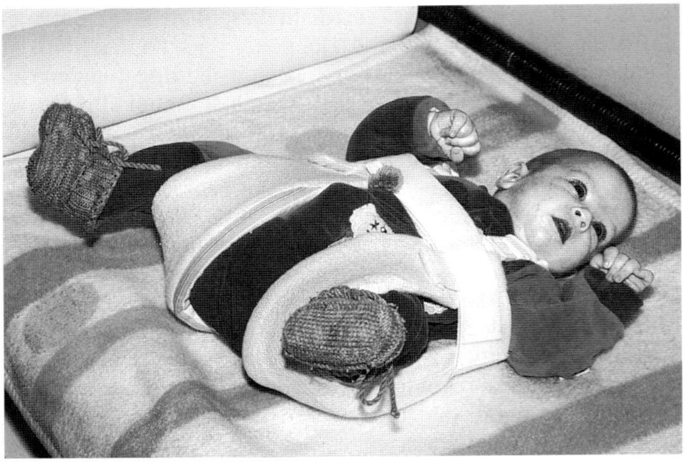

Abb. 11.**5** Mittelmeier-Graf-Spreizhose mit Zügelparallelstellung als Nachreifungsbehelf. Durch Vorhaltekeile wird eine übermäßige Abduktion vermieden.

noch vor der kritischen Zeitgrenze des Beginns der 6. Lebenswoche. Hat sich das Gelenk stabilisiert und ist mindestens in einen Typ IIc-stabil übergegangen, kann die Spreizhosentherapie entsprechend dem Schema weitergeführt werden.

11.5.4 Nachreifungsphase (Abb. 11.6)

Nach abgeschlossener Retentionsphase tritt das Gelenk in die Nachreifungsphase ein. Vom pathoanatomischen Standpunkt ist der Hüftkopf zwar tief in der Pfanne eingestellt, das hyalin-knorpelige Pfannendach hat sich „entfaltet“ und seine ursprüngliche Form wieder erlangt und liegt kongruent über dem Hüftkopf. Die Gelenkkapsel ist straff, das Hüftgelenk stabil, das Pfannendach ist aber noch nicht ausreichend ossifiziert. Druck- und Scherkräfte auf das knorpelige Pfannendach in kraniale Richtung würden eine neuerliche Deformierung des Pfannendaches und somit eine Reluxation provozieren. Vom biomechanischen Standpunkt ist daher eine Druckauswirkung auf das knorpelige Pfannendach in kraniale Richtung streng zu vermeiden, da anderenfalls die Ossi-

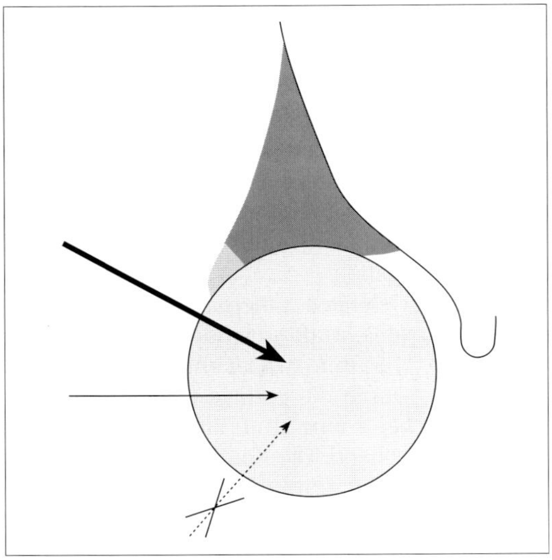

Abb. 11.**6** Nachreifungsphase. Druck auf den Pfannendachbereich ist absolut zu vermeiden. Wenn möglich sollte die Kopftiefeinstellung weiterhin forciert werden, Bewegung im Gelenk ist zulässig.

fizierung im Bereich der Knorpel-Knochen-Grenze des hyalinknorpelig präformierten Pfannendaches und konsekutiv das Wachstum der Pfanne negativ beeinflusst werden würden. Es müssen daher weitere pfannendachentlastende Maßnahmen gesetzt werden, wobei Strampelbewegungen in einem bestimmten Umfang, soweit sie nicht Druck- und Scherkräfte auf das Pfannendach ausüben, zugelassen werden können. Es gilt daher weiterhin das Sitz-Hock-Prinzip bei wieder zugelassener Beweglichkeit der Beinchen.

„Nachreifungsorthese"

Das Kind muß in einer „Nachreifungsorthese" behandelt werden, bis ein altersentsprechendes Hüftgelenk erzielt ist. Der Nachreifung bedürfen Hüftgelenke, die stabil, aber noch nicht völlig ausgereift, das heißt sonographisch noch nicht Typ I sind. Es sind dies Hüftgelenke vom Typ IIc-stabil, IIb und IIa(−).

Typische Nachreifungsbehelfe, die eine Flexion bei mittelgradiger Abduktion und gleichzeitigen Strampelbewegungen ermöglichen, sind zahlreich, wobei sämtliche Spreizhosen und Splints im Wesentlichen diesen Bedürfnissen entsprechen. Da durch die sonographische Frühestdiagnostik die Kinder meist innerhalb der ersten 4 Lebenswochen behandelt werden, hat sich zu diesem Zweck die Mittelmeier-Graf-Spreizhose mit verschiedenen Graden der Fixiermöglichkeiten und auch aus Compliancegründen bestens bewährt. (Abb. 11.**7**)

Ein Überblick von Typ und Therapiemittel ist in Tab. 11.**1** ersichtlich. Einen Behandlungsverlauf zeigen die Abb. 11.**8 a** bis Abb. 11.**8 d** exemplarisch.

Abb. 11.**7** Mittelmeier-Graf-Spreizhose als Nachreifungsbehelf mit gekreuzten Zügelchen zur Einstellung in forcierter Sitz-Hock-Stellung.

Tabelle 11.**1** Übersicht über die Behandlungsphasen und den möglichen Behandlungsmitteln

Behandlungskonzept				
Phase	**Typ**	**Behandlung**	**Alternativ**	**Bemerkung**
1. Reposition (luxierte Gelenke)	III–IV Typ D	Overhead Dfg. *Sono* Spontanrepos. ↓	*Repositionsorthese* Pavlik, Hanausek, Düsseldorfer, Fettweis-Schiene etc. →	Compliance Eltern ? Kontrollmöglichkeiten ?
2. Retention (ehem. luxierte, reponierte, instabile Gelenke)	alle reponierten Gelenke instabile IIc (Ausnahme: instabile Neugeb. IIc)	Sitz-Hock-Gips (~ 4 Wochen) ↓	*Retentionsorthese* Pavlik, Gipslade, Fettweis-Orthese, Düsseldorfer S. etc. →	Compliance Eltern ? Kontrollmöglichkeiten ?
3. Nachreifung (stabile, „dysplastische“ Gelenke)	alle retenierten Gelenke	Graf-Mittelmeier-Spreizhose	*Nachreifungsorthese* Schienen, Spreizhosen, Pavlik, Bernau etc.	
	instabile Neugeborene IIc	Graf-Mittelmeier →		Versuch 4 Wochen ↓ stabil – Fortsetzung → instabil – Retention im Sitz-Hock-Gips
	stabile IIc IIa(-)/IIb	– " – Graf-Mittelmeier – " –	Fettweis, Hilgenreiner, Optimalschale, Aktivspreizhose etc.	

11.6 Therapieversager

Dass es trotz aller Bemühungen schließlich doch auch zu schlechten Behandlungsergebnissen kommen kann, hat seine Ursache, wie Fehleranalysen gezeigt haben, im Wesentlichen in 3 Problemkreisen:

11.6.1 Zu späte Diagnose mit konsekutiv verspätetem Therapiebeginn

Auch wenn die Reifungskurve an Präzision sicherlich zu wünschen übrig lässt, ist die Tendenz doch eindeutig:

Das Hüftgelenk reift in den ersten 4–6 Wochen sehr gut, wobei die Wachstumspotenz am Ende des 3. Monats einen deutlichen plateauartigen Verlauf einnimmt. Dies bedeutet aber, dass je später die Diagnose gestellt wird, die verbleibende optimale Wachstumspotenz bis Ende des 3. Monats immer kürzer wird. Je früher der Zeitpunkt der Diagnose, desto früher kann die Therapie einsetzen und desto mehr Zeit steht dem Hüftgelenk zur Korrektur pathologischer Veränderungen zur Verfügung.

Kritischer Zeitpunkt: 4. Lebenswoche

Nach bisherigen Erkenntnissen dürfte der kritische Zeitpunkt um die 4., allerspätestens zu Beginn der 6. Lebenswoche liegen. Dies würde allerdings bedeuten, dass Diagnose und wenn notwendig Therapiebeginn so früh wie möglich, spätestens aber zu diesem genannten Zeitpunkt stattgefunden haben muss, da bei späteren Zeitpunkt die übrig gebliebene Zeit in Kombination mit der abflachenden Wachstumspotenz nicht mehr ausreicht, um befriedigende Therapieergebnisse zu erzielen (Matthiessen 1997).

Motto: Don't waste time.

Geburt

Neugeborenenscreening (Typ IV links) › Zuweisung Stolzalpe

Typ IV (a)

1 Woche alt
3 Tage Overhead-Extension
3 Wochen Fettweis-Gips

Typ IIc-stabil

4 Wochen Mittelmeier-Graf-Beugespreizhose (parallele Zügel)

Typ IIa(-) (b)

8 Wochen alt
7 Wochen Mittelmeier-Graf-Beugespreizhose (gekreuzte Zügel)

Typ Ib (c)

15 Wochen alt

Ende der Behandlung nach 14 Wochen konservativer Therapie. Kontrolle siehe Abb. d

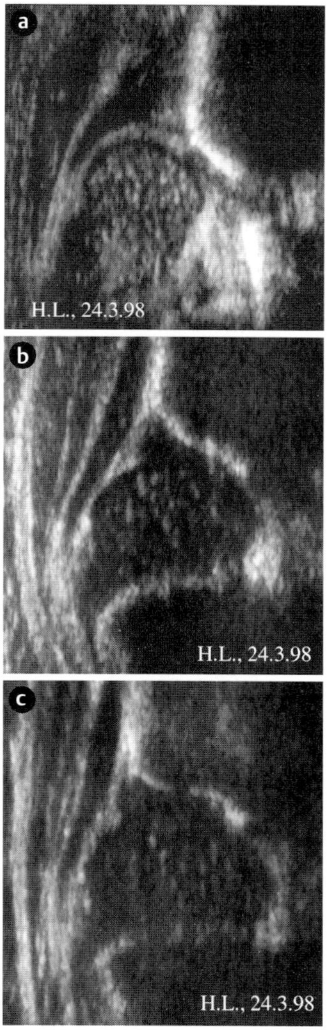

Abb. 11.**8 a–c** Demonstration eines Behandlungsverlaufs, entsprechend dem dargestellten Therapieschema.

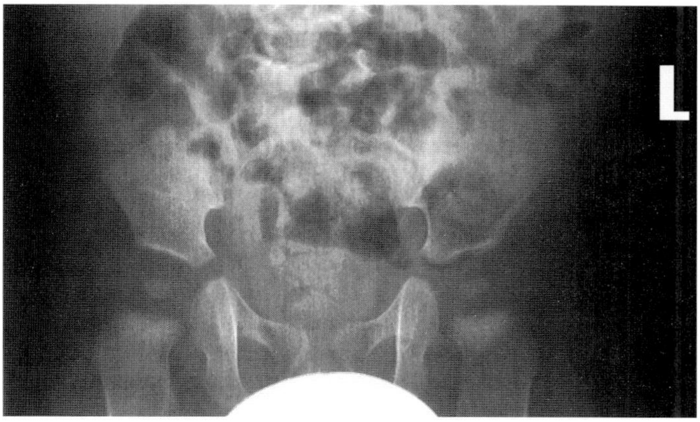

Abb. 11.**8 d** Vorläufiges Endergebnis des Behandlungsverlaufs wie in Abb. 11.**8 a–c** demonstriert. 10 Monate altes Kind, Status post Hüftluxation links.

11.6.2 Nicht stadiengerechte Wahl des Therapiebehelfs

Ein wesentliches Problem besteht darin, dass ein Therapiemittel gewählt wurde, das in der jeweilig pathoanatomischen Situation, das heißt, dem jeweiligen sonographischen Typ entsprechend, von seinem mechanischen Wirkungsprinzip einfach nicht funktionieren kann. So ist eine Spreizhose ein typischer Nachreifungsbehelf, der aufgrund seiner biomechanischen Konzeption eine Reposition nicht durchführen oder ein Repositionsergebnis nicht halten kann. Eine Spreizhose wird daher höchstwahrscheinlich bei dezentrierten Gelenken zu Therapieversagern führen. Die fallweise vorgebrachte Argumentation, dass in bestimmten Fällen ein Typ-III-Gelenk sehr wohl mit einer Spreizhose zu einem guten Ergebnis gebracht worden sei, müsste mit der Frage der Risikofreudigkeit des Behandlers beantwortet werden. Wie oben beschrieben, ist die Zeitlinie zu kurz, um ein „Herumprobieren" zu gestatten, das heißt bei anfänglichen Therapieversager auf ein anderes biomechanisch sicher wirksames Therapiemittel umzusteigen. Der durch das Herumprobieren aufgetretene Zeitverlust wird sich im Endergebnis bitter rächen.

11.6.3 Mangelnde Elternkompliance

Zweifellos stellt ein therapiebedürftiges Hüftgelenk für die Eltern des Kindes eine nicht zu unterschätzende psychische Belastung dar, sodaß nicht nur die Aufgeklärtheit unserer Zeit zur kritischen Einstellung dem Behandler gegenüber und nicht selten zum „doctor-shopping" führt. Nicht immer ist das den Eltern am komfortabelsten scheinende Therapiemittel das für das Hüftgelenk am besten wirksame!

Einbeziehen der Eltern in das Behandlungsregime

Unserer Erfahrung nach ist es daher wichtig, die Eltern voll in das Behandlungsregime mit einzubeziehen, wobei die Retentionsphase sicherlich biomechanisch am heikelsten ist:

Jedes Therapiemittel, das die sichere Retention in Frage stellt, das heißt, von den Eltern abgenommen, verstellt oder in irgend einer anderen Weise manipuliert werden kann, stellt in unseren Augen ein hohes Risiko dar. Dies ist der Grund, warum wir wieder zur sicheren Fixierung im Gipsverband, allerdings nicht im althergebrachten Lorenz-, sondern in der modernen Sitz-Hock-Stellung nach Fettweis (Fettweis 1968 und 1992) zurückgekehrt sind. Werden abnehmbare Therapiemittel, wie die Pavlik-Bandage verwendet, muss gewährleistet sein, dass einerseits der Behandler sie nicht nur an die Größe des Kindes anpasst, sondern auch der Behandlungsphase entsprechend einstellt und sicherstellen, dass die Angehörigen nicht etwa aus falsch verstandenem Mitleid die Orthese abnehmen und womöglich gar nicht oder in falscher Position wieder anlegen.

11.7 Therapieschema-abweichung bei Neugeborenen

Bei Neugeborenen, innerhalb der ersten 10 Tage, die eine instabile Typ-IIc-Hüfte haben, wird aufgrund der enormen Reifungspotenz des Gelenkes ausnahmsweise statt der Gipsfixation eine gut passende, straff sitzende Spreizhose verordnet (Mittelmeier-Graf-Hose Größe 1 mit parallelen Zügelchen). Eine Kontrolle dieses Gelenkes erfolgt in 4 Wochen. Hat sich das Hüftgelenk stabilisiert, so tritt es entsprechend den Behandlungsprinzipien in die Nachreifungsphase ein und kann mit der Spreizhose weiterbehandelt werden. Ist dieses Gelenk mit der Spreizhose untertherapiert,

d. h., es kommt zu keiner Verbesserung des Ausgangsstatus, bleibt das Hüftgelenk instabil, so wird sofort die sichere Fixierung im Sitz-Hock-Gips zur Retention durchgeführt. Das Hüftgelenk ist in diesem Falle noch immer unter dem kritischen Alter von 6 Wochen.

11.8 Kontrollabstände

Entsprechend den Wachstumspotenzen des Hüftgelenkes ist bei behandlungswürdigen Hüftgelenken, die jünger als 3 Monate sind, der Kontrollabstand in 4–6 Wochen anzusetzen. Bei Säuglingen älter als 3 Monate verlangsamt sich die Hüftreifung wesentlich, sodass ein Kontrollabstand von 8–10 Wochen ausreichend erscheint. Die frühere Regelung, die Hüftgelenke so lange zu sonographieren, bis das Auftreten des Hüftkopfkernes dokumentiert werden kann, ist beim heutigen Wissensstand überflüssig.

12 Andere sonographische Untersuchungstechniken

12.1 Methode nach Harcke

Harcke (Harcke et al. 1984) begann 1984 zunächst mit Hilfe eines Sektorschallkopfes die Säuglingshüfte unter Gelenkbewegung in mehreren Ebenen darzustellen. Prinzipiell liegt das Neugeborene in Rückenlage und der Schallkopf kann entweder von einem seitlichen Zugang, in der Region über dem großen Trochanter, oder von medial auf das Hüftgelenk gerichtet werden. Harcke selbst beschränkt sich auf den lateralen Zugang und beschreibt zwei Grundschnittebenen als die zuverlässigsten für die Identifikation der anatomischen Strukturen. Die eine ist der Transversal-Neutral-Schnitt bei Neutralstellung im Hüftgelenk, die andere ist der Koronar-Flexions-Schnitt (Longitudinalschnitt), der die Hüfte in Beugung und unter Durchführung der klinischen Untersuchungsmanöver darstellt. Die nicht konzentrische Lage des Femurkopfes zur Y-Fuge des Azetabulums im Transversal-Neutral-Schnitt ist ein Indikator für die Dezentrierung der Hüfte.

Zur Darstellung im Koronar-Flexions-Schnitt wird der Schallkopf um 90° gedreht und die Hüften in 90° gebeugt. Die Darstellung in dieser Ebene soll die Beurteilung der Stabilität des Gelenkes während des Barlow-Tests ermöglichen. Prinzipiell ist diese Schnittebene ähnlich der Standardebene, auch wenn auf die Darstellung der 3 Landmarks kein Wert gelegt wird. Zur metrischen Evaluierung der Gelenkverhältnisse führte Harcke die Bemessung der prozentualen Femurkopfüberdachung (Femoral Head Coverage) ein. Mit Hilfe zweier Parallelen zur Senkrechten entlang dem Os ilium, welche der Grundlinie ähnlich sind, werden zwei Strecken gemessen. Die Distanz d wird in Abb. 12.**1**

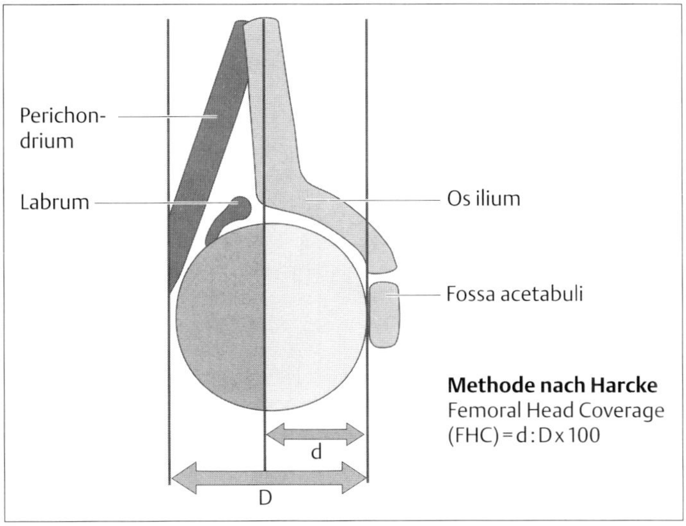

Abb. 12.**1** Schema der Messtechnik nach Harcke.

ersichtlich, zwischen der Parallele durch die Fossa acetabuli und der Grundlinie gemessen, sowie die Distanz D zwischen der Grundlinie und ihrer Parallele durch den lateralen Anteil des Femurkopfes beschrieben. Bei einem Kind mit gesunden ausgereiften Hüften ist die Überdachung größer als 50 %. Kleiner als 40 % ist sie bei dysplastischen bzw. subluxierten Hüften. Zwischen 40 und 50 % liegen die noch unausgereiften und die sich potentiell verschlechternden Hüften.

12.2 Modifizierte Harcke-Methode nach Terjesen

Der norwegische Orthopäde Terjesen (Terjesen 1992) eliminierte Ungenauigkeiten der oben geschriebenen Harcke-Methode, indem er einen Linearschallkopf (5 MHz) benützt und anstelle des oft nicht genügend genau zu markierenden seitlichen Anteils des Femurkopfes die laterale Kapsel für die Bemessung der Strecke D, die er b nennt, vorschlägt (Abb. 12.**2**).

Terjesen bezeichnet außerdem die Überdachung des Hüftkopfes als „Bony Rim Percentage" (BRP). Der Säugling liegt stabil in Rückenlage in einer unrotierten Hüftgelenkstellung. Das Gelenk wird wie bei Harcke ebenfalls in einen Transversal- und einem Longitudinalschnitt dargestellt. Der Transversalschnitt wird in 90°-Flexion der Hüfte genommen. Der Longitudinalschnitt durch die Frontalebene ist ähnlich der Standardebene. Auf eine punktgenaue Zuordnung der Schallebene wird ebenfalls verzichtet.

Die durchschnittliche Überdachung in der ersten Lebenswoche männlicher Hüftgelenke ist 54,8 %, die untere Grenze der Normbefunde (Mittelwert 2 SD) beträgt 47 %, hingegen liegt die durchschnittliche Überdachung weiblicher Gelenke etwas niedriger bei 53,5 % mit einer unteren Norm von 44 %. Er gibt als Ausschlussgrenze für pathologische Entwicklungen eine Überdachung von >58 % an. Es wird erwähnt, dass sich für diese Technik der Ultraschalluntersuchung der Neugeborenenhüfte keine signifikanten Unterschiede in der Interpretation unter Untersuchern mit unterschiedlichen Ausbildungsständen gezeigt hätten. Er fol-

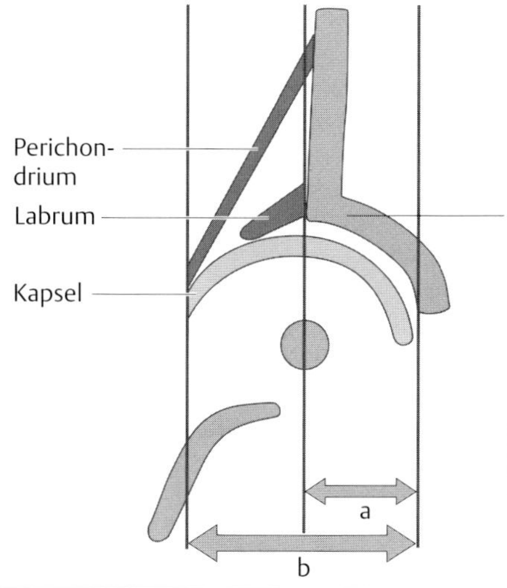

Methode nach Terjesen
Bony Rim Percentage (BRP) = a : b x 100

Abb. 12.**2** Schema der Messtechnik nach Terjesen.

gert daraus eine bessere Reproduzierbarkeit für diese Methode als für die „Methode nach Graf".

Allerdings wird in den Kommentaren übersehen, dass bei alleiniger Klassifizierung in „normal" und „pathologisch" die Reproduzierbarkeit natürlich besser ist als bei einem System mit altersbezogener Typenvielfalt.

12.3 Die Methode nach Suzuki

Suzuki (Suzuki 1987) versuchte mit seiner 1987 publizierten Methode die Dislokation des Hüftkopfes aus der Pfanne ebenfalls prozentual zu erfassen. In Rückenlage und 35° abduzierten Hüften wird mit Hilfe eines Linearscans ein axialer Schallschnitt durch den Hüftkopfkern platziert. Die Berechnung der Überdachung erfolgt folgendermaßen: Vom Hüftkopfkern wird eine Tangente an den knöchernen Erker gelegt und die Strecke Hüftkopfkern – knöcherner Erker nach proximal aufgetragen. Auf diese Linie wird eine Senkrechte zum Darmbein eingezeichnet. Das Verhältnis der Distanzen zwischen nach proximal verlängerter Linie und Os ilium zur Distanz des Schnittpunktes der beiden proximalen Linien zum knöchernen Erker x 100 ergibt den Dislokationsindex (Abb. 12.**3**). Suzuki gibt einen Normalwert von 41 ± 9 im ersten Monat an. Dieser steigt stetig bis Ende des 5. Lebensmonats auf 55 ± 7. Dislozierte Hüften besitzen eine längere CE-Strecke und daher ist der Index kleiner als null. In schweren Fällen bei Interposition des „Limbus" ist er gar nicht zu bemessen. Subluxierte Hüften besitzen einen deutlich zurückgebliebenen „Dislokationsindex" gegenüber der normalen Hüftentwicklung. Alleinige Hüftdysplasien zeigen ebenfalls einen signifikant erniedrigten Index.

12.4 Kritische Nachlese

12.4.1 Methode nach Harcke, Terjesen, Suzuki

Die Methode nach Harcke, Terjesen und Suzuki beschränkt sich auf die Stellungsänderungen des Hüftkopfes in Bezug auf die Pfanne. Suzuki behilft sich dabei des Epiphysenkerns, dessen im Sonogramm sichtbarer Anteil jedoch nicht notwendigerweise auch den Mittelpunkt des Hüftkopfes darstellt. Die Dislokations-

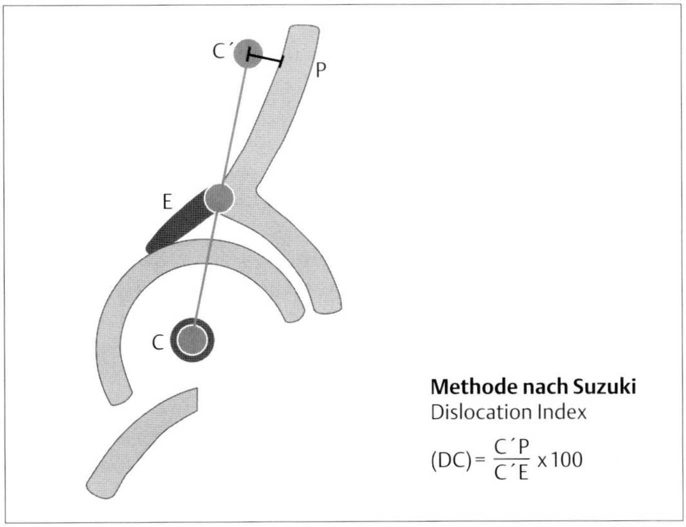

Abb. 12.**3** Schema der Messtechnik nach Suzuki.

strecke des Hüftkopfes aus der Pfanne gilt bei diesen Methoden als Maß der Luxation. Der wesentliche Nachteil dieser Methoden besteht darin, dass die pathologische Feindifferenzierung der Deformierung des Pfannendaches unberücksichtigt bleibt.

Alle zitierten Techniken beschränken sich auf die Frage „Luxation – ja oder nein?" Eine Reifungsbestimmung erfolgt nicht. So kommt es natürlich vor, dass grenzwertige Gelenke (z.B. Typ-IIc-Gelenke), weil „nicht luxiert", auch als gesund eingestuft werden; später aus diesem Typ sich entwickelnde Luxtionen aber nicht der mangelhaften Typisierung, sondern der „Unsicherheit der Ultraschallmethode" angelastet werden (Rosendahl et al. 1992).

Weitere methodische Schwächen sind, dass weder bei der Harcke- noch Suzuki- noch Terjesen-Technik weder das Knorpeldach messtechnisch in irgendeiner Weise mit einbezogen wird noch die differenten knöchernen Überdachungsverhältnisse im vorderen und mittleren und hinteren Pfannensektor berücksichtigt werden. Es wird daher die Sonographie weit unter ihrem Wert geschlagen und schließlich auf ein schlechtes „Röntgenbild" reduziert.

12.4.2 Eigene Methode

(Lit. Nr. nach Graf-Farkas 1998)

Auch die von uns in den letzten 20 Jahren schrittweise entwickelte Methode muss sich durchaus der Kritik stellen (Weitzel et al. 1994, Weitzel 1997). Vor allem in angloamerikanischen Ländern wird sie wegen ihrer Typenvielfalt und vordergründigen Kompliziertheit teils kritisiert (Castelein u. Sauter 1988, Castelein et al. 1992, Catterall 1994), teils positiv beurteilt (Cheng et al. 1994, Donaldson 1994). Will man nur zwischen luxiert und nicht luxiert unterscheiden (Catterall 1994), so erinnert dies an das Jahr 1981, in dem es als Fortschritt angesehen wurde, ohne Röntgenbild mit einer bildgebenden Technik nach der Geburt ein luxiertes Gelenk erkennen zu können. Die Typenvielfalt ist lediglich Ausdruck des Wunsches, nicht nur normal altersentsprechende Hüftgelenke, von denen eine weitere normale Entwicklung erwartet werden kann, vom pathologischen abzutrennen, sondern auch durch verbesserte Diagnostik eine verbesserte Therapie mit optimalem Ergebnis zu erzielen (Casser 1992, Graf 1997).

Dass das Röntgenbild weitgehend vermieden werden kann, die Methode gleich nach der Geburt einsetzbar, verhältnismäßig gut reproduzierbar ist, hat sicherlich zur raschen Verbreitung durch Wegfallen der Sprachbarriere in den deutschsprechenden Ländern geführt. Diese Vorteile dürfen nicht darüber hinwegtäuschen, dass wir uns heute eben nicht mehr mit der Diagnose **luxiert** und **nicht luxiert,** eventuell noch **ein bisschen luxiert** (= subluxiert) (Berman u. Klenerman 1986) zufrieden geben, sondern auch den Graubereich des dysplastischen Gelenkes (Typ-II-Bereich) möglichst aufgliedern wollen:

Bei welchen Hüftgelenken in Abhängigkeit ihres Alters ist eine spontane normale Entwicklung zu erwarten und welche werden ohne Therapie sich nicht weiter entwickeln oder sich gar verschlechtern? Es gilt diese Graubereiche möglichst scharf zu trennen. Diesem Bemühen sind methodische Grenzen gesetzt, die einerseits von der Ultraschalltechnologie, wie Geräteauflösungsvermögen, etc., andererseits von der Präzision der Messtechnik und der Ausführung der Hüftsonographie durch den Untersucher abhängen. Das Auflösungsvermögen der Ultraschallgeräte hat sich in den letzten Jahren deutlich verbessert, es wäre zu wünschen, dass die Messtechnik dem angeglichen wird (Graf 1997). Weniger wichtig erscheinen im Lichte dieser Probleme Terminologiefragen, ob nun das Typ-I-Gelenk als „normal" oder als „ausgereift" zu bezeichnen ist oder welcher Stellenwert die Deskription heute noch hat (Weitzel 1997). Kritisch ist die Frage zu stellen, ob die Unterteilung in Typ IIIa und Typ IIIb heute noch angebracht ist.

Gesichert ist, dass mikroskopisch nachweisbare histologische Veränderungen im Pfannendachknorpel nachweisbar sind. Sicher ist auch, dass Typ-IIIb-Hüftgelenke weniger werden. Werden sie nun weniger, weil durch das Screening ein Abgleiten in ein Typ-IIIb-Gelenk rechtzeitig verhindert werden kann oder weil durch die verbesserte Geräteauflösung manche früher diagnostizierte „Strukturstörung" sich als Artefakt oder als Fehlinterpretation der Rektussehne entpuppte? Diese und andere methodische Schwächen können und dürfen nicht für Schwächen des Untersuchers verantwortlich gemacht werden. So wurde in einer Rundfrage versucht, von jenen Autoren die publiziert hatten, dass selbst ein Typ-I-Gelenk ein Typ-IV-Gelenk werden könne (Pauer et al. 1988, Rosendahl et al. 1982), diese Fälle zu analysieren. Es wurde kein einziges Sonogramm vorgelegt, das die Autoren im Nachhinein bei kritischer Beurteilung nicht selbst in eine der Kategorien, die im Abschnitt 6.3.3 genannt wurden, ordneten.

Auch die von manchen Autoren (Casser 1992, Ganger et al. 1991, Weitzel 1997) beschriebene Diskrepanz zwischen Sonogramm und Röntgen ist durchaus diskussionswürdig. Nicht nur das Sonogramm, sondern noch viel mehr das Röntgenbild muss sich der Kritik stellen, welche Werte in welchem Alter normal sind. Bedenkt man die Probleme bei der Beurteilung des Röntgenbildes, die durch Dreh- und Kippfehler auftreten, und wie schwierig es ist, mit einem Röntgenbild unter dem 3. Lebensmonat die weitere Entwicklung abzuschätzen, so kann das Röntgenbild nur schwerlich als Präzisionsstandard herangezogen werden (Melzer 1993). Wie sonst wäre es zu erklären, dass nach Einführung des sonographischen Screenings in Österreich im ersten Jahr die Behandlungsrate im Vergleich zur vorsonographischen, radiologischen Ära um sage und schreibe 50 % gesunken ist (Grill u. Müller 1997). So gesehen könnte man den Schluss ziehen, dass die Hüftsonographie eindeutig eine Überbehandlung verhindert und das Röntgenbild hinsichtlich seiner Aussagekraft erhebliche Unsicherheitsfaktoren aufweist. Dass aufgrund von physikalischen Gesetzen ein Sonogramm mit dem Röntgenbild am selben Tag nicht verglichen werden kann (Graf 1995, Graf u. Lercher 1996), wäre Aufgabe in Ausbildungskursen zu lehren und würde ebenfalls zur Vermeidung erheblicher Missverständnisse beitragen (Weitzel 1997). Wichtig erscheint uns in diesem Zusammenhang auch die Anmerkung, dass erst etwa ab dem Jahre 1993 tatsächlich zunehmend Wert auf die Einhaltung der Standardebene mit ihren 3 Landmarks gelegt wird. So gehen wir mit Weitzel (Weitzel 1997) durchaus konform, wenn er auf die in der älteren Literatur extrem unterschiedliche Rate vor allem der Hüftgelenke IIa(–) hinweist.

Wird die Qualität der Hüftsonographie an der Behandlungsrate gemessen, so ist im Rahmen einer Qualitätskontrolle die kritische Frage sicher legitim, warum manchmal sogar Typ-I-Gelenke in einem Ausmaß von 1,2–4,3 %, je nach Berechnungsart, behandelt wurden, wie Weitzel (Weitzel 1997) in einer kritischen Hüftsonographiestudie berichten konnte.

13 Übungsteil

Dieses Kapitel soll durch Bildmaterial die Gewöhnung an das Hüftsonogramm und das systematische Vorgehen bei der Befundung unterstützen. Es soll dem Anfänger und demjenigen dienen, der seine Kenntnisse in der sonographischen Diagnostik der Säuglingshüfte auffrischen will.

Der Leser hätte keine Freude an der Übung, wenn er die Lösungen der Fragen bereits vor abgeschlossener Bearbeitung kennen würde. Deshalb haben wir dieses Kapitel in 2 Teile gegliedert.

Teil 1: Aufgaben (Seite 157–171)
Teil 2: Antworten (Seite 172–176)

Schreibpapier sollte immer zur Hand sein, damit die Antworten aufgeschrieben werden, bevor zur Seite mit den Lösungen weitergeblättert wird.

Teil 1
Aufgaben
Identifizierung anatomischer Strukturen

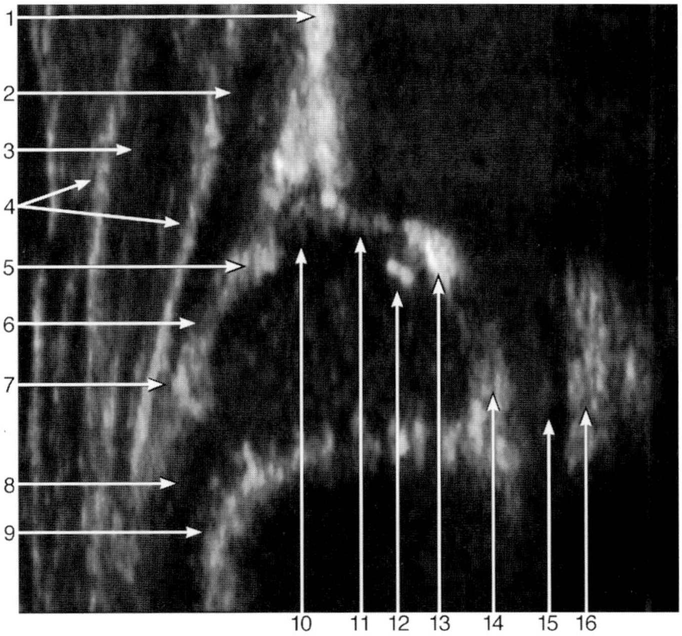

Abb. 13.1 bis Abb. 13.4
Aufgabe: Identifizieren Sie die markierten anatomischen Strukturen.

Abb. 13.2
Aufgabe: Identifizieren Sie auf dem vorliegenden Sonogramm folgende anatomische Strukturen:

1
2
3
4
5
6
7
8

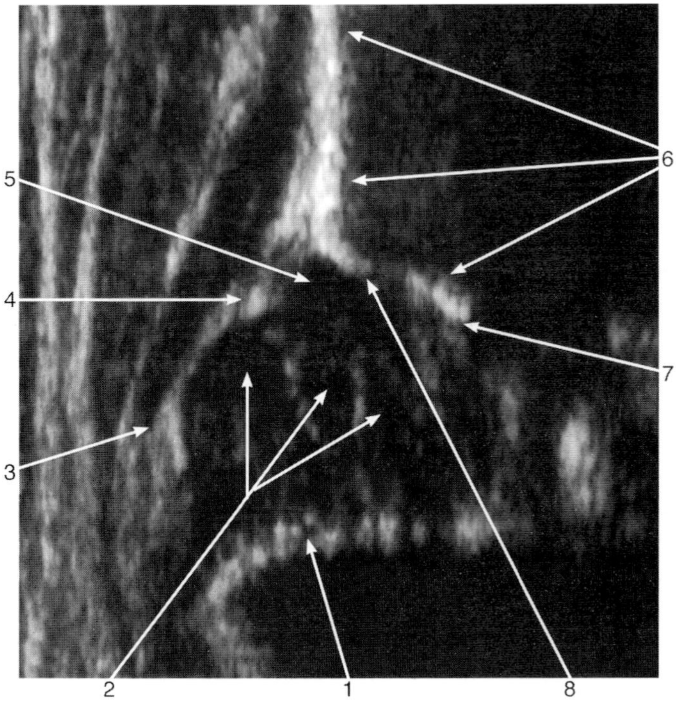

Abb. 13.3
Aufgabe: Identifizieren Sie auf dem vorliegenden Sonogramm folgende anatomische Strukturen:

1
2
3
4
5
6
7

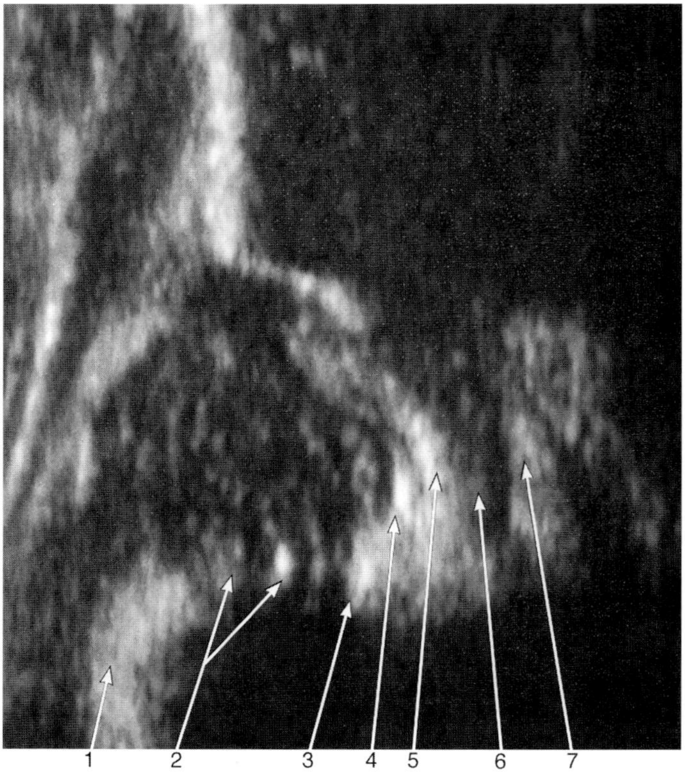

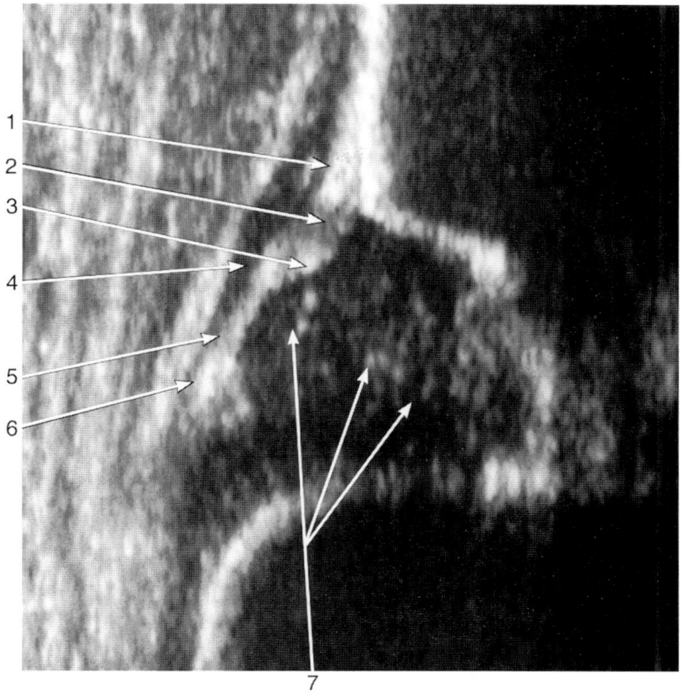

Abb. 13.4
Aufgabe: Identifizieren Sie auf dem vorliegenden Sonogramm folgende anatomische Strukturen:

1
2
3
4
5
6
7

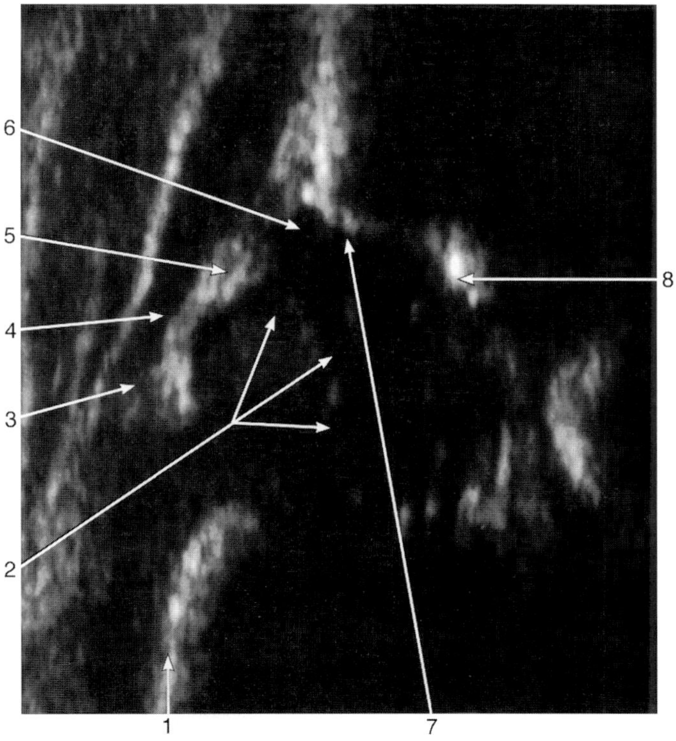

Abb. 13.5
Aufgabe: Identifizieren Sie auf dem vorliegenden Sonogramm folgende anatomische Strukturen:

1
2
3
4
5
6
7
8

Abb. 13.6
Aufgabe: Identifizieren Sie folgende anatomische Strukturen:
1
2
3

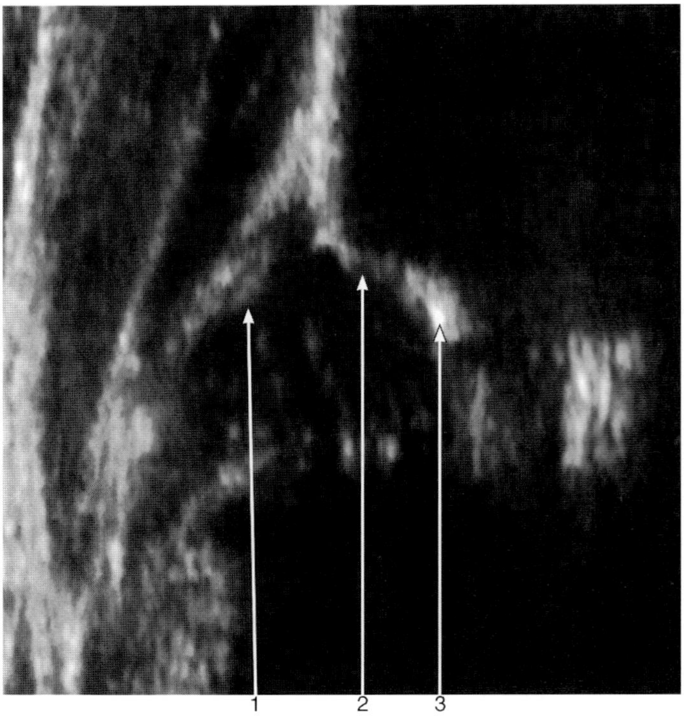

Abb. 13.7
Aufgabe: Identifikation folgender anatomischer Strukturen:
1
2
3
4
5
6
7
8
9

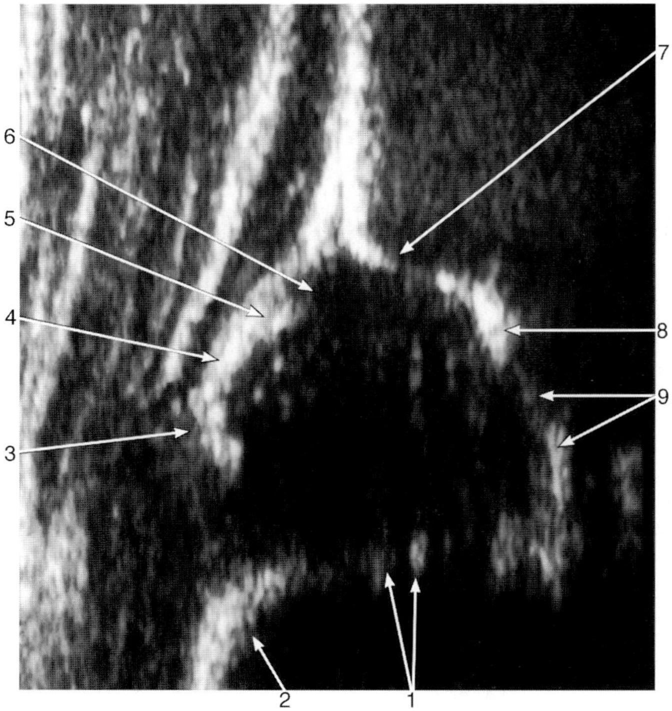

Brauchbarkeitsprüfung (Unterrand, Schnittebene, Labrum)

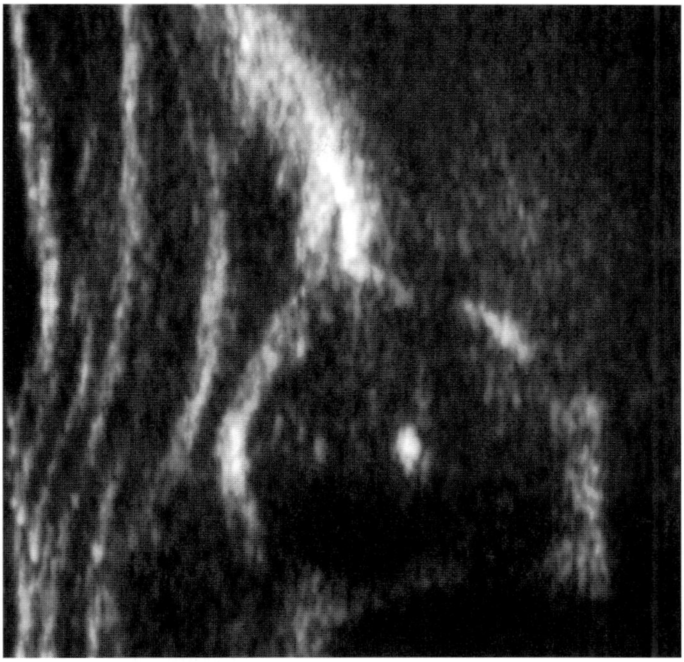

Abb. 13.8
Aufgabe: Wurde dieses Sonogramm in der Standardebene aufgenommen? Wenn nein, welche Ebene könnte es sein?

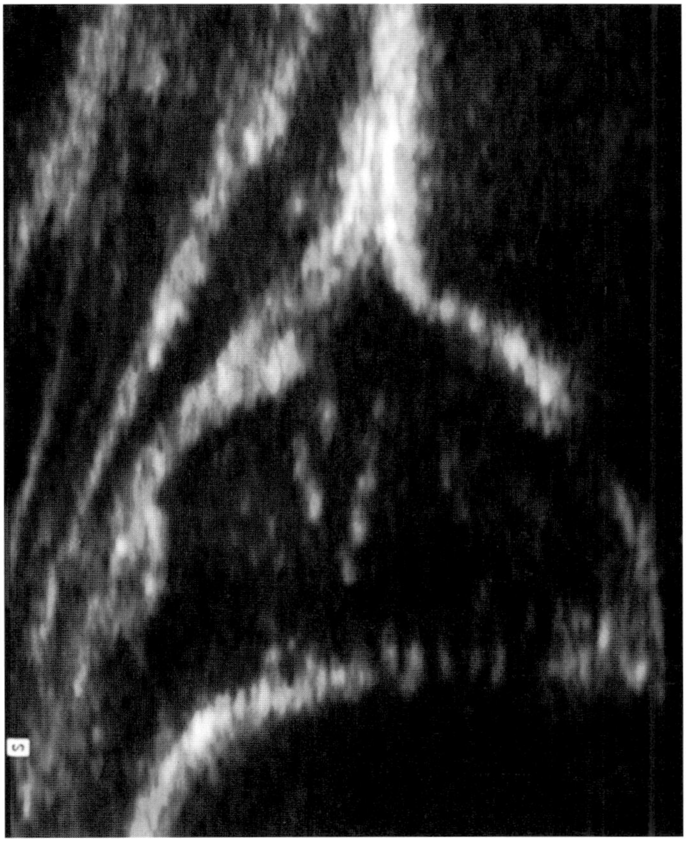

Abb. 13.9
Aufgabe: Entspricht dieses Sonogramm den Qualitätskriterien? Wenn nein, warum nicht?

Abb. 13.10
Aufgabe: Dürfen Sie das vorliegende Sonogramm befunden? Wenn nein, warum nicht?

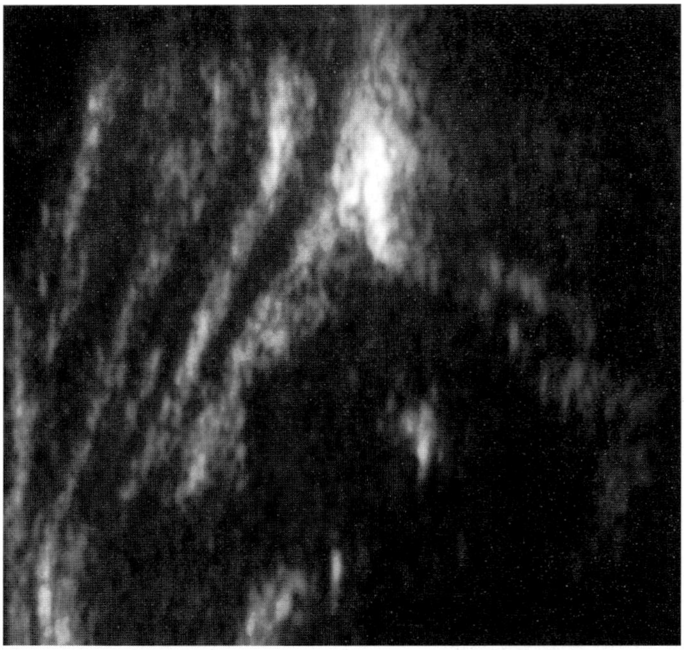

Abb. 13.11
Aufgabe: Wurde bei diesem Sonogramm die sonographische Untersuchung korrekt durchgeführt? Wenn nein, warum nicht?

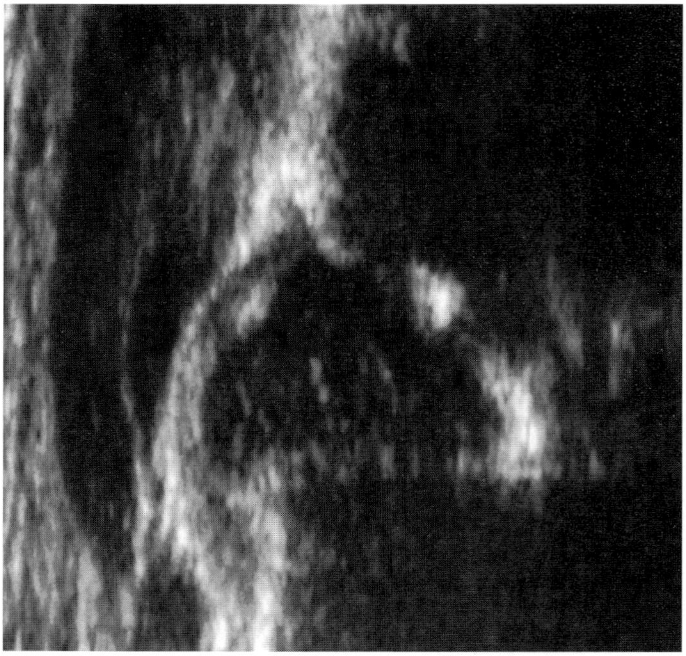

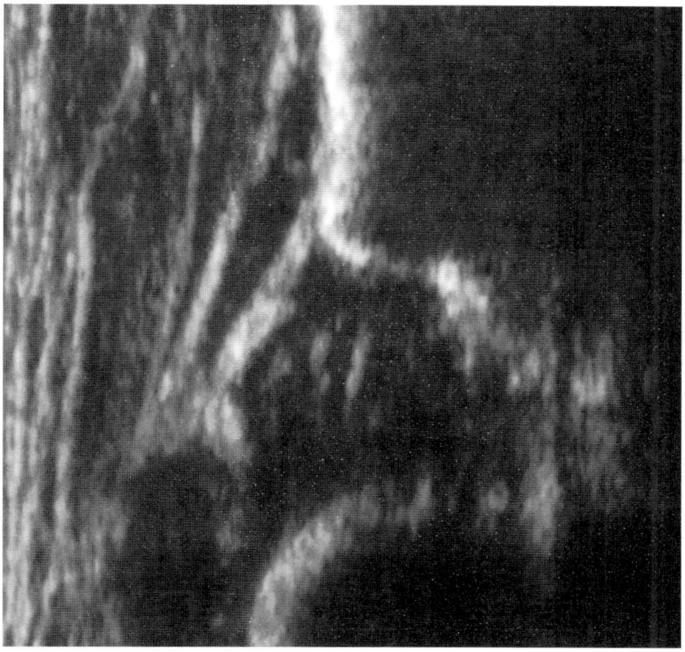

Abb. 13.12
Aufgabe: gleiche Aufgabenstellung wie bei Abb. 13.**11**

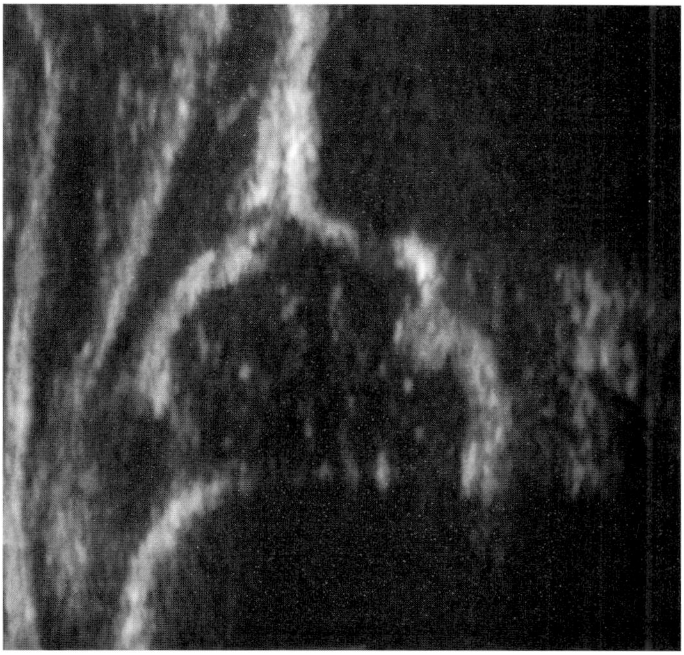

Abb. 13.13
Aufgabe: Hält das vorliegende Hüftsonogramm der Brauchbarkeitsprüfung stand? Wenn ja oder nein, warum?

Beschreibung (knöcherne Formgebung, knöcherner Erker, knorpeliger Erker), Typisierung, Winkelmessung

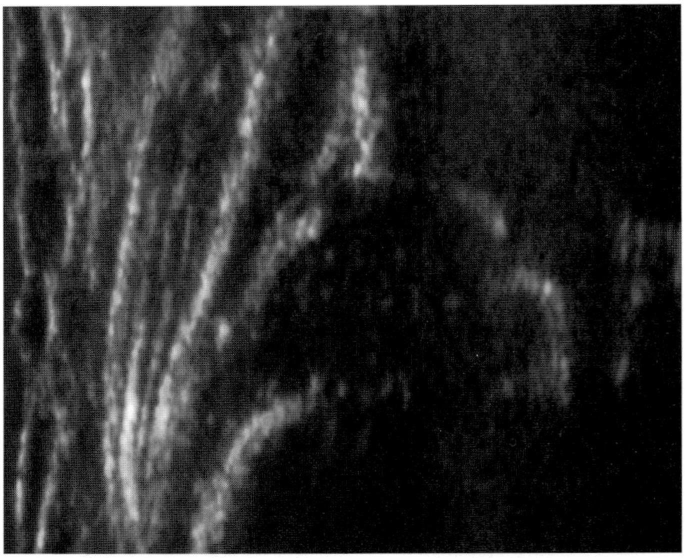

Abb. 13.14
11 Wochen/rechte Hüfte
Aufgabe: Beschreibung und Typisierung.

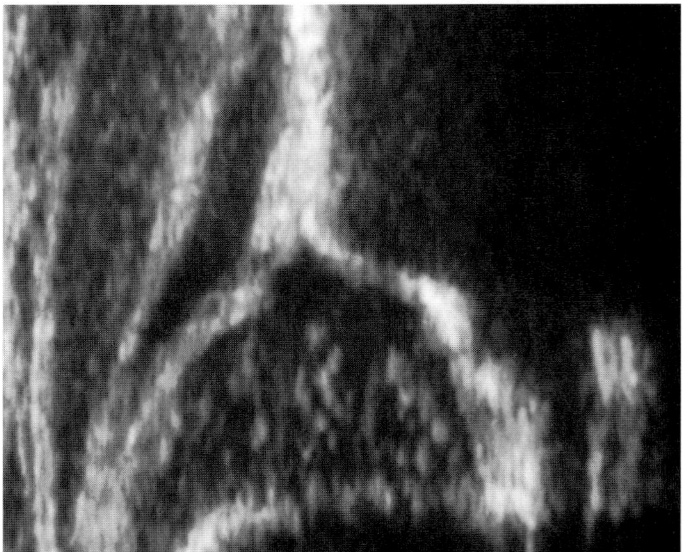

Abb. 13.15
3 Wochen/linke Hüfte
Aufgabe: Beschreibung, Winkelmessung und Typisierung.

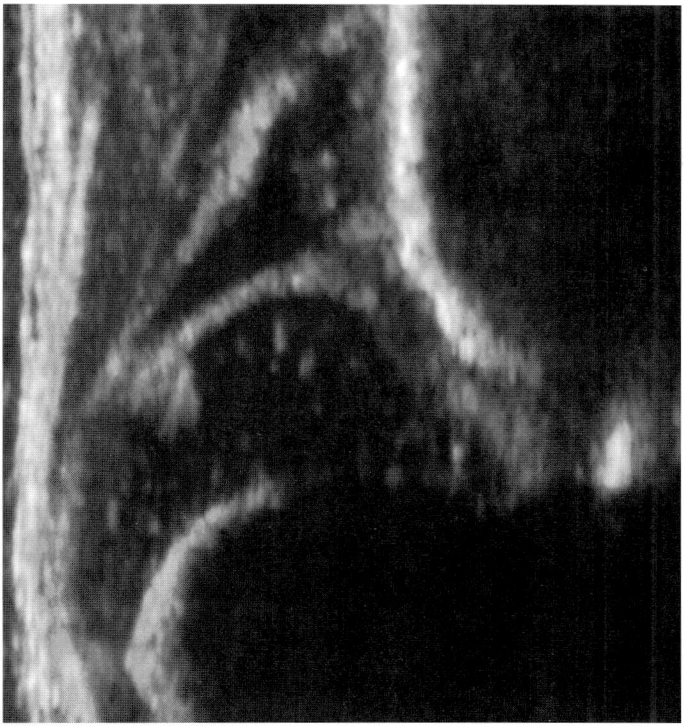

Abb. 13.16
2 Wochen/rechte Hüfte
Aufgabe: Beschreibung, Winkelmessung und Typisierung.

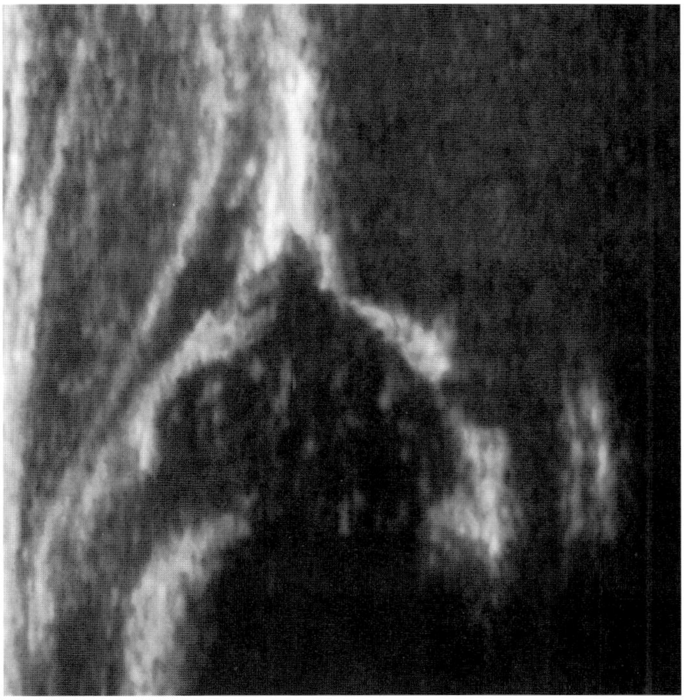

Abb 13.17
8 Wochen/rechte Hüfte
Aufgabe: Beschreibung, Winkelmessung und Typisierung.

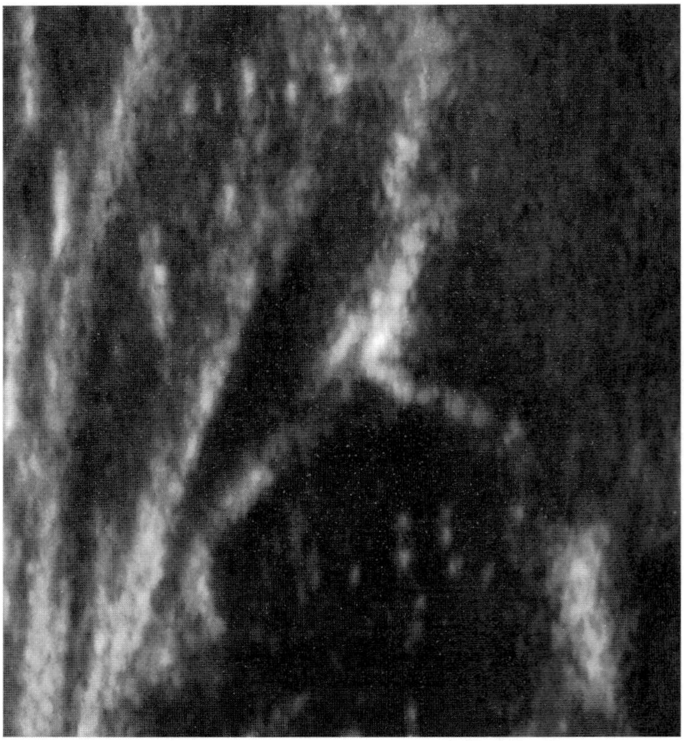

Abb. 13.18
3 Monate/linke Hüfte
Aufgabe: Beschreibung, Winkelmessung und Typisierung.

Verschiedene Aufgaben

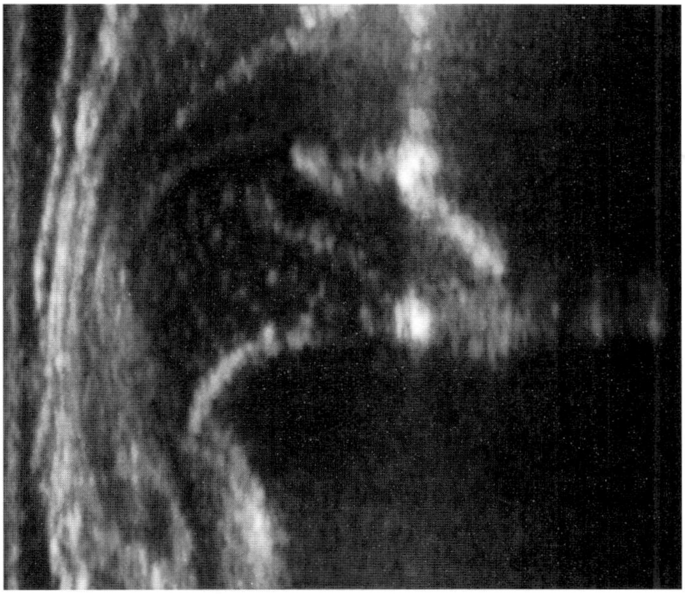

Abb. 13.19
2 Tage/rechte Hüfte
Aufgabe: Welchem Hüfttyp entspricht dieses Hüftgelenk?

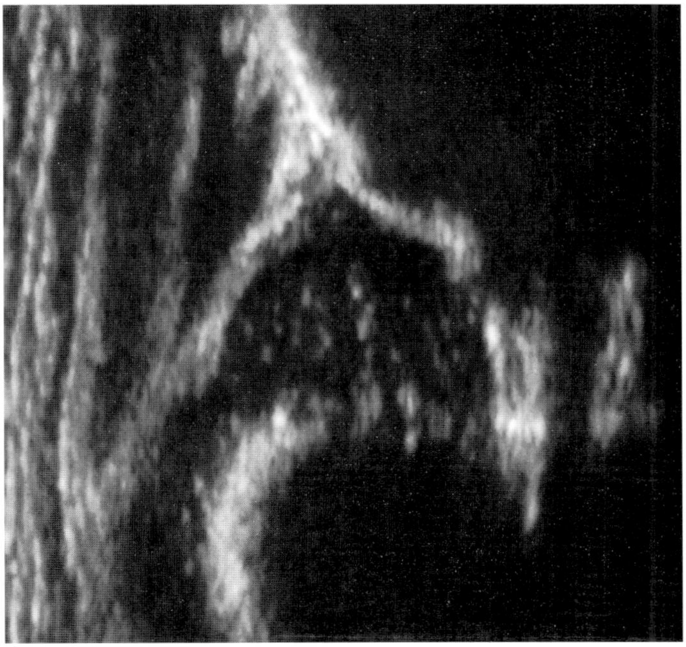

Abb. 13.20
3 Wochen/rechte Hüfte
Aufgabe: Entspricht diese Hüfte der geforderten Mindestreife?

Abb. 13.21
1 Woche/linke Hüfte
Aufgabe: Deskriptive Befundung, Typisierung und zur Diagnoseabsicherung Winkelmessung.

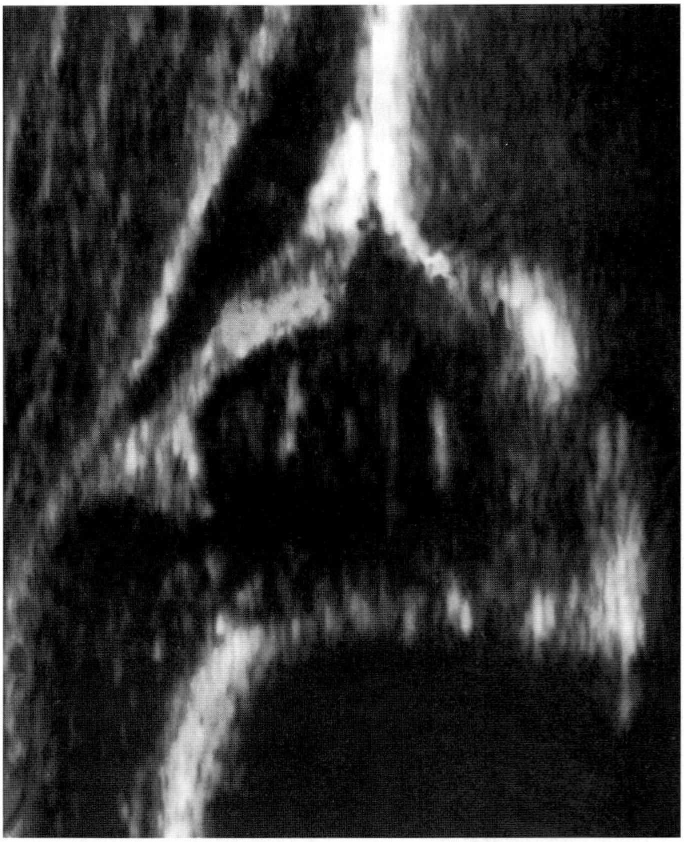

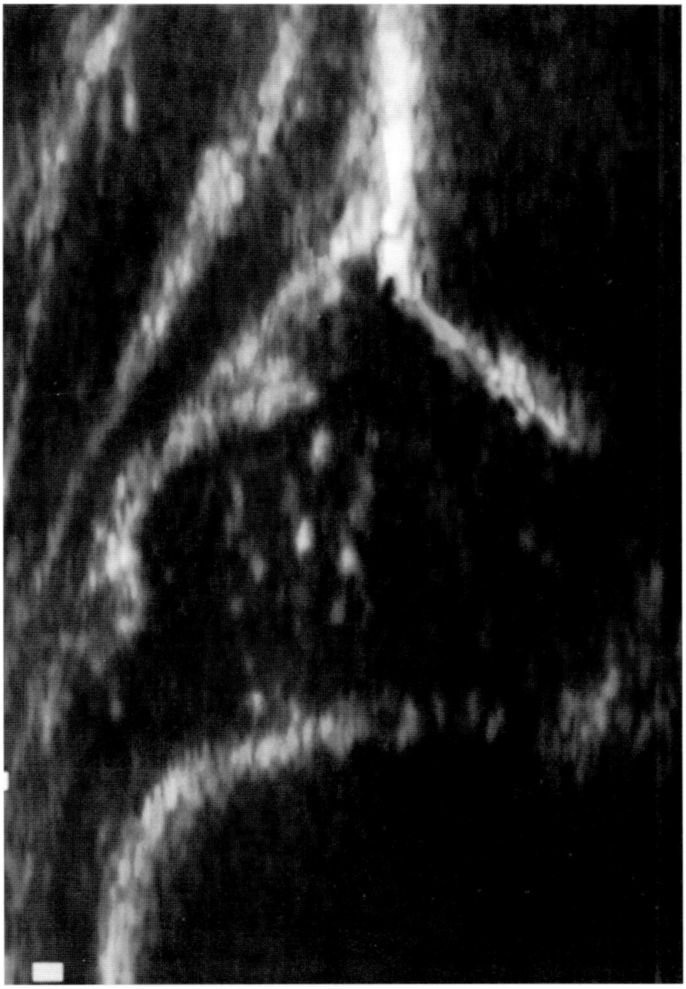

Abb. 13.22
7 Wochen/linke Hüfte
Aufgabe: Befundung, Winkelmessung und Typisierung.

Abb. 13.23
13 Wochen/rechte Hüfte
Aufgabe: Deskriptive Befundung und Typisierung.

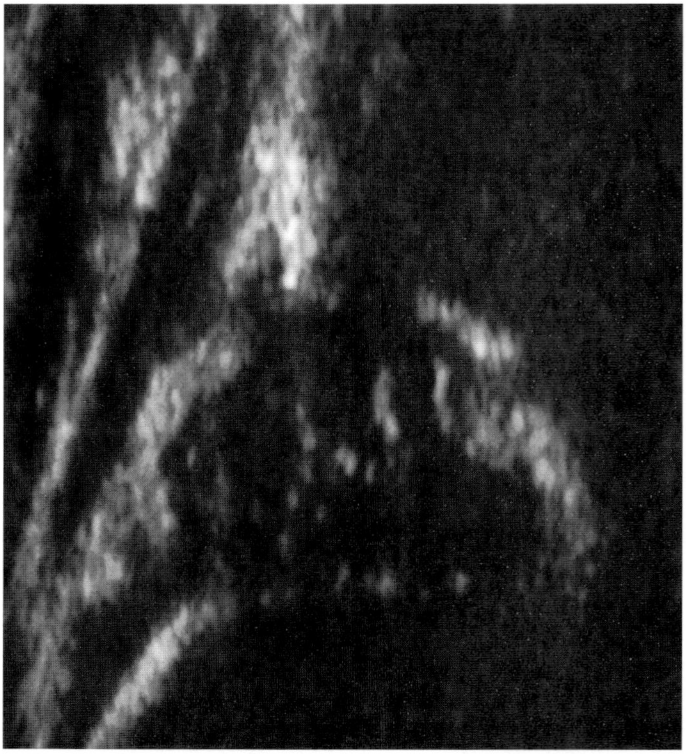

Abb. 13.24
9 Wochen/rechte Hüfte
Aufgabe: Ist diese Hüfte zentriert oder dezentriert? Welchem Hüfttyp entspricht dieses Hüftgelenk?

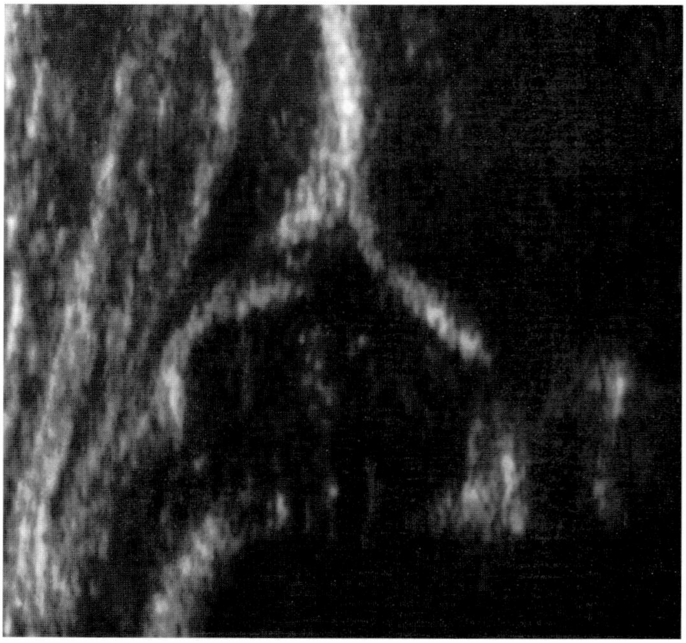

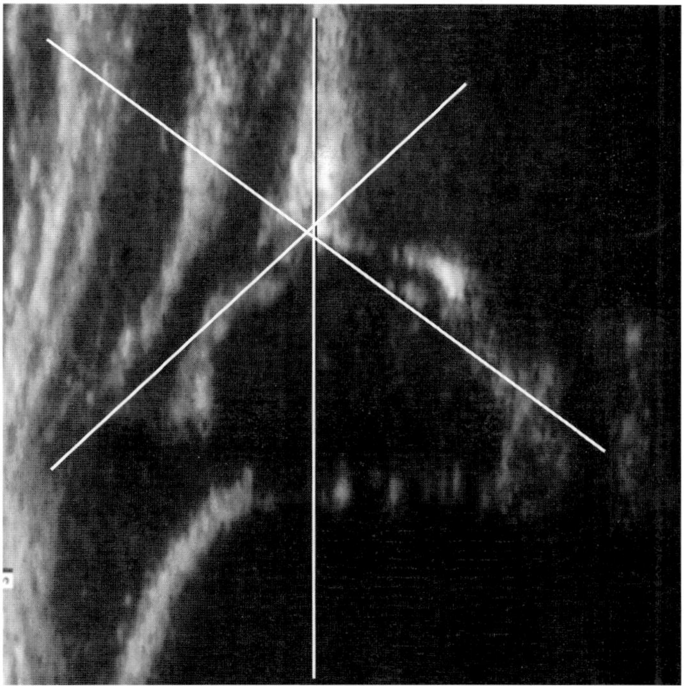

Abb. 13.25
5 Monate/linke Hüfte
Aufgabe: a) Ist die eingezeichnete Pfannendachlinie korrekt?
b) Ist die eingezeichnete Ausstelllinie korrekt?

Teil 2
Antworten

Abb. 13.1
1 Os Ilium
2 Glutaeus minimus
3 Glutaeus medius
4 intermuskuläres Septum
5 Labrum acetabulare
6 Gelenkkapsel
7 Umschlagfalte
8 knorpelig präformierter Trochanter major
9 Knorpel-Knochen-Grenze
10 knorpelig präformiertes Pfannendach
11 knöcherner Erker
12 Lig. capitis femoris
13 Unterrand des Os ilium
14 Perichondrium und Gewebe der Fossa acetabuli
15 Y- Knorpel
16 Perichondrium an der Beckeninnenseite

Abb. 13.2
1 Knorpel-Knochen-Grenze
2 knorpelig präformierter Hüftkopf
3 Umschlagfalte
4 Labrum acetabulare
5 knorpelig präformiertes Pfannendach
6 knöcherne Kontur (Os ilium und knöchernes Pfannendach)
7 Unterrand des Os ilium
8 knöcherner Erker

Abb. 13.3
1 Knorpel-Knochen-Grenze
2 Schallpalisaden
3 Lig. transversum
4 Lig. capitis femoris
5 Pulvinar
6 Y-Knorpel
7 inneres Perichondrium

Abb. 13.4
1 Rektussehne
2 Perichondrium und Gelenkkapsel
3 Labrum acetabulare
4 Lig. ischiofemorale
5 Gelenkkapsel
6 Umschlagfalte
7 Sinusoide

Abb. 13.5
1 Knorpel-Knochen-Grenze
2 Hüftkopf
3 Umschlagfalte
4 Gelenkkapsel
5 Labrum acetabulare
6 knorpeliger Erker
7 knöcherner Erker
8 Unterrand des Os ilium

Abb. 13.6
1 Labrum acetabulare
2 knöcherner Erker
3 Unterrand des Os ilium

Abb. 13.7.
1 Schallpalisaden
2 Knorpel-Knochen-Grenze
3 Umschlagfalte
4 Gelenkkapsel
5 Labrum acetabulare
6 knorpeliges Pfannendach
7 Erker (Umschlagpunkt)
8 Unterrand des Os ilium
9 Fett- und Bindegewebe

Abb. 13.8
Dieses Sonogramm wurde nicht in der Standardebene aufgenommen. Die Schnittführung erfolgt zu weit ventral.

Abb. 13.9
Dieses Sonogramm entspricht den Qualitätskriterien (Unterrand Os ilium eindeutig identifizierbar, Schnittebene korrekt, Labrum acetabulare eindeutig zu sehen.

1 Unterrand des Os ilium
2 gestreckte Darmbeinsilhouette
3 Labrum acetabulare

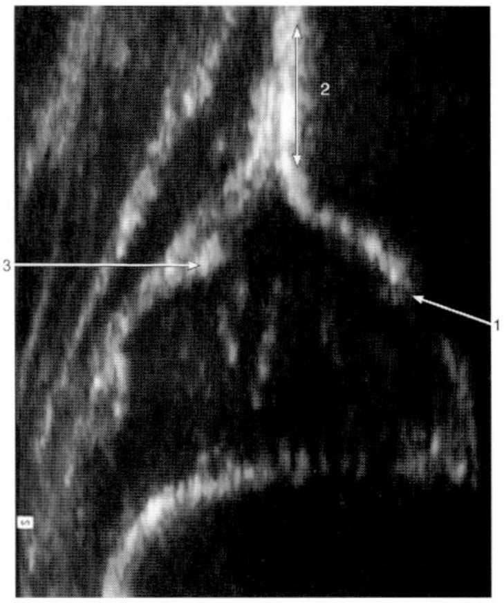

Abb. 13.9

Abb. 13.10
Das vorliegende Sonogramm darf nicht befundet werden, es fehlt der Unterrand des Os ilium.

Abb. 13.11
Bei der sonographischen Untersuchung wurde der Schallkopf in ventrodorsaler Richtung verkippt. Am Sonogramm ist dies dadurch erkennbar, dass das Os ilium verbreitert ist.

Abb. 13.12
Bei der sonographischen Untersuchung wurde der Schallkopf in dorsoventraler Richtung verkippt. Am Sonogramm ist dies durch die rabenschnabelartige Ausziehung des Erkers erkennbar. Es täuscht eine scheinbar dorsale Schnittführung vor.

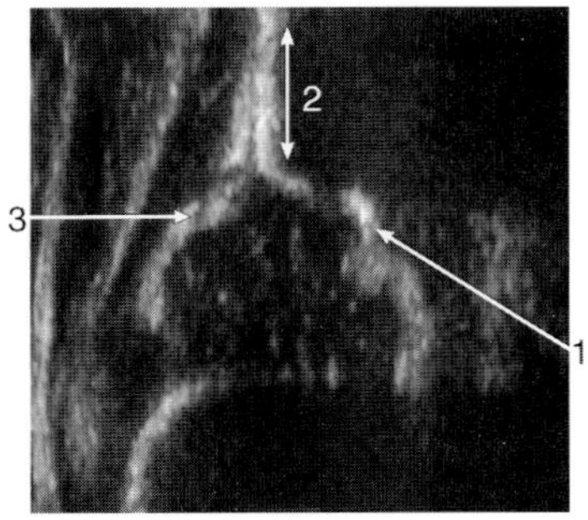

Abb. 13.13

Abb. 13.13
Dies ist ein korrektes Bild. Der Unterrand ist eindeutig identifizierbar (1), die Darmbeinsilhouette ist gestreckt (2) und das Labrum acetabulare (3) ist eindeutig und klar sichtbar.

Abb. 13.14
Die knöcherne Formgebung ist gut, der knöcherner Erker ist eckig, das knorpelige Pfannendach ist übergreifend – Typ I.

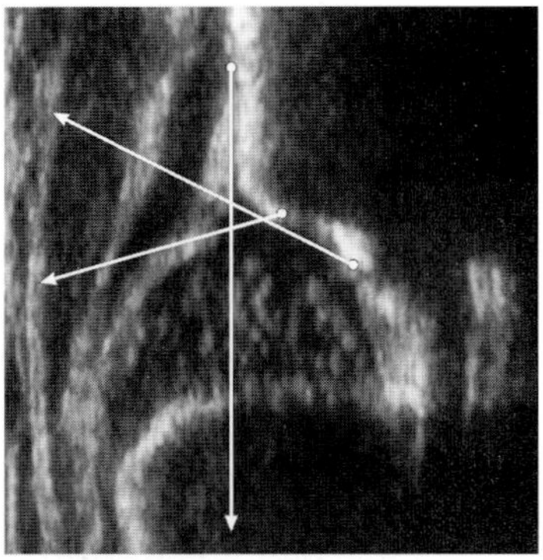

Abb. 13.15

Abb. 13.15
Die knöcherne Formgebung ist gerade noch gut, der knöcherne Erker ist stumpf, das knorpelige Pfannendach ist übergreifend. Der Winkel Alpha beträgt 61 °, Beta 75 °. Es liegt also ein Typ Ib vor.
Anmerkung: es wäre auch korrekt gewesen, diese Hüfte, wo der Alpha-Winkel 61 ° beträgt, als Normgrenzhüfte zu bezeichnen.

Abb. 13.16
Die knöcherne Formgebung ist schlecht, der knöcherne Erker ist flach, das knorpelige Pfannendach ist nach kranial verdrängt ohne Strukturumbau – Typ IIIa. Eine Winkelmessung ist auf diesem vorliegenden Bild nicht möglich, da der Unterrand vom Os ilium nicht eindeutig identifizierbar ist. Bei dezentrierten Hüften ist es meist nicht mehr möglich, den Winkel Alpha auszumessen, da das knöcherne Pfannendach und der Hüftkopf nicht in derselben Ebene sind.

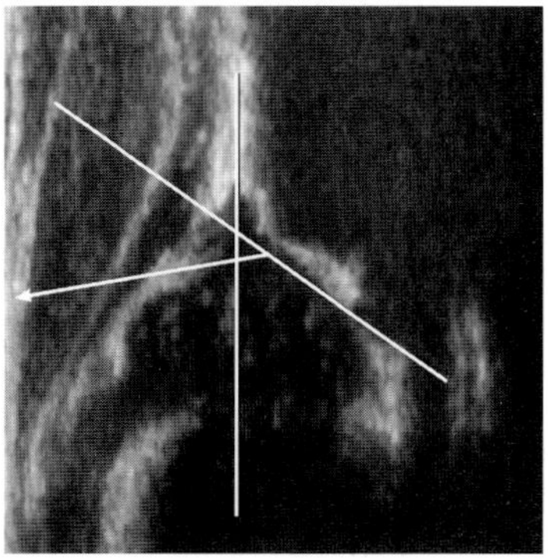

Abb. 13.17

Abb 13.17
Die knöcherne Formgebung ist mangelhaft, der knöcherne Erker ist rund, das knorpelige Pfannendach ist übergreifend. Winkel Alpha 54 °, Beta 70 ° – Typ IIa(–).

Abb. 13.18
Dieses Bild ist unbrauchbar, es fehlt der Unterrand des Os ilium, die Schnittführung ist zu weit dorsal, auch das Labrum ist nicht sichbar.

Abb. 13.19
Die Hüfte ist dezentriert, das knorpelige Pfannendach ist nach kaudal verdrängt (Perichondriumverlauf – ist muldenförmig bzw. waagrecht). Es liegt also ein Typ IV vor.

Abb. 13.20
Die Schnittführung ist zu weit ventral, deshalb kann auch keine Aussage über den Reifungszustand des Hüftgelenkes getroffen werden.

Abb. 13.21
Die knöcherne Formgebung ist ausreichend, der knöcherne Erker ist abgerundet und das knorpelige Pfannendach ist übergreifend – Typ IIa. Winkel Alpha 55 °, Beta 74 °.

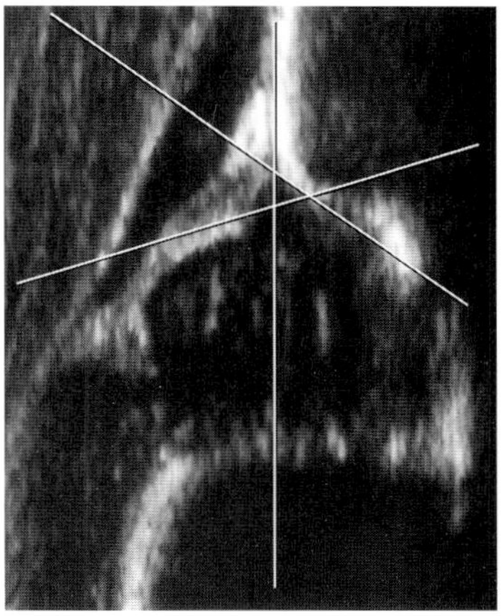

Abb. 13.21

Abb. 13.22
Die knöcherne Formgebung ist hochgradig mangelhaft, der knöcherne Erker ist stark abgerundet bis flach, das knorpelige Pfannendach ist nach kranial verdrängt. Winkel Alpha 48 °, Beta 86 ° – Typ D.

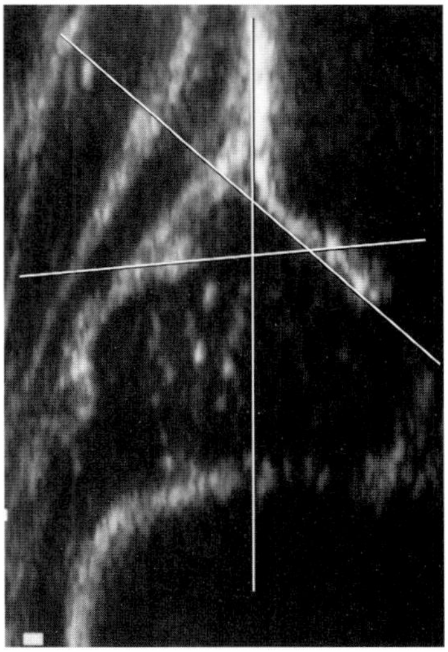

Abb. 13.22

Abb. 13.23
Die knöcherne Formgebung ist gut, der knöcherne Erker ist eckig, das knorpelige Pfannendach ist übergreifend – Typ I.

Abb. 13.24

Die Hüfte ist dezentriert. Die knöcherne Formgebung ist schlecht, der knöcherne Erker ist flach, das knorpelige Pfannendach ist nach oben verdrängt, ohne Strukturstörung – Typ IIIa.

Abb. 13.25

a) Die eingezeichnete Pfannendachlinie ist falsch angelegt. Als Drehpunkt wurde irrtümlicherweise der Ansatz des Lig. capitis femoris gewählt und nicht der Unterand des Os ilium.
b) Die eingezeichnete Ausstelllinie ist falsch. Sie wurde nicht durch den Umschlagpunkt gelegt.

Literatur

A. Zitierte Literatur

Abdullah U., Campell S., Dewhurst C.J., Tablert D., Lukas M., Mullarkey M. (1971): Effects of diagnostic ultrasound on maternal and fetal chromosomes. Lancet I/II: 829

Ackermann H.J., Hoferichter U. (1979): Nachuntersuchungsergebnisse bei Abduktionshemmung am Hüftgelenk von Neugeborenen. Beitr Orthop Traumatol 26: 693–698

Ackermann H.J. (1984): Zu den Bezeichnungen von Hüftbefunden bei Neugeborenen. Beitr Orthop Traumatol 31: 53–56

Ackermann H.J., Kupper H. (1984): Zum Krankheitswert des „atypical dry click" an der Neugeborenenhüfte. Beitr Orthop Traumatol 31: 105–107

Anderhuber F. (1997): Embryologie und Morphogenese. In Tschauner C. (1997): Die Hüfte. S. 1–3. Enke, Stuttgart

Barlow T.G. (1962): Early diagnosis and treatment of congenital dislocation of the hip. J Bone Joint Surg (Br) 44-B: 292–301

Batory I. (1982): Ätiologie der pathologischen Veränderungen des kindlichen Hüftgelenkes. Enke, Stuttgart

Becker F. (1979): Probleme und Gefahren der funktionellen Behandlung dysplastischer Hüftgelenke im frühen Säuglingsalter. Z Orthop 117: 138–146

Berman L., Klenerman L. (1986): Ultrasound screening for hip abnormalities: preliminary findings in 1001 neonates. Br Med J 293: 719–722

Bernbeck R. (1951): Zur Pathologie der Luxatio coxae congenita. Virchow Arch Pathol Anat 320: 238–252

Breninek A. (1979): Stumme Fälle von Hüftdysplasie. Z Orthop 117: 821–823

Büschelberger H. (1982): Die Luxationshüfte. In Matzen P. (Hrsg): Lehrbuch der Orthopädie. Volk und Gesundheit, Berlin

Casser H.R. (1992): Sonographiegesteuerte Behandlung der dysplastischen Säuglingshüfte. Enke, Stuttgart

Castelein R.M., Sauter A.I.M. (1988): Ultrasound screening for congenital dysplasia of the hip in newborns; its value. J. Pediatr Orthop 8: 666–670

Castelein R.M., Sauter A.J.M., deVlieger M., vanLinge B. (1992): Natural history of ultrasound hip abnormalities in clinically normal newborns. J Pediatr Orthop 12: 423–427

Catterall A. (1994): The early diagnosis of congenital dislocation of the hip. J Bone Joint Surg (Br) 76-B: 515–516

Cheng J.C.Y., Chan Y.L., Hui P.W., Shen W.Y., Metreweli C. (1994): Ultrasonic Hip Morphometry in Infants. J Pediatr Orthop 14: 24–28

Clarke N.M.P., Harcke H.T., McHugh P., Lee M.S., Borns P.F., MacEwen G.D. (1985): Real-time ultrasound in the diagnosis of congenital hip dislocation and dysplasia of the hip. J Bone Joint Surg (Br) 67: 406–412

Clarke N.M.P. (1986): Sonographic clarification of the problems of neonatal hip instability. J Pediatr Orthop 6: 527–532

Donaldson J.S. (1994): The Use of Sonography in Screening for Developmental Dysplasia of the Hip. AJR 162: 399–400

Dörr W.M. (1968): Makroskopisch-anatomische, osteologische und röntgenologische Untersuchungen an frühkindlichen Hüftluxationspräparaten. Habilitationsschrift, Universität Aachen

Dorn U., Hattwich M. (1986): Die sonographische Beurteilung der Schenkelhalsantetorsion. Orthop Praxis 22: 248–253

Faber A. (1938): Untersuchungen über die Ätiologie und Pathogenese der angborenen Hüftverrenkung. Thieme, Leipzig

Fettweis E. (1968): Sitz-Hock-Stellungsgips bei Hüftgelenksdysplasien. Arch Orthop Trauma Surg 63: 38–51

Fettweis E. (1992): Das kindliche Hüftluxationsleiden. Die Behandlung in Sitz-Hock-Stellung (mit umfangreicher Bibliographie). ecomed, Landsberg/Lech

Fischer E.P. (1985): Die Welt im Kopf. Faude, Konstanz

Ganger R. und Mitarbeiter (1991): Ultraschall-Screening der Neugborenenhüfte: Ergebnisse und Erfahrungen. Ultraschall Med 12: 25–50

Gekeler J. (1988): Zur Frühbehandlung der angeborenen Hüftdysplasie und Hüftluxation. Orthop Praxis 24: 216–220

Graf R. (1980): The diagnosis of congenital hip joint dislocation by the ultrasonic compound treatment. Arch Orthop Traumat 97: 117–133

Graf R. (1981): The ultrasonic image of the acetabular rim in infants. An experimental and clinical investigation. Arch Orthop Traumat 99: 35–41

Graf R., Tschauner Ch., Schuler P. (1986): Ist die Hüftsonographie notwendig und unter welchen Voraussetzungen kann sie eingesetzt werden? Pädiat Prax 34: 129–139

Graf R., Soldner R. (1989): Zum Problem der Winkelmeßfehler bei der Hüftsonographie durch Linear- und Sektorscanner. Ultraschall Klin Prax 4: 177–182

Graf R. (1993): Sonographie der Säuglingshüfte. Ein Kompendium. 4. Auflage. Enke, Stuttgart

Graf R. (1995): Probleme und Fehlerquellen bei der Hüftsonographie. Pädiat Prax 49 (1995): 467–475

Graf R. (1995): Kursus der Hüftsonographie beim Säugling. Fischer, Stuttgart

Graf R., Lercher K. (1996): Erfahrungen mit einem 3-D-Sonographiesystem am Säuglingshüftgelenk. Ultraschall in Med 17 (1996): 218–224

Graf R., Tschauner Chr. (1996): Ultrasound screening in the neonatal period. Baillière´s Clinical Orthopaedics Vol. 1, No. 1, August 1996: 117–133

Graf R. (1997): Hüftsonographie. Grundsätze und aktuelle Aspekte. Orthopäde 26: 14–24

Graf R., Fronhöfer G. (1997): Neudefinition des proximalen Perichondriums und des Perichondriumloches im Hüftsonogramm. Orthopäde 26: 1057–1061

Grill F., Müller D. (1997): Ergebnisse des Hüftultraschallscreenings in Österreich. Orthopäde (1997) 26: 25–32

Harcke H.T., Clarke N.M.P., Lee M.S., Borns P.F., MacEwen G.D. (1984): Examination of the infant hip with real-time ultrasonography. J Ultrasound Med 3: 131–137

Heipertz W., Maronna U. (1982): Der Wert der Röntgenuntersuchung in den ersten sechs Lebenswochen. In Fries G., Tönnes D. (Hrsg.): Hüftluxation und Hüftdysplasie. S. 25–29. Med Lit Verlag, Uelzen

Hilgenreiner W.H. (1925): Zur Frühdiagnose und Frühbehandlung der angeborenen Hüftgelenksverrenkung. Med Klin 21: 1385–1389, 1425–1429

Holler M. (1980): Joint motion limitation in newborns. Clin Orthop 148: 94–96

Katthagen B.D., Mittelmeier H., Becker D. (1986): Häufigkeit und stationärer Behandlungsbeginn veralteter Luxationshüften in der Bundesrepublik Deutschland. Orthop Praxis 22: 887–888

Katthagen B.D., Mittelmeier H., Becker D. (1988): Häufigkeit und stationärer Behandlungsbeginn kindlicher Hüftgelenksluxationen in der Bundesrepublik Deutschland. Z Orthop 126: 475–483

Komprda J. (1974): Diagnostika vrozené dysplazie kycle u novorozencû. Acta Chir Traumatol Cech 41: 448–455

Konermann W., Gruber G., Tschauner C. (Hrsg) (1998): Die Hüftreifungsstörung. Steinkopff, Darmstadt

Kramps H.A., Lenschow E. (1978): Zur Anwendung der Ultraschall-Compound-Methode zur Weichteildiagnostik und Konturendarstellung in der Orthopädie. Neues von Picker, Bulletin 1

Matthiessen H.D. (1993): Dynamik des Wachstums im Pfannendach. In Schilt M. (Hrsg): Angeborene Hüftdysplasie und -luxation vom Neugeborenen bis zum Erwachsenen. Seiten 19–46. SGUMB-SVUPP-Eigenverlag, Zürich

Matthiessen H.D. (1993): Die „endogene" Hüftdysplasie. In Schilt M. (Hrsg): Angeborene Hüftdysplasie und -luxation vom Neugeborenen bis zum Erwachsenen. Seiten 117–133. SGUMB-SVUPP-Eigenverlag, Zürich

Matthiessen H.D. (1996): Forensische Probleme bei der Behandlung von Hüftdysplasien und -luxationen. Z Orthop (1996) 134: Oa 10–12

Matthiessen H.D. (1997): Dysplasie- und Therapiefaktor bei der Hüftreifungsstörung. Z Orthop (1997) 135: Oa 12–13

Mau H., Michaelis M. (1983): Zur Häufigkeit und Entwicklung auffallender Hüftbefunde (Dysplasie-Komplex) bei Neugeborenen und Kleinkindern. Z Orthop 121: 601–609

Melzer Ch. (1993): Röntgenbild – Sonographie – Anatomie (Ein Vergleich). In Schilt M. (Hrsg): Angeborene Hüftdysplasie und -luxation vom Neugeborenen bis zum Erwachsenen. Seiten 69–77. SGUMB-SVUPP-Eigenverlag, Zürich

Melzer Ch. (1997): Korrelation Sono und Röntgen. Orthopäde (1997) 26: 43–48

Müller I., Engelbert S. (1998): Geschichte der kongenitalen Hüftluxation. In Grifka J. und Ludwig J. (Hrsg): Kindliche Hüftdysplasie. S. 1–28. Thieme, Stuttgart

Müller W. (1998): Biophysikalische Messungen zum Effekt von Kippfehlern bei der Hüftsonographie. Mündliche Mitteilung

Niethard F.U., Gärtner B.M. (1982): Die prognostische Bedeutung qualitativer Hüftparameter bei der Verlaufsbeobachtung der Hüftdysplasie im Säuglingsalter und Kleinkindesalter. In Fries G., Tönnis D. (Hrsg): Hüftluxation und Hüftdysplasie. S. 56–59. Med Lit Verlag, Uelzen

Niethard F.U., Rössler H. (1987): Die Genauigkeit von Längen- und Winkelmessungen im Röntgenbild und Sonogramm des kindlichen Hüftgelenkes. Z Orthop 125: 170–176

Niethard F.U. (1997): Kinderorthopädie. Thieme, Stuttgart

Nyborg W.L. (1977): Physical Mechanismus for Biological Effects of Ultrasound. US Department of Health Educations and Welfare. Bureau of Radiological Health 20857. HEW Publication and FDA/68

Oelkers H. (1961): Die Sauerstofffüllung zur Diagnostik und Indikationsstellung bei der angeborenen Hüftluxation. Verh Dtsch Orthop Ges 48. Kongreß Z Orthop 94: 327 (Beilagsheft)

Oelkers H. (1981): Histologischer und röntgenologischer Vergleich zwischen einem dysplastischen Becken (Luxationsbecken) und Normalbefund. Orthop Praxis 17: 614–624

Ortolani M. (1937): Un segno poco noto e sua importanza per la diagnosi precoce di prelussazione congenita dell'anca. Pediatria 45: 129–136

Pauer M., Rossak K., Meilchen I. (1988): Hüftscreening der Neugeborenen. Z Orthop 126: 260–265

Peic S. (1981): Technische Erleichterung für die Durchführung einer Hüftarthrographie und Verhinderung der Entstehung der Wabenstruktur im Arthrogramm. In Fries G., Tönnis D. (Hrsg): Hüftluxation und Hüftdysplasie. S. 71–74. Med Lit Verlag, Uelzen

Ponseti I.V. (1978): Growth and development of the acetabulum in the normal child and morphology of the acetabulum in congenital dislocation of the hip. J Bone Joint Surg (A) 60-A: 575–599

Putti V. (1929): Early treatment of congenital dislocation of the hip. J Bone Joint Surg 17: 798–812

Rodegerts U., Matthiessen H.D. (1971): Wachstumskinetik und Histomorphometrik der Wachstumsfuge. II. Symposium des SFB 1988 – Teratologische Forschung und Rehabilitation mehrfach Behinderter der WWU Münster, Vol. 2: 551–556

von Rosen S. (1969): Die konservative Behandlung der Hüftdysplasie und Hüftverrenkung. Z Orthop 106: 173–178 von Rosen S. (1977): Prophylaxe, Frühdiagnostik und Frühbehandlung der Luxationshüfte. Beitr Orthop Traumatol 24: 257–264

Rosendahl K., Markestad T., Lie R.T. (1992): Congenital dislocation of the hip: a prospective study comparing ultrasound and clinical examination. Acta Paediatr 81: 177–181

Roser W. (1864): Die Lehre von den Spontanluxationen. Arch Physiol Heilk 5: 132–142

Rott H.D. (1984): Ultraschall in der Medizin: Biologische Wirkung und Sicherheitsaspekte. Dtsch Ärzteblatt 81: 1071–1077

Ryder C.I., Mellin W.G., Calley J. (1962): The infant's hip normal or dysplastic? Clin Orthop 22: 7–19

Schmitt O. (1981): Die Tastenuntersuchung. In Fries G., Tönnis D. (Hrsg): Hüftluxation und Hüftdysplasie. S. 51–55. Med Lit Verlag, Uelzen

Schultheiss H. (1965): Frühbehandlung der Hüftdysplasie durch atraumatische Spreizung. Z Orthop 100: Beilagenheft

Schwetlick W. (1976): Die kindliche Luxationshüfte. Enke, Stuttgart

Suzuki S., Awaya G., Wakita S., Maekawa M., Ikeda T. (1987): Diagnosis by Ultrasound of Congenital Dislocation of the Hip Joint. Clin Orthop 217: 172–178

Suzuki S., Kasahara Y., Futami T., Ushikubo S., Tsuchiya T. (1991): Ultrasonography in Congenital Dislocation of the Hip: Simultaneous Imaging of Both Hips from In Front. J Bone Joint Surg (Br) 73-B: 879–83

Terjesen T. (1992): Femoral head coverage evaluated by ultrasonography in infants and children. Mapfre Medicina 3 (Supl. I): 41

Tönnis D., Brunken D. (1968): Eine Abgrenzung normaler und pathologischer Hüftpfannendachwinkel zur Diagnose der Hüftdysplasie. Arch Orthop Unfall Chir 64: 197–208

Tönnis D. (1984): Die angeborene Hüftdysplasie und Hüftluxation im Kindes- und Erwachsenenalter. Springer, Berlin

Tönnis D. (1987): Congenital Dysplasia and Dislocation of the Hip in Children and Adults. Springer, Berlin

Tschauner Ch., Klapsch W., Graf R. (1990): Das sonographische Neugeborenenscreening des Hüftgelenkes – Luxus oder Notwendigkeit? Monatsschr Kinderheilkd 138: 429–433

Tschauner C., Klapsch W., Baumgartner A., Graf R. (1994): „Reifungskurve" des sonographischen Alpha-Winkels nach Graf unbehandelter Hüftgelenke im ersten Lebensjahr. Z Orthop 132 (1994): 502–504

Wegner R.D., Obe G., Mwyenburg M. (1980): Has diagnostic ultrasound mutagenic effects? Hum Genet 56: 95–99

Weickert H. (1975): Fortschritte in der Diagnostik und Behandlung der Luxationshüfte. Pädiatrie 14: 63–69

Weil U.H. (1978): Acetabular Dysplasia – Skeletal Dysplasias in Childhood. Progress in Orthopaedic Surgery 2. Springer, Berlin

Weitzel D., Schneider R., Oberman B. (1994): Sonographische Befunde in einem flächendeckenden neonatalen Hüftscreening. Monatsschr Kinderheilkd (1994) 142: 425–431

Weitzel D. (1997): Hüftsonographie kritisch betrachtet. Praktische Pädiatrie 3: 252–262

Werzinger R.A. (1989): Die kongenitale Hüftluxation. Konservative und operative Therapie. Dissertation, Universität München

Witt H.J., Woltersdorf J. (1986): Zwillingsuntersuchungen zur Luxationshüfte. Dissertation, Universität Magdeburg

Wood und Loomis (1927): zitiert nach Götz A.J. (Hrsg): Kompendium der medizinisch-diagnostischen Ultrasonographie. Enke, Stuttgart 1983

Zieger M., Hilperts R., Schultz D. (1986): Ultrasound of the infant hip. Part I: Basic principles. Part II: Validity of the method. Pediatr Radiol 16: 483–492

Zieger M., Schultz D. (1987): Ultrasound of the infant hip. Part III: Clinical application. Pediatr Radiol 17: 226–232

B. Weiterführende Literatur

Albinana J., Quesada J.A., Certucha J.A. (1993): Children at high risk for congenital dislocation of the hip: Late presentation. Journal of Pediatric Orthopaedics 13: 268–269

Andersson J.E. (1995): Neonatal hip instability: Normal values for physiological movement of the femoral head. Determined by an Anterior-Dynamic Ultrasound Method. J Pediatr Orthop 15: 736–740

Becker R., Bayer M., Wessinghage D., Waertel G. (1994): Hüftsonographie: Luxus oder Notwendigkeit? Deutsches Ärzteblatt 91: A-1892 – A-1898 (Heft 27)

Bennet G.C. (1992): Screening for congenital dislocation of the hip. J Bone Joint Surg (Br) 74-B: 643–644

Benson et al. (1993): Ultrasound and DDH: A Cost-Benefit Analysis of Three Delivery Systems. (Abstract) J Pediatr Orthop 13: 120–121

Benz-Bohm G., Widemann B., Herrmann F. (1987): Ist die Hüftsonographie bei Frühgeborenen als Screening-Untersuchung sinnvoll? Monatsschr Kinderheilkd 135: 838–841

Benz-Bohm G., Widemann B., Herrmann F., Weidtman V. (1987): Ist die Hüftsonographie als Screeninguntersuchung sinnvoll? Fortschr Röntgenstr. 146, 2: 188–191

Bernsmann K., Schleberger R. (1991): Ausheilungsbedingungen im Hüftscreening aufgefallener Neugeborenenhüften. Ultraschall Klin Prax 6: 232 (Abstract 475)

Boeree N.R., Clarke N.M.P. (1994): Ultrasound imaging and secondary screening for congenital dislocation of the hip. J Bone Joint Surg (Br) 76-B: 525–533

Bombelli R., Tschauner Ch., Bombelli M. (1994): CDH in the pre- and post-sonographic era. Hip international Vol 4 (no. 1): 10–34

Bon R.A., Exner G.U. (1992): Frühdiagnose der Hüftdysplasie – Argumente für ein generelles sonographisches Screening in der Schweiz. Schweiz Rundschau Med (Praxis) 81: 519–523

Bond Ch.D., Hennrikus W.L., DellaMaggiore E.D. (1997): Prospective evaluation of newborn soft-tissue hip „clicks" with ultrasound. J Pediatr Orthop 17 (1997): 199–201

Boniforti F.G., Fujii G., Angliss R.D., Benson M.K.D. (1997): The reliability of measurements of pelvic radiographs in infants. J Bone Joint Surg (Br) 79-B: 570–5

Clarke N.M.P., Clegg J., Al-Chalabi A.N. (1989): Ultrasound screening for hips at risk for CDH: failure to reduce the incidence of late cases. J Bone Joint Surg (Br) 71-B: 9–12

Coleman S.S. (1994): Development dislocation of the hip: Evolutionary changes in diagnoses and treatment. J Pediatr Orthop 14: 1–2

Coleman S.S. (1995): The subluxation or wandering femoral head in developmental dislocation of the hip. J Pediatr Orthop 15: 785–788

Dahlström H., Friberg S., Öberg L. (1990): Stabilisation and development of the hip after closed reduction of late CDH. J Bone Joint Surg (Br) 72-B: 186–189

Deimel D., Breuer D., Alaiyan H., Mittelmeier H. (1994): Verlaufsbeobachtung eines hüftsonographischen Screeningprogrammes zur Früherkennung angeborener Hüftreifungsstörungen an der orthopädischen Universitätsklinik Homburg/Saar im Zeitraum von 1985 bis 1990. Z Orthop 132: 255–259

Dias J.J., Thomas I.H., Lamont A.C., Mody B.S., Thompson J.R. (1993): The reliability of ultrasonographic assessment of neonatal hips. J Bone Joint Surg (Br) 75-B: 479–82

Diaz A., Cuervo M., Epeldegui T. (1994): Simultaneous ultrasound studies of DDH using the Graf, Harcke and Suzuki approaches. Journal of Pediatric Orthopaedics Part B, 3: 185–189

Dorn U., Hattwich M. (1987): Sonographisches Hüftscreening bei Neugeborenen. Ultraschall Klin Prax (1987) 2: 159–164

Eggl H., Sterzinger W., Frischhut B. (1992): Die Wahrscheinlichkeit einer Reifungsstörung bei Typ IIa Neugeborenenhüften. Ultraschall Klin Prax (1992) 7: 275–278

Eggl H., Krismer M., Klestil T., Frischhut B. (1993): Auswirkungen des Hüftsonographiescreenings. Eine epidemiologische Studie. Orthopädie (1993) 22: 277–279

Eimermacher V. (1994): Die instabile Neugeborenenhüfte und die protrahierte Hüftdysplasie. Orthop Praxis 30: 359–365 (Heft 6/94)

Eller K., Katthagen B.D. (1987): Sonographische Verlaufskontrollen der Hüftdysplasie unter Spreizhosentherapie. Z Orthop 125: 534–541

Engelhardt P. (1988): Das Risiko der sekundären Coxarthrose. Thieme, Stuttgart

Engelhardt P. (1988): Die Bedeutung des Zentrumeckenwinkels zur Prognose der Dysplasiehüfte 50 Jahre nach Erstbeschreibung durch G. Wiberg. Orthopäde 17: 463–467

Engesaeter L.B., Wilson D.J., Nag D., Benson M.K.D. (1990): Ultrasound and congenital dislocation of the hip. J Bone Joint Surg (Br) 72-B: 197–201

Exner G.U., Mieth D. (1987): Sonographisches Hüftdysplasiescreening beim Neugeborenen. Schweiz Med Wochenschr 117: 1015–1020

Exner G.U. (1988): Ultrasound screening for hip dysplasia in neonates. J Pediatr Orthop 8: 656–660

Exner G.U., Frey E. (1997): Hüftdysplasie im Säuglingsalter. Kernspintomographie und Computertomographie. Orthopäde (1997) 26: 59–66

Falliner A., Hassenpflug J. (1994): Der Einfluß der Sonographie auf Diagnose und Behandlung der sog. angeborenen Hüftgelenksluxation. Z Orthop 132 (1994): 505–512

Fiddian N.J., Gardiner J.C. (1994): Screening for congenital dislocation of the hip by physiotherapists. J Bone Joint Surg (Br) 76-B: 458–9

Garvey M., Donoghue V.B., Gorman W.A., O'Brien N., Murphy J.F.A. (1992): Radiographic screening at four months of infants at risk for congenital hip dislocation. J Bone Joint Surg (Br) 74-B: 704–7

Gerscovich E.O. (1997): A radiologist's guide to the imaging in the diagnosis and treatment of DDH: II. Ultrasonography (Review article). Skeletal Radiol (1997) 26: 447–456

Gomes H., Ouedraogo T., Avisse C., Lallemand A., Bakhache P. (1998): Neonatal hip: from anatomy to cost-effective sonography. Eur Radiol 8: 1030–1039

Graf R. (1981): Die operative Reposition der angeborenen Hüftluxation. Z Orthop 119: 491–497

Graf R. (1982): Ultraschalldiagnostik bei Säuglingshüften. Z Orthop 120: 583–589

Graf R. (1983): Die sonographische Beurteilung der Hüftdysplasie mit Hilfe der Erkerdiagnostik. Z Orthop 121: 653–659

Graf R. (1983): New possibilities for the diagnosis of congenital hip joint dislocation by the ultrasonic compound treatment. J Pediatr Orthop 3: 354–359

Graf R. (1985): Möglichkeiten, Probleme und derzeitiger Stand der Hüftsonographie bei Säuglingshüften. Radiologe 25: 127–132

Graf R. (1986): Sonographie der Säuglingshüfte. Ein Kompendium. 2. Auflage

Graf R. (1986): Guide to sonography of the infant hip. Thieme, Stuttgart

Graf R. (1986): Kann die Hüftsonographie die an die gestellten Anforderungen erfüllen? Ultraschall Klin Prax 1: 62–68

Graf R. (1987): Die sonographische Diagnose von Hüftreifungsstörungen – Prinzipien, Fehlerquellen und Konsequenzen. Ultraschall 8: 2–8

Graf R., Tschauner Ch., Steindl M. (1987): Ist die IIa-Hüfte behandlungsbedürftig? Monatsschr Kinderheilkd 135: 832–837

Graf R., Schuler P. (1988): Sonographie am Stütz- und Bewegungsapparat bei Kindern und Erwachsenen. Lehrbuch und Atlas – VCH edition medizin, Weinheim

Graf R. (1989): Sonographie am Bewegungsapparat. Orthopäde 18: 2–11

Graf R. (1989): Hüftsonographie beim Neugeborenen. Gynäkol Prax 13: 435–443

Graf R. (1989): Sonographie der Säuglingshüfte. Ein Kompendium. 3. Auflage. Enke, Stuttgart

Graf R. (1990): Sonographie der Säuglingshüfte. Z Orthop 128: 355–356

Graf R. (1992): Hip Sonography – How Reliable? Sector Scanning Versus Linear Scanning? Dynamic Versus Static Examination? Clinical Orthopaedics 281: 18–21 (August 1992)

Graf R., Tschauner Ch. (1993): Neonatal Sonographic „Screening" for DDH. BMUS-Bulletin May 1993: 22–27

Graf R., Tschauner Chr., Klapsch W. (1993): Progress in prevention of late developmental dislocation of the hip sonographic newborn hip „screening": Resuls of a comparative follow-up study. J Pediatr Orthop (Part B) 2: 115–121

Graf R. (1994): Effects of Hip Sonography in Austria and Guidelines for Therapy. In Renato Bombelli: Farewell Meeting Proceedings, p. 12–13. RMS-Fondation, Bettlach

Graf R., Tschauner Chr. (1994): Sonographie der Säuglingshüfte – Fehlerquellen, Fortschritte und aktuelle klinische Relevanz. Radiologe 34: 30–38

Graf R., Wilson B. (1995): Sonography of the Infant Hip and its Therapeutic Implications. Chapman & Hall, Weinheim

Graf R., Schuler P. (1995): Sonographie am Stütz- und Bewegungsapparat bei Kindern und Erwachsenen. Lehrbuch und Atlas, 2. Auflage. Chapman & Hall, Weinheim

Graf R., Schuler P. (1995): Die Säuglingshüfte im Ultraschallbild – ein Atlas. Chapman & Hall, Weinheim

Graf R. (1995): Probleme und Fehlerquellen bei der Hüftsonographie. Gynäkol. Prax. 20 (1996): 223–231

Graf R. (1997): Die sonographiegesteuerte Therapie. Orthopäde 26: 33–42

Graf R. (1997): Hüftsonographie-Fortbildung. Praktische Pädiatrie 3: 238–247

Graf R. (1997): Die aktuelle Hüftsonographie-Screeningdiskussion: Entwicklungen in Deutschland, Österreich und international. Praktische Pädiatrie 3: 274–283

Graf R. (1997): Advantages and disadvantages of various access routes in sonographic diagnosis of dysplasia and luxation in the infant hip. J Pediatr Orthop (Part B) 6: 248–252

Graf R. (1997): Von der sonographischen Frühestdiagnostik zur sonographiegesteuerten Therapie. In Tschauner Ch. (Hrsg): Die Hüfte. S. 57–78. Enke, Stuttgart

Graf R. (1998): Klinische Untersuchung – Hüftsonographie – derzeitiger Stand und Ausblicke. In Grifka J. und Ludwig J. (Hrsg): Kindliche Hüftdysplasie. S. 43–81. Thieme, Stuttgart

Graf R. (1998): Hüftsonographie. In Konermann W., Gruber G., Tschauner C. (Hrsg): Die Hüftreifungsstörung. S. 103–138. Steinkopff, Darmstadt

Graf R. (1998): Konservative Therapie. In Konermann W., Gruber G., Tschauner C. (Hrsg): Die Hüftreifungsstörung. S. 323–352. Steinkopff, Darmstadt

Graf R., Farkas P. (1998): State of the Art: Sonographische Diagnostik der Säuglingshüfte: Sonogramm – Diagnose – Therapie. Marseille, München

Hamel J., Becker W. (1994): Sonographische Verlaufskontrolle dezentrierter Neugeborenenhüften in der Frühphase der Behandlung mit Pavlik-Bandage. Orthop Praxis 30: 354–358 (Heft 6/94)

Hangen D.H., Kasser J.R., Emans J.B., Millis M.B. (1995): The Pavlik Harness and Developmental Dysplasia of the Hip: Has Ultrasound Changed Treatment Patterns? J Pediatr Orthop 15: 729–735

Hauck W., Seyfert U.T. (1990): Die Ultraschalluntersuchung der Neugeborenenhüfte: Ergebnisse und Konsequenzen. Z Orthop 128: 570–574

Hefti F. (1997): Offene Repositionsverfahren. Orthopäde (1997) 26: 67–74

Heimkes B., Stotz S., Lutz R., Posel H. (1989): Der Wandel der konservativen Repositionsmethoden in der Therapie der kongenitalen Hüftluxation im Zeitraum 1955 bis 1987. Orthop Praxis 25: 343–353

Hensinger R.N. (1995): The Changing Role of Ultrasound in the Management of Developmental Dysplasia of the Hip (DDH). Editorial. J Pediatr Orthop 15: 723–724

Hernandez R.J., Cornell R.G., Hensinger R.N. (1994): Ultrasound diagnosis of neonatal congenital dislocation of the hip. A decision analysis assessment. J Bone Joint Surg (Br) 76-B: 539–543

Hinderaker Th., Daltveit A.K., Irgens L.M., Uden A., Reikeras O. (1993): The impact of intra-uterine factors on neonatal hip instability. An analysis of 1 059 479 children in Norway. Acta Orthop Scand 65-3 (1994): 239–242

Hoffstetter I., Huhle P.R. (1995): Münsteraner Konzept zur Frühbehandlung der kongenitalen Hüftdysplasie und -luxation. Med Orth Tech 115: 123–129

Holen K.J., Terjesen T., Tegnander A., Bredland T., Saether O.D., Eik-Nes St.H. (1994): Ultrasound screening for hip dysplasia in newborns. Journal of Pediatric Orthopaedics 14: 667–673

Joller R., Waespe B. (1991): Generelles sonographisches Hüftscreening auch in der Schweiz? Ultraschall Klin Prax 6: 232 (Abstract 473)

Jomha N.M., McIvor J., Sterling G. (1994): The Role of Ultrasonography in the Diagnosis of Development Hip Dysplasia. J Bone Joint Surg (Br) 76-B: Supp 1: 24

Jones D.A., Powell N. (1990): Ultrasound and neonatal hip screening. J Bone Joint Surg (Br) 72-B: 457–459

Jones D.A. (1991): Neonatal Hip Stability and the Barlow Test. J Bone Joint Surg (Br) 73-B: 216–8

Jüsten H.P., Wessinghage D., Waertel G., Kißlinger E. (1997): Sonographisches Hüftgelenk-Screening und daraus resultierende Behandlung von Hüftreifungsstörungen. Orthop Praxis 33: 71–75 (Heft 2/97)

Klapsch W., Tschauner Ch., Graf R. (1990): Führt die Vorverlegung des Diagnosezeitpunktes der Hüftdysplasie zu merkbar besseren Behandlungsergebnissen? Orthop Praxis 26: 401–405

Klapsch W., Tschauner Ch., Graf R. (1991): Behandlungsergebnisse dezentrierter Hüftgelenke seit Einführung der Hüftsonographie. Orthop Praxis 27: 353–354

Klapsch W., Tschauner Ch., Graf R. (1991): Kostendämpfung durch die generelle sonographische Hüftvorsorgeuntersuchung. Monatsschr Kinderheilkd 139: 141–143

Klapsch W., Tschauner Ch., Graf R. (1992): Sonographisches Neugeborenenhüftscreening. Z Orthop 130: 512–514

Klapsch W., Tschauner Ch. (1993): Kongenitale Hüftdysplasie – Entwicklung der stationären Behandlungskosten – Vergleich der Jahre 1977 bis 1979 zu 1986 bis 1988. Orthop Praxis 29: 248–251

Klisic P. (1987): Let's Adopt the Term: „Development Displacement of the Hip“ (DDH). Proceedings No 86 of International Meeting on Care of Babies' Hips. Beograd, Oct. 1–3, 1987

Krikler S., Dwyer N.St.J.P. (1992): Comparison of results of two approaches to hip screening in infants. J Bone Joint Surg (Br) 74-B: 701–3

Krismer M., Klestil T., Morscher M., Eggl H. (1993): The effect of ultrasonographic screening on the incidence of DDH. International Orthopaedics (SICOT) (1996) 20: 80–82

Lennox I.A.C., McLauchlan J., Murali R. (1993): Failures of Screening and Managment of Congenital Dislocation of the Hip. J Bone Joint Surg (Br) 75-B: 72–5

Lorenz A (1920): Die sogenannte angeborene Hüftverrenkung. Enke, Stuttgart

Macnicol M.F. (1990): Results of a 25-Year Screening Programme for Neonatal Hip Instability. J Bone Joint Surg (Br) 72-B: 1057–60

Marks D.S., Clegg J., Al-Chalabi A.N. (1994): Routine Ultrasound Screening for Neonatal Hip Instability. J Bone Joint Surg (Br) 76-B: 534–538

Mau H. (1988): Sekundäre Abflachungen der Hüftpfannen bei Kindern. Z Orthop 126: 377–386

Melzer Ch. (1989): Nutzen und Gefahren der Sonographie des Säuglingshüftgelenkes. Pädiat Prax 38: 101–109

Melzer Ch., Sniezynski R. (1993): Langzeitergebnisse der offenen Reposition der angeborenen Hüftluxation. Thieme Copythek, Stuttgart 1993

Mittelmeier H. (1988): Behandlung der Hüftdysplasie mit der „Aktiv"-Spreizhose und neueren Modifikationen. Med Orth Tech 108: 42–46

Myles J.W. (1990): Secondary Screening for Congenital Displacement of the Hip. J Bone Joint Surg (Br) 72-B: 326–327

Neidel J., Tönnis D. (1994): Perzentil-Graphiken für die Dokumentation des Pfannendachwinkels bei Kindern und Jugendlichen. Z Orthop 132 (1994): 512–515

Nimityongskul P., Hudgens R.A., Anderson L.D., Melhem R.E., Green A.E. Jr., Saleeb S.F. (1995): Ultrasonography in the Management of Developmental Dysplasia of the Hip (DDH). J Pediatr Orthop 15: 741–746

Ortolani M. (1976): Congenital hip dysplasia in the light of early and very early diagnosis. Clin Orthop 119: 6–10

O'Sullivan M.E., O'Brien T. (1994): Acetabular Dysplasia Presenting as Developmental Dislocation of the Hip. J Pediatr Orthop 14: 13–15

Palmen K. (1984): Prevention of congenital dislocation of the hip. Acta Orthop Scand 55 (suppl 208): 1–107

Parsch K., dePellegrin M. (1989): Ruolo dell'ecografia nella diagnosi precoce della displasia e lussazione congenita d'anca. Rivista italiana di ortopedia e traumatologia pediatrica 5: 183–188

Pearse M.F., Perez J., Eyre-Brook A., Witherow P.J. (1994): The Long Term Results of Treated Congenital Dislocation of the Hip. J Bone Joint Surg (Br) 1994, 76-B: supp II&III, p. 144

dePellegrin M., Graf R. (1989): La diagnosi ecografica dell'anca infantile: problemi di terminologia. Rivista italiana di ortopedia e traumatologia pediatrica 5: 121–126

dePellegrin M.; Tessari L. (1992): L'ecografia dell'anca infantile significato e ruolo nella diagnosi precoce di displasia congenita. Medico e bambino 11: 25–29

dePellegrin M. (1992): L'ortopedico ecografista nella diagnosi precoce e nella valutazione del trattamento della displasia congenita dell'anca. Rivista italiana di ortopedia e traumatologia pediatrica 8: 89–92

Pfeil J., Niethard F.U., Barthel S. (1988): Klinische und sonographische Untersuchung der Säuglingshüfte: Eine prospektive Studie. Z Orthop 126: 629–636

Portinaro N.M.A., Matthews S.J.E., Benson M.K.D. (1994): The acetabular notch in hip dysplasia. J Bone Joint Surg (Br) 76-B: 271–273

Poul J., Bajerova J., Sommernitz M., Straka M., Pokorny M., Wong F.Y.H. (1992): Early diagnosis of congenital dislocation of the hip. J Bone Joint Surg (Br) 74-B: 695–700

von Rosen S. (1956): Early diagnosis and treatment of congenital dislocation of the hip joint. Acta Orthop Scand 26: 136–140

Rühmann O., Lazovic D., Schmolke S. (1998): Sonographisch kontrolliertes Behandlungskonzept bei kongenitaler Hüftdysplasie. Orthop Prax 43, Nr. 4 (1998): 219–220

Sachers P. (1994): Kongenitale Hüftdysplasie: Alpha-Normalverteilung und Geschlechtsdifferenz. Pädiat Prax 48: 331–334

Saito S., Kuroki Y., Ohgiya H., Obara S., Yamazaki K. (1994): A Comparative Study of X-rays, Ultrasonograms and Arthrograms of Infants with Congenital Dislocation of the Hip. J Bone Joint Surg (Br) 76-B: Supp 1: 30

Saito S. et al. (1995): Long-Term Study of Developmental Dysplasia of the Hip Treatment by Pavlik Harness in Japan. (Abstract). J Pediatr Orthop 15: 837

Schilt M., Joller R. (1996): Die sonographische Diagnose der angeborenen Hüftdysplasie und -luxation. Schweizerische Ärztezeitung 77 (Heft 17/1996): 701-5

Schleberger R., Lenz G., Jantea Ch., Bernsmann K. (1996): Späte Hüftluxation – Behandlungsergebnisse von 1193 Hüften in der abgeschwächten Beuge-Spreizstellung (Hanausekposition). Z Orthop 134 (1996): 44–50

Schlepckow P. (1990): Vergleichende sonographische und röntgenologische Beurteilung der Hüftdysplasie im 2. Lebenshalbjahr. Pädiat Prax 41: 479–485
Schuler P. (1983): Erste Erfahrungen mit der Ultraschalluntersuchung von Säuglingshüftgelenken. Orthop Praxis 19: 761–770
Schuler P. (1984): Die sonographische Differenzierung der Hüftreifungsstörungen. Orthop Praxis 20: 218–227
Schuler P., Rossak K. (1984): Sonographische Verlaufskontrollen von Hüftreifungsstörungen. Z Orthop 122: 136–141
Schuler P. (1987): Möglichkeiten der sonographischen Hüftuntersuchung. Ultraschall 8: 9–13
Schuler P., Feltes E., Griss P. (1988): Ist die Hüftsonographie als Screeninguntersuchung sinnvoll? Rö Fo 148/3: 319–321
Sellier T., Mutschler B. (1988): Erfahrungen und Ergebnisse mit dem sonographischen Hüftscreening von 555 Neugeborenen. In Frank W., Eyb R. (Hrsg): Sonographie in der Orthopädie. Seite 103–109. Springer, Wien
Stein V., Merck H., Weickert H. (1988): Neugeborenen Hüftscreening mit Hilfe der Sonographie. Beitr Orthop Traumatol 35: 137–143
Suzuki S. (1993): Ultrasound and the Pavlik Harness in CDH. J Bone Joint Surg (Br) 75-B: 483–7
Suzuki S. (1994): Reduction of CDH by the Pavlik Harness. J Bone Joint Surg (Br) 76-B: 460–2
Suzuki S., Kashiwagi N., Kasahara Y., Seto Y., Futami T. (1996): Avascular Necrosis and the Pavlik Harness. J Bone Joint Surg (Br) 78-B: 631–5
Sylkin N.N. (1991): Die Tendenzen der Pfannenentwicklung von konservativ behandelten Luxationshüften bei Fermurkopfnekrose. Z Orthop 129: 492–499
Taylor G.R., Clarke N.M.P. (1997): Monitoring the Treatment of Developmental Dysplasia of the Hip the Pavlik Harness. The Role of Ultrasound. J Bone Joint Surg (Br) 79-B: 719–23
Teanby D.N., Paton R.W. (1997): Ultrasound Screening of the Hip for CDH: A Comparison of Two Methods. J Bone Joint Surg (Br) 1994, 76-B: supp II and III, p. 153
Teanby D.N., Paton R.W. (1994): Ultrasound Screening for Congenital Dislocation of the Hip: A Limited Targeted Programme. J Pediatr Orthop 17 (1997): 202–204
Tegnander A., Terjesen T., Bredland T., Holen K.J. (1994): Incidence of Late-Diagnosed Hip Dysplasia After Different Screening Methods in Newborns. Journal of Pediatric Orthopaedics Part B, 3: 86–88
Terjesen T., Bredland T., Berg V. (1989): Ultrasound for hip assessment in the newborn. J Bone Joint Surg (Br) 71-B: 767–773
Terjesen T., Holen K.J., Tegnander A. (1996): Hip Abnormalities Detected by Ultrasound in Clinically Normal Newborn Infants. J Bone Joint Surg (Br) 78-B: 636–640
Tessari L., DePellegrin M. (1992): Criterio morfologico o funzionale nella valutazione dell'anca neonatale? Giornale Italiano di Ortopedia e Traumatologia 18: 541–547
Tessari L., DePellegrin M. (1992): Il ruolo dell'ecografia nella displasia congenita dell'anca. Medico e paziente 18: 36–38
Tönnis D. (1985): Frühdiagnose der angeborenen Hüftluxation durch Ultraschalluntersuchung. Deutsche Med Wochenschr 110: 881–882
Tönnis D., Storch K., Ulbrich H. (1990): Results of newborn screening for CDH with and without sonography and correlation of risk factors. J Pediatr Orthop 10: 145–152
Tredwell S.J. (1990): Economic Evaluation of Neonatal Screening for Congenital Dislocation of the Hip. Journal of Pediatric Orthopaedics 10: 327–330
Tönnis D. (1997): Röntgenuntersuchung und Arthrographie des Hüftgelenks im Kleinkindesalter. Orthopäde (1997) 26: 49–58
Tschauner Ch. (1989): Diagnosi precoce di displasia dell'anca mediante ecografia. Apparato Locomotore 3: 7–20

Tschauner Ch. (1990): Earliest diagnosis of congenital dislocation of the hip by ultrasonography. Historical background and present state of Graf's method. Acta Orthopaedica Belgica 56: 65–77

Tschauner Ch. (1990): Die Bedeutung des Ultraschallscreenings von Hüftreifungsstörungen im Rahmen der Vorsorgemedizin. Der Praktische Arzt 44: 776–778

Tschauner Ch., Klapsch W., Graf R. (1990): Wandel der Behandlungsstrategien und Behandlungsergebnisse im Zeitalter des sonographischen Neugeborenenscreenings. Orthop Praxis 26: 693–698

Tschauner Ch., Klapsch W., Graf R. (1991): Ermöglicht das sonographische Neugeborenenscreening merkbar bessere Behandlungsergebnisse? – Vergleich der Jahre 1982 und 1987. Orthop Praxis 27: 351–352

Tschauner Ch., Klapsch W., Graf R. (1991): Läßt sich die Rate der Hüftkopfnekrosen durch ein sonographisches Screening beeinflussen? In Stuhler Th. (Hrsg): Hüftkopfnekrose. Seiten 235–240. Springer, Berlin

Tschauner Ch., Klapsch W., Graf R. (1991): 10 Jahre Sonographie der Säuglingshüfte – Fortschritte in der Behandlung sonographisch instabiler und dezentrierter Hüftgelenke. In Walser J., Haselbach H., Brandtner W. (Hrsg): Ultraschalldiagnostik '90, Seiten 299–302. Springer, Berlin

Tschauner Ch., Graf R. (1992): Sonographische Diagnostik von Hüftreifungsstörungen – derzeitiger Stand und Zukunftsperspektiven. Pädiatrie und Pädologie 27: A19–A22

Tschauner Ch., Klapsch W., Graf R. (1993): Einfluß der sonographischen Neugeborenenhüftvorsorge auf die Hüftkopfnekroserate und die Rate an operativen Interventionen. Orthopäde 22: 268–276

Tschauner C. (1993): Optimierte Behandlungsergebnisse nach Frühesttherapie aufgrund der sonographischen Neugeborenenvorsorge. In Schilt M. (Hrsg): Angeborene Hüftdysplasie und -luxation vom Neugeborenen bis zum Erwachsenen. Seiten 105–113. SGUMB-SVUPP-Eigenverlag, Zürich

Tschauner C. (1993): Der spontane Verlauf der Pfannendachentwicklung. In Schilt M. (Hrsg): Angeborene Hüftdysplasie und -luxation vom Neugeborenen bis zum Erwachsenen. Seiten 85–89. SGUMB-SVUPP-Eigenverlag, Zürich

Tschauner C. (1996): Möglichkeiten und Grenzen der Sonographie bei Hüftreifungsstörungen. Sozialpädiatrie und Kinderärztliche Praxis 18: 335–336

vanMoppes F.I., deJong R.O. (1986): Experience Using Sonography for Infant Hip Dysplasia After Graf'S Method. JBR-BTR 69: 247–257

Vedantam R., Bell M.J. (1995): Dynamic Ultrasound Assessment for Monitoring of Treatment of Congenital Dislocation of the Hip. J Pediatr Orthop 15: 725–728

Walpert J., Stock T., von Deimling U., Frank D. (1998): Zur Meßgenauigkeit der maschinell unterstützten Hüfttypbestimmung beim sonographischen Hüftscreening des Neugeborenen. Orthop Prax 43, Nr. 4: 215–218

Wenger D.R., Lee Ch. S., Kolman B. (1995): Derotational Femoral Shortening for Developmental Dislocation of the Hip: Special Indication and Results in the Child Younger Than 2 Years. J Pediatr Orthop 15: 768–779

Williams et al. (1993): Simplified Sonographic Classification of Neonatal Congenital Dislocation of the Hip. (Abstract) J Pediatr Orthop 13: 808–812

Sachverzeichnis